建筑信息模型技术方法与应用

——建筑构造语言的 BIM 表达

The Technical Method and Application of Building Information Modeling

——BIM Expression of Architectural Structure Language

吕小彪 著

测绘出版社

·北京·

内容简介

本书全面阐述建筑信息模型（BIM）技术方法在建筑设计阶段的具体应用，使用 BIM 软件工具 Revit，针对具体项目，详细介绍从三维建模具体过程到施工图设计、施工图数据信息统计、多专业协同设计、基于数据共享的不同工作阶段族库建立等技术方法和工作流程。

本书适合建筑、规划、土木、景观、室内等专业的 BIM 技术人员作为参考工具书，也适合建筑设计、景观设计、城市规划设计等专业 BIM 技术研究人员作为参考资料。

图书在版编目（CIP）数据

建筑信息模型技术方法与应用：建筑构造语言的 BIM 表达/吕小彪著．—北京：测绘出版社，2018.8

ISBN 978-7-5030-4123-5

Ⅰ.①建… Ⅱ.①吕… Ⅲ.①建筑设计—计算机辅助设计—应用软件 Ⅳ.①TU201.4

中国版本图书馆 CIP 数据核字（2018）第 052396 号

责任编辑 雷秀丽 **执行编辑** 侯杨杨 **责任校对** 赵 瑗 **责任印制** 陈 超

出版发行 测绘出版社
地　　址 北京市西城区三里河路 50 号
邮政编码 100045
电子信箱 smp@sinomaps.com
印　　刷 北京建筑工业印刷厂
成品规格 169mm×239mm
印　　张 13.875
版　　次 2018 年 8 月第 1 版
版　　数 001—600
电　　话 010－83543956（发行部）
010－68531609（门市部）
010－68531363（编辑部）
网　　址 www.chinasmp.com
经　　销 新华书店
字　　数 267 千字
印　　次 2018 年 8 月第 1 次印刷
定　　价 46.00 元

书　　号 ISBN 978-7-5030-4123-5
本书如有印装质量问题，请与我社门市部联系调换。

前　言

建筑信息模型(building information modeling,BIM)的概念和技术方法自2004年从美国引入我国建设行业,当前已经成为我国建设行业信息化最主要的发展方向之一。建筑信息模型为工程设计和建造领域带来了“从二维图纸到三维设计和建造”的第二次革命,为工程信息共享、节能分析仿真、建造过程可视化提供了便捷的技术工具。建筑信息模型采用参数化来描述建筑单元,以墙、窗、梁、柱等建筑构件为基本对象,并将建筑单元的各种真实属性通过参数的形式进行相关数据信息描述,并能实现各建筑单元的数据关联自动更新和共享发布。BIM的使用贯穿工程项目的设计、建造、运营和管理等生命周期各阶段,极大地提高了建筑行业的生产效率。

作者从建筑信息模型的概念出发,阐述建筑信息模型的内涵与价值优势。针对具体案例,从建筑构件数据集成共享的角度阐述BIM技术方法在建筑设计阶段的具体应用。作者使用当前主流建筑信息模型软件工具,针对具体项目案例详细介绍建筑空间建筑信息模型构建方法。全面阐述了建筑信息模型集成后应用于建筑设计分析、施工图设计、模型成果表达及多专业协同工作等方面的应用方法。分析建筑构造的模块化建模与族库建设要点,提出基于数据共享的不同工作阶段族库构建技术方法和工作流程,并在构建建筑外表皮和建筑屋顶标准化构件族库文件方面进行探索性实践,旨在为建筑信息模型快速构建和建模后应用于多专业协同工作,提供高效率模型数据平台。

本书以我国南方夏热冬冷地区某小型高铁站房为例,应用建筑信息模型软件建立准确表达项目建筑构造特点的精细化三维建筑信息模型,而后将建筑信息模型输出并导入Ecotect等绿建软件工具中进行建筑节能三维仿真研究。通过结合具体案例建筑的BIM技术应用,作者力求给读者一个完整的建筑信息模型技术体系的概念,开拓读者的BIM技术思路。

本书作者在湖北工业大学自2005年开始从事BIM方面的教学、科研实践,对建筑信息模型的技术原理、工作流程及针对建筑信息模型平台的多专业协同工作有较深刻的认识和技术积累。本书结合具体项目案例,详细阐述建筑信息模型技术的主要方法和工作流程，意在吸引更多的工程建设人员与科研相关人员关注建筑信息模型技术的应用与发展，重视建筑信息模型对于提升建设行业工作效率的价值，并且为建筑信息模型技术在我国的研究发展与应用推广提供参考。

参与本书案例建模和图片资料处理的欧阳松、邓成柳、朱维、邓成文等承担了大量工作，谨此一并表示衷心的感谢。由于时间紧迫，加之作者水平所限，书中难免有疏漏和不足之处，敬请各方面专家和读者批评指正。

目 录

第 1 章　BIM 技术概述

在过去的 20 多年中，计算机辅助设计（computer aided design，CAD）技术使建筑师、结构师们摆脱繁琐的手工绘图工作，极大地提高了工作效率。但是目前人们使用 CAD 工具进行建筑信息处理的过程中，由于信息传递和处理的出错和低效，极大地阻碍了建筑行业生产效率的提高。近年来，随着互联网和计算机技术的日益发展，以建筑信息模型（building information modeling，BIM）技术为代表的信息技术已成为现代建筑行业发展中极其重要的一部分。BIM 为工程设计和建造领域带来了“从二维图纸到三维设计和建造”的第二次革命，为工程信息连续化、节能分析虚拟化、建造过程可视化提供了便捷的技术工具。BIM 的概念和技术自 2004 年从美国引入我国建设行业，当前已经成为我国建设行业信息化最主要的发展方向之一。

§1.1　BIM 技术国内外研究现状

建筑业信息化技术的研究在美国开展较早，其研究与应用都走在全球前列。自从 1975 年美国佐治亚理工学院的 Chuck Eastman 教授提出了建筑物计算机模拟系统（building description system，BDS）的概念以来，建筑信息模型即 BIM 技术的理念开始迅速发展。建筑信息模型（BIM）的概念最开始在美国得以推广应用，随后，在日本、新加坡等国家也得到了积极的推广。

美国总务管理局（General Services Administration，GSA）于 2003 年推出了国家 3D-4D-BIM 计划，并陆续发布了系列 BIM 指南。美国建筑科学研究院于 2007 年发布 NBIMS-VS™，旗下的 building SMART 联盟（building SMART alliance，bSa）负责 BIM 应用研究工作。2008 年底，bSa 已拥有 IFC（industry foundation classes）标准、NBIMS-VS™、美国国家 CAD 标准（United States national CAD standard）及 BIM 杂志（journal of building information modeling，JBIM）等。2010 年，日本的国土交通省宣布在全国推行 BIM 技术。韩国、新加坡等多国也有多家政府机关致力于 BIM 应用标准的制定。

我国工程建设行业从 2004 年开始引进 BIM 技术，目前的应用以设计公司为主，各类 BIM 咨询公司、培训机构、政府及行业协会也开始越来越重视 BIM 的应用价值和意义。中建国际设计顾问有限公司、上海现代建筑设计集团等大型设计院都在不同项目上不同程度地使用了 BIM 技术。国家“十一五”科技支撑计划和国家“十二五”建筑信息化发展纲要中也将 BIM 技术纳入研究内容。现阶段 BIM 的使用者以设计单位为主，就应用广度和深度而言，BIM 在中国的应用还只是刚刚开始，但会逐步推广和深入建筑行业各个领域。中华人民共和国住房和城乡建设部（以下简称“住建部”）2011 年发布了《2011—2015 年建筑业信息化发展纲要》，2012 年《关于印发 2012 年工程建设标准规范制定修订计划的通知》正式宣告中国 BIM 标准制定工作的启动。国内著名的高等院校和科研院所在 BIM 的科研上也做了很多探索，中国建筑科学研究院联合中国建筑工程总公司、上海建工集团、清华大学、同济大学、北京理正软件设计研究院有限公司、欧特克软件（中国）有限公司等多家单位和科研机构于 2012 年成立中国 BIM 发展联盟，在住建部的支持下，负责中国国家 BIM 标准的研究及编制工作，同时推动中国建筑行业 BIM 技术应用和开展相关研究。

§1.2　BIM 的内涵与价值优势

美欧应用 BIM 技术的经验普遍认为，BIM 应该能够为建筑业带来 10% 左右的成本节省。BIM 应用有这样两个基本环境条件和价值规律：①每一个工程项目的建设和运营都是由相当数量不同专业、不同企业甚至不同地区的从业人员联合起来共同完成的，这些从业人员都需要或者可以借助 BIM 提高他们的工作效率和质量；②BIM 应用的利益或价值普遍符合 1 + 1 > 2 的规律，即能够协同使用 BIM 的工作角色越多，BIM 能够给项目带来的价值也越大。

从建筑物诞生开始，BIM 为建筑物整个生命周期提供信息共享的数字化三维空间表达。它是基于开放标准（IFC）的建筑生命周期各种信息的集成，为土木建筑建造过程中的不同参与者（如建筑师、结构师、建造师等）之间提供相互协作，方便对数据信息进行更新或修改等处理。因此，BIM 是基于开放标准的、用于相互协作的共享数字式信息描述模型。BIM 采用参数化来描述建筑单元，以墙、窗、梁、柱等建筑构件为基本对象，而不是 CAD 中的点、线、面等几何元素，并将建筑单元的各种真实属性通过参数的形式进行相关数据信息描述。在建筑信息模型中，建筑单元可以模拟除几何形状外的一些非几何属性，如材料信息、造价信息、设备信息等。BIM 采用关联性来描述建筑单元，建筑师或结构工程师修改某个单元构件的属性，建筑模型将进行信息的自动更新，而且这种更新是相互关联的。关联性不仅提高了设计工作效率，而且解决了图纸之间信息的错、漏、缺等问题。建筑信息模型 BIM 贯穿工程项目的设计、建造、运营和管理等生命周期阶段，是一种螺旋式的智能化的设计过程。

1. BIM 在建设行业发展具有的优势

（1）以建筑单元为基本描述对象。通过数字信息仿真模拟建筑物的真实信息，信息的内涵不仅仅是几何形状描述的视觉信息，还包含大量的非几何信息。

(2)支持不同专业在同一数据平台的协同工作。贯穿土木建筑工程项目的设计到建成使用,以及使用生命周期的全过程信息管理,并且各种信息始终是建立在一个三维建筑模型数据库中。

(3)建筑信息文档生成、修改、维护简单,关联修改可自动避免二维图纸设计过程中平面、立面、剖面之间可能产生不一致的错误。可以持续、快捷地提供项目设计范围、进度及成本信息,这些信息完整可靠且完全协调。

(4)能够在综合数字环境中保持信息不断更新并可提供强大的可视化展示及分析功能,可以清晰分析设计过程中可能产生的问题,使建筑师、结构工程师、建造师及业主可以清楚全面地了解项目进展过程。

(5)信息的共享在建筑设计、结构设计、施工管理的过程中能够加快决策进度、提高决策质量,从而提高整体项目质量。

2. 目前我国设计企业应用 BIM 技术的主要内容

(1)方案设计:使用 BIM 技术除了能进行造型、体量和空间分析外,还可以进行能耗分析和建造成本分析等,使得初期方案决策更具有科学性。

(2)扩初设计:建筑、结构、机电各专业利用 BIM 进行能耗、结构、声学、热工、日照等分析,进行各种干涉检查和规范检查,以及进行工程量统计。

(3)施工图:各种平面、立面、剖面图纸和统计报表都能够从 BIM 中自动生成得到。

(4)设计协同:设计有十个甚至几十个专业需要协调,包括设计计划、互提资料、校对审核、版本控制等。

(5)设计工作重心前移:目前设计师 50% 以上的工作量用在施工图阶段,BIM 可以帮助设计师把主要工作放到方案和扩初阶段,使得设计师的设计工作集中在创造性劳动上。

3. 目前我国施工企业应用 BIM 的主要内容

(1)错漏碰缺检查,最大程度减少返工。利用 BIM 的三维模型在设计成果未完全固化之前进行错漏碰缺的检查,能够直观地解决建筑物空间关系上的冲突,检查设计中存在的错误,并利用专业知识查勘缺失项目,优化工程设计,减少在正式施工时可能存在的问题,最大程度避免返工。同时可以通过 BIM 进行空间标高的优化,对装修完成面和管线排布方案进行调整和美化。施工单位利用错漏碰缺优化后的方案,进行施工交底和施工模拟,能够大大提高施工质量,同时也提高项目参建方的沟通水平。

(2)创建 BIM 三维族库,支持整个项目生命周期。BIM 最强大的功效是创建 BIM 三维族库,以供项目相关方在从设计到运维的整个流程中均可使用。设计企业和施工企业需要与建筑材料供应商协作,创建易于获取和使用的 BIM 族库,以便各公司减少在内部创建族库的需求。最受重视的 BIM 应用之一是协调使用模型来推动装配件的场外及近场预制，从而整合多类分包商的工作。在车间内建造建筑装配件可更严谨地控制质量，避免天气的影响，并且工作环境通常也更为安全。这种方法不仅可以减少现场的物料运送、存储、管理和浪费，还可以通过相对低廉的车间劳动力（而非更高昂的现场劳动力）来降低成本。目前的中国建设市场，尤为适合提高预制比例，工程项目正变得日益精细和复杂且这一趋势提升了预制的潜在价值。

§1.3 BIM 的主要建模工具

BIM 是以建筑工程项目的各项相关信息数据作为模型的基础，进行三维建筑信息模型的建立、共享、协同和更新。BIM 技术是未来工程建设行业信息化的主体技术之一，BIM 在集成项目交付（integrated project delivery，IPD）、虚拟设计建造（virtual design & construction，VDC）、参数化建筑设计（parametric design，PD）和绿色建筑中的应用将为社会带来极大的社会效益、经济效益和环境效益。针对 BIM 技术的教学实践与创新已经在全国众多高校蓬勃发展。

BIM 核心建模软件（BIM authoring software）是 BIM 赖以产生和发展的前提，其余软件通过和 BIM 核心软件在不同程度上的信息交换，为项目不同参与方利用 BIM 提高各自的工作质量和效率服务，同时为实现 BIM 对整个工程建设行业价值最大化做出贡献，目前我国国内在 BIM 核心建模软件开发这个领域基本处于空白状态。当前，在国内外占据主要市场份额的 BIM 核心建模软件主要有以下四大类：

（1）Revit。建筑、结构和机电系列软件，在民用建筑领域占据主导地位。

（2）Bently。建筑、结构和设备系列软件，在工厂设计和基础设施（道路、桥梁、市政、水利）领域占据主导地位。

（3）ArchiCAD。由于缺少多专业协同功能，与目前多专业一体的设计院需求不符，只限于单专业建筑事务所等少数机构选用。

（4）CATIA。在航空、航天、汽车、机械等工业领域占有垄断地位，应用到工程建设行业对于复杂形体或者超大规模的 BIM 建模具有技术优势。但是 CATIA 建模和信息管理成本较高，适用于异形建筑且预算充足的大型公共建设项目。

§1.4 常用 BIM 软件功能概述

利用 BIM 系列软件创建的建筑项目可以高效制定设计策略、准确编制施工文件、预测施工状况、精准预算施工成本、节省造价和方便物业管理运营。

1.4.1　建筑图纸与 BIM 的同步创建

使用 BIM 工具建立建筑空间信息模型的过程是与建筑平面、立面、剖面图绘制同步完成的，这种同步实时更改功能，超越了传统的图纸与模型分离的绘图模式。BIM 软件在绘制建筑平面视图的同时能同步完成建筑模型、建筑立面和建筑剖面甚至建筑详图的绘制，同时支持快速生成剖切透视图、平面与立面的真实阴影预览和彩平的设置，更能直接制作仿真漫游动画并导出，如图 1.1 所示。

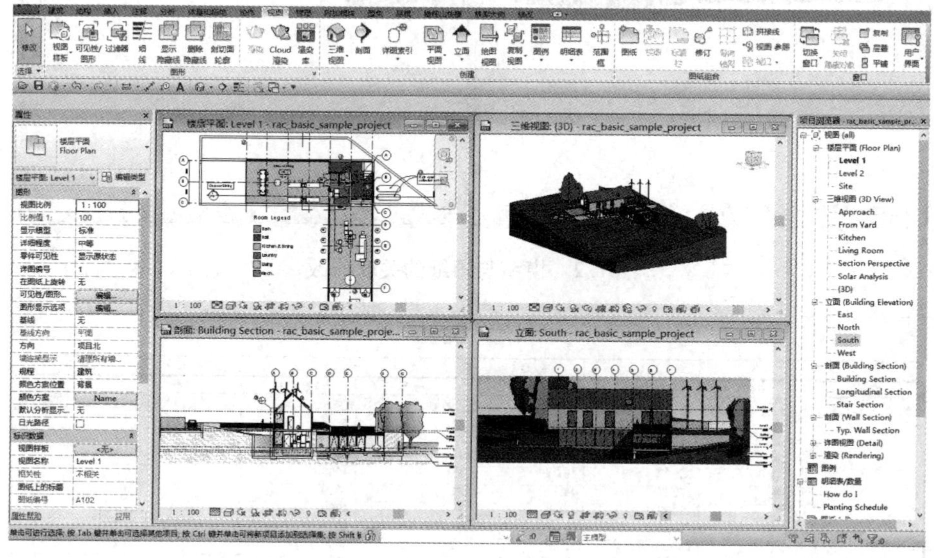

图 1.1　建筑模型与图纸的同步创建

1.4.2　模型参数联动

BIM 系列软件的参数联动功能能够做到“建筑模型一处修改处处关联修改”，图纸跟随模型修改自动更新，如图 1.2 所示。这就抛弃了传统绘图和建模模式下多次重复工作，最大限度地避免了图纸中不必要的低级错误，极大地提高了设计工作效率。

1.4.3　建筑构造与材料数据统计

BIM 软件工具可以根据工程实际需要对建筑模型进行各类房间和构件明细表的统计，也可以进行构造材料做法的统计，如图 1.3 所示。

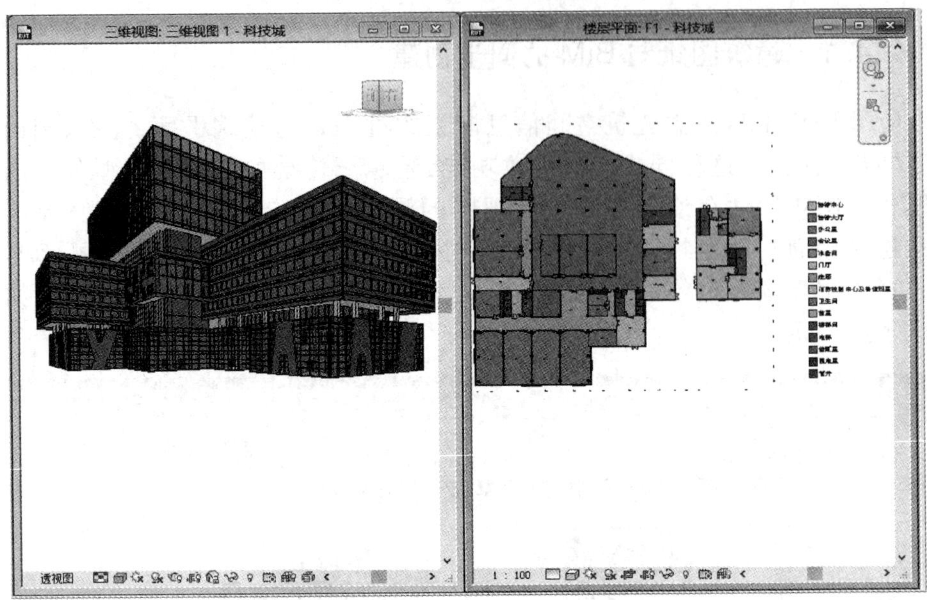

图 1.2　模型与图纸的关联修改

<房间明细表>

A	B	C	D	E	F	G	H
编号	名称	周长	面积	标高	高度偏移	注释	合计
2	办公室	55388	158 m^2	F1	4000		1
3	办公室	54775	154 m^2	F1	4000		1
4	办公室	54775	154 m^2	F1	4000		1
5	办公室	55887	167 m^2	F1	4000		1
6	办公室	27993	46 m^2	F1	4000		1
7	门厅	49463	92 m^2	F1	4000		1
8	卫生间	18850	20 m^2	F1	4000		1
9	卫生间	18900	20 m^2	F1	4000		1
10	楼梯间	17200	16 m^2	F1	4000		1
11	走廊	136300	288 m^2	F1	4000		1
12	会议室	34550	74 m^2	F1	4000		1
13	楼梯间	17200	16 m^2	F1	4000		1
14	前室	23160	27 m^2	F1	4000		1
15	办公室	35200	67 m^2	F1	4000		1
16	门厅	45450	79 m^2	F1	4000		1
17	办公室	49800	122 m^2	F1	4000		1
18	办公室	59350	199 m^2	F1	4000		1
19	前室	25595	31 m^2	F1	4000		1
20	走廊	51000	65 m^2	F1	4000		1
21	接待大厅	161353	1304 m^2	F1	4000		1
22	楼梯间	21400	27 m^2	F1	4000		1
23	储藏室	13700	11 m^2	F1	4000		1
24	办公室	33319	62 m^2	F1	4000		1
25	办公室	48133	125 m^2	F1	4000		1
26	楼梯间	29658	45 m^2	F1	4000		1
27	门厅	37707	81 m^2	F1	4000		1
28	办公室	39800	86 m^2	F1	4000		1
29	消防控制中心	36935	79 m^2	F1	4000		1
30	会议室	46700	121 m^2	F1	4000		1
31	会议室	45600	118 m^2	F1	4000		1
32	会议室	39050	78 m^2	F1	4000		1
33	门厅	47925	112 m^2	F1	4000		1
34	接待中心	74520	162 m^2	F1	4000		1
35	接待中心	56370	115 m^2	F1	4000		1
36	准备间	39760	88 m^2	F1	4000		1

图 1.3　模型信息明细表

第 2 章　基于建筑构造的 BIM 模块化建模原理

我国的 BIM 技术应用刚刚起步,起点较低,但发展速度快,国内大多数大型建筑企业都有非常强烈的应用 BIM 提升生产效率的意识,并逐渐在一些项目上开展了试点应用,各级政府不断推出 BIM 应用推广的政策。根据国家提出的建筑业转型升级的发展要求,未来中国建筑业必将迈上绿色化、工业化、信息化的发展之路。基于建筑构造数据共享的建筑 BIM 技术作为建筑业的一场变革,为实现"建筑设计、结构设计、机电设计、装修设计一体化"和"设计、生产、建造一体化"的新型工业化建造方式提供了关键技术支持。

BIM 技术是通过建筑行业应用软件来实现的,当前建筑行业 BIM 应用软件主要有第 1 章提到的四家主流软件,其中欧特克(Autodesk)公司的 Revit 建筑、结构和机电系列软件,在民用建筑领域占据主导地位。本书将以 Revit 为主要软件工具,阐述基于建筑构造的 BIM 技术方法与应用。

§2.1　基于建筑构造的 BIM 模块化建模工作框架

基于建筑构造的模块化建模的工作思路是:首先按照建筑设计方案,将建筑整体划分为若干层,将层根据空间构造特点和功能需求分解为若干个空间(户型)模块及附属模块,再将空间模块及附属模块分成不同类别构件的建筑信息模型,然后再将构件按照单元、层等逐级按照"搭积木"式建模组合成整体建筑信息模型。

基于上述过程得到的 BIM 三维建筑空间信息模型,在工程项目建设全过程中,BIM 技术平台可以通过模型数据共享、多专业协同设计与更新模型数据,实现建筑主体结构系统、外围护系统、机电设备系统、装饰装修系统的总体优化设计,生成模型数据成果。这个最终 BIM 三维建筑空间信息模型成果,按照一定的技术接口和协同原则,可以在项目设计工作完成后的后续建设工序环节实现从构件生产、施工组织、建造监理直至建筑装饰的一体化、模块化建造过程,为实现建筑施工预制装配化、工业化生产模式做好技术发展储备,如图 2. 1 所示。基于构造的模块化建模是建筑行业在标准化、系列化、参数化等标准基础上参考系统工程原理发展起来的一种为工业化建造打好基础工程的建模形式。

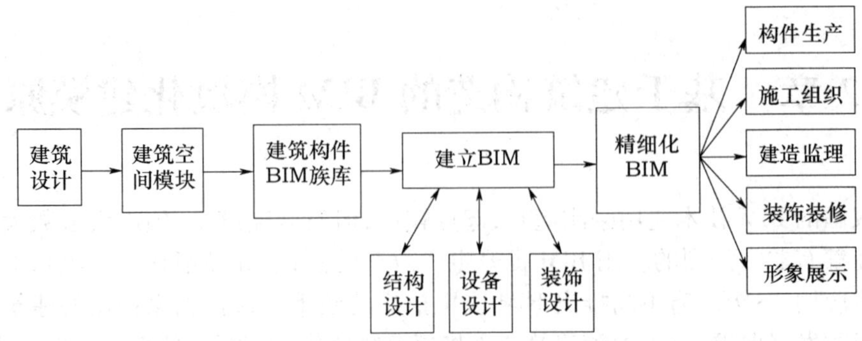

图2.1　基于建筑构造的BIM模块化建模工作框架

§2.2　基于建筑构造的BIM模块化建模应用领域

2.2.1　模块化设计与整体协同设计

基于BIM技术的模块化建筑设计是通过构建项目建筑三维空间信息模型，针对不同专业建立建筑构件或组件体系。设计过程中，设计单位按业主需求进行建筑方案设计，获得满足业主需求映射成的建筑功能和建筑造型空间设计；设计人员依据功能特征从BIM构件模型库中挑选相对应的模块，将模块按照一定的拓扑结构进行组合，完成建筑基于功能模块的空间设计。

建筑整体的协同设计是指设计师将建筑标准层、首层、设备层及机房层等设计完成后，通过添加连接各层的构件及其他附属构件组成完整建筑信息模型的系统设计过程，也是将断续的各层设计通过构件连接形成一栋功能完整的建筑，并保证一栋建筑内部建筑、结构及设备之间准确的协调性。建筑整体的协同设计包括专业内协调设计和专业间协调设计，前者是在专业内部进行优化设计及深化设计，依据设计规范满足建筑、结构、设备各专业之间的功能要求，后者是专业之间的碰撞检测及其之后的设计调整，依据设计、施工规范满足业主的功能需求。协同设计是建筑工程各专业在共同的协作平台上进行参数化设计，从而使得专业上下游之间的信息精确地传递，在设计源头上减少构件间的错、漏、碰、缺等，提升设计效率和设计质量。而后在BIM协同设计平台上，选择与建筑相对应的结构、设备模型按照一定的拓扑结构进行数据组合与数据集成，建立满足相应的专业规范要求的精细化BIM。包含建筑内部管线等构件的BIM三维轴测角度剖面透视效果，如图2.2所示。

2.2.2 可持续设计和生态设计

BIM技术使得建筑师在概念设计阶段就可以引进可持续性标准,这能为生态、社会和经济等三个方面的协调与取舍提供依据。Revit分析工具便可以引导建筑师精确模拟自然特点,如现有地质分类、天然土堤、裸露岩石、周围的植被和人造结构;模拟风、雨、雪等恶劣自然环境;模拟噪声;还可以模拟夏季遮阳和冬季使用太阳能取暖。不仅如此,Revit数据库还可以引入基地周围环境,包括建筑、社会、经济的信息。设计师在规划中就可以利用这些信息,科学规划,从而协调业主、居民和设计师之间,生态、社会、经济之间复杂的矛盾和利益关系。

图2.2 某教学楼BIM内部空间效果

BIM建模的体量功能可以帮助建筑师推敲建筑或者建筑群的形态,同时在体量确定后自动生成墙、屋顶和楼板,确定建筑师需要的空间构造组合并显示效果。在这个多专业协同集成的建筑空间信息BIM基础上,设计者可以整合各种各样的现场数据进行设计分析。建筑师可以利用BIM将很多生态因素如绿化、水体整合到一个建筑的形式和功能中去,获得建筑设计与环境协调的最佳方案。建筑师可以在相关性能化模拟分析软件中对建筑阴影变化和场地全年太阳辐射量进行分析模拟,以便帮助设计师确定场地设计方案和建筑节能外围护最佳构造方案。建筑师还可以运用BIM来描述建筑全生命周期的生长与演变,利用三维和四维BIM(增加时间维度)工具来衡量、预测、模拟不同时期的建筑建造和使用状况。

2.2.3 四维可视化建造管理

建造施工方可以在设计方提供的四维可视化BIM(增加时间维度)基础上增加时间维度,结合施工组织设计和施工方案,将计算机里的模拟施工进展与施工现场的实际进展进行对比指导施工建造全过程。同时依托BIM(增加时间维度),对建筑装配构件的场外或者近场预制工序进行整合;对项目参建方进行空间、时间维度上的多维协同,所有参建方都能通过BIM数据共享详细掌握工程项目进展中存在的各种问题,并及时处理。这种BIM形式的模块化设计成果将最大限度地减少建筑施工过程中存在的安全、质量、进度甚至投资等问题,显著提升项目建设全过程的经济效益。

§2.3 基于建筑构造的BIM模块化族库建设要点

基于建筑构造的BIM模块化建模、参数化整合模型是构建建筑信息模型的基本思想,实现这一思想最重要的基础工程就是基于建筑构造和建筑构件组合的"族库"建设和管理。

族是一个包含通用属性(称作参数)集和相关图形表示的图元组,是进行BIM建模工作中所有图元的综合,是图元信息的结构化表达。本书所述使用Revit工具进行BIM建模时,所有添加到Revit建模项目中的图元(从用于构成建筑模型的结构构件、墙、屋顶、窗和门到用于记录该模型的详图索引、装置、标记和详图构件)都是使用族创建的。族的结构化信息包含了图元的三维信息、图元的结构特征和在空间中的约束与依赖条件、图元所代表构件的物理参数与色彩参数等属性信息,以及与图元构件相关联的时间、成本等链接信息。

2.3.1 基于构造原理的族库基础图元

1. 主体图元

主体图元包括墙、楼板、屋顶、天花板、楼梯、坡道及场地等,其参数设置包括构件的主要构造信息。例如墙可以对墙体设置构造层、厚度、高度等(图2.3);对楼梯设置踏面、踢面、休息平台、梯段宽度等构造参数项目。

2. 构件图元

主体图元包括窗、门、家具和植物等三维模型构件,构件图元和主体图元具有相对依附关系。门窗是安装在墙主体上的,删除墙则墙体上安装的门窗构件也同时被删除。构件图元的参数设置相对灵活,变化较多。使用时可以自行构建建筑构件图元,设置各种需要的参数类型归类管理,以满足参数化建筑设计修改的需要,类型管理选项如图2.4所示。

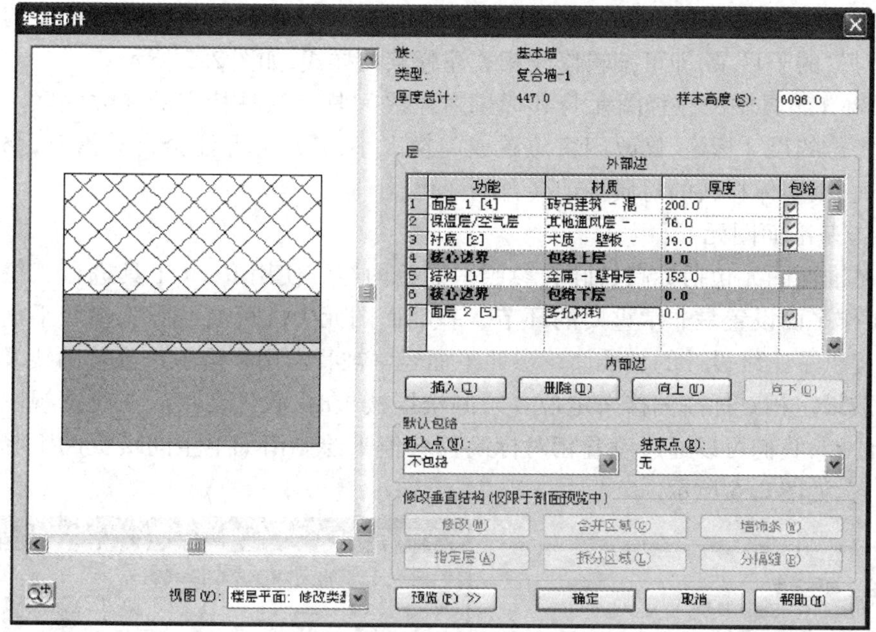

图 2.3　主体图元的参数设置

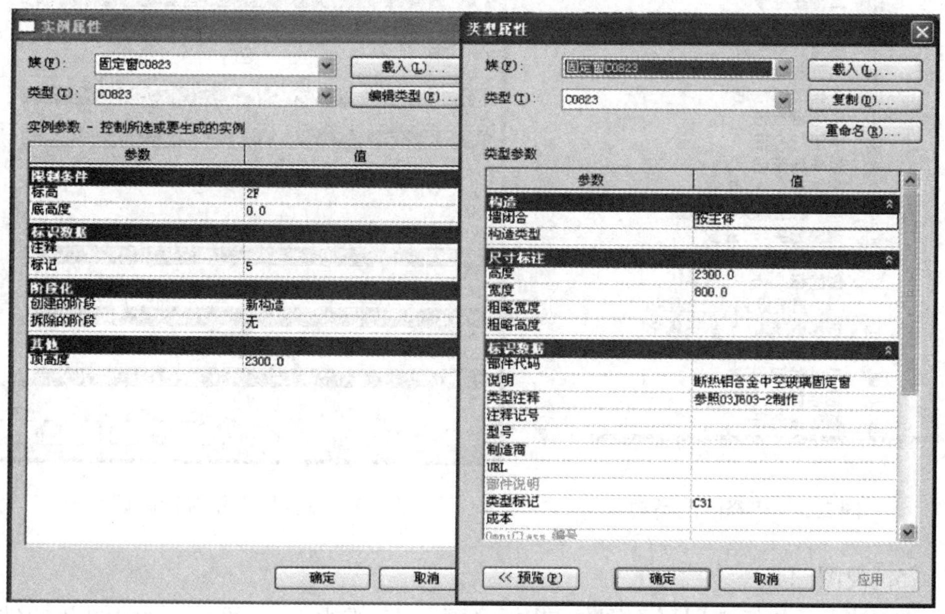

图 2.4　构件图元类型管理选项

3. 注释图元

注释图元包括尺寸标注、文字注释、标记和符号等。注释图元的样式都可以由用户自行定制，以满足各种本地化设计应用的需要。例如展开项目浏览器的族中注释符号的子目录，即可编辑修改相关注释族的样式，如图2.5所示。

Revit工具中的注释图元与其标记对象之间具有某种特定的参数关联。例如门窗定位的尺寸标注，修改门窗位置或门窗大小，其尺寸标注会自动修改；修改墙体材料，则墙体材料的材质标记会自动变化。

4. 基准面图元

基准面图元包括标高、轴网、参照平面等内容。使用Revit工具进行三维建模时，工作平面设置是非常重要的环节。基准面图元中的标高、轴网、参照平面等为我们提供了三维设计的基准面。参照平面经常被我们用来绘制定位辅助线及辅助标高或设定相对标高偏移来定位。绘制楼层楼板时，软件会默认在所选视图的标高上绘制，我们可以通过设置相对标高偏移值来绘制诸如卫生间楼板的下降高度等内容，如图2.6所示。

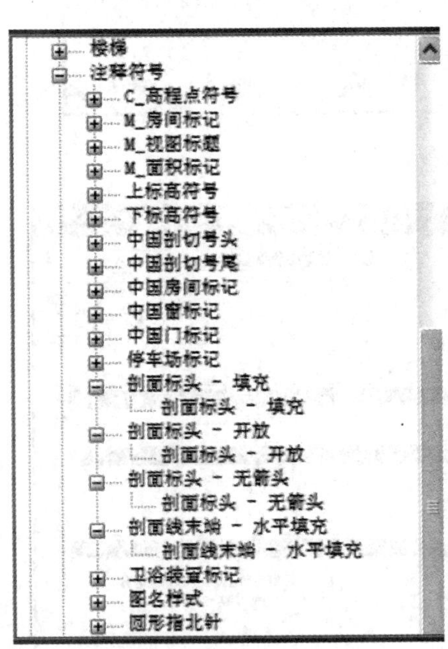

图2.5　注释图元类型

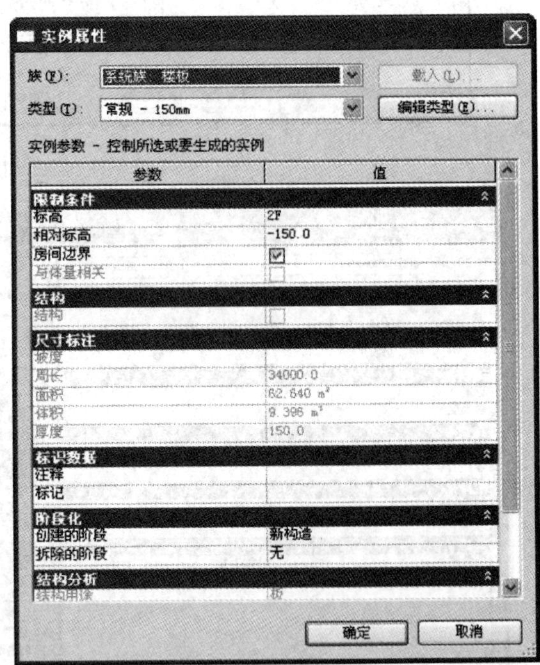

图2.6　设置楼板相对标高偏移值

5. 视图图元

视图图元包括楼层平面图、天花板平面图、三维视图、立面图、剖面图及构件明细表等。视图图元的平面图、立面图、剖面图及三维轴测图和透视图等都是基于模型生成的视图表达，它们是相互关联的，通过对象样式的设置可以统一控制各个视图的显示内容，如图2.7所示。

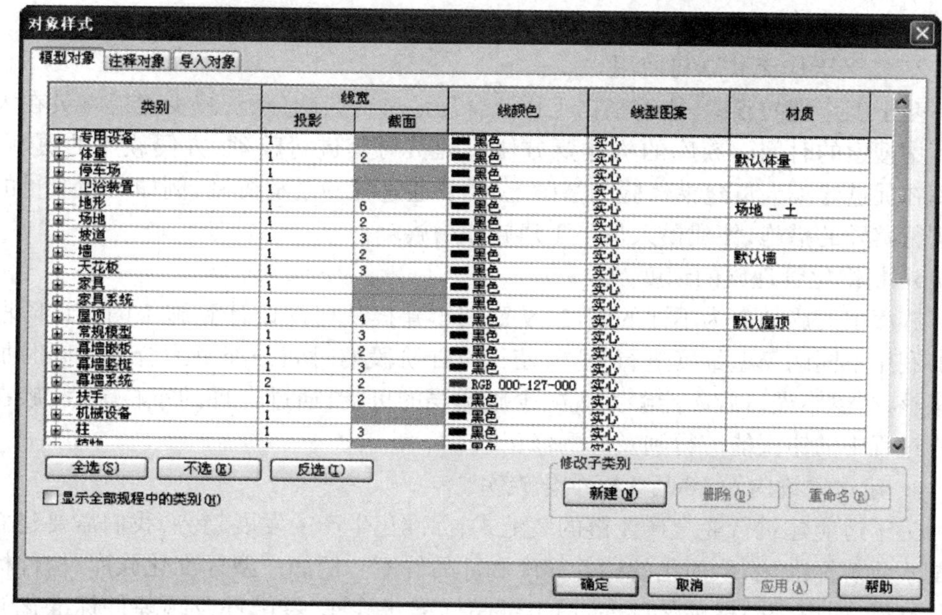

图 2.7　设置视图图元对象样式

同时每一个视图图元对应的平面、立面、剖面视图又具有相对的独立性。每一个视图可以设置其独有的构件可见性、详细程度、出图比例、视图范围等,通过调整视图属性来实现。

2.3.2　BIM 族库建设重点工作内容

族在使用 Revit 工具进行 BIM 建模过程中的基础地位与灵活多样的特点,决定了对这些大量的族文件需要统筹管理,而构建和归类管理“族库”是实现族统筹管理的重要途径,也是 BIM 使用过程中信息管理与信息共享的重要组成。

从族的使用上来看,归类、存储、检索、下载与共享是族库中最基本和最重要的功能,从促进族的开发、减少族的浪费等角度出发,族库的建设和管理需要为使用者提供包括存储与归类、检索、下载、协同开发与共享四项基础功能,还需要从以下方面进行建设和完善。

1. 推行族库建设的标准化,减少重复族的开发

族库有助于族的标准化制作,族参数的设置和修改都遵循统一的流程。同一族的不同时间阶段的版本和不同 Revit 版本的族需要分开管理,族库需要提供同一族的所有主流工作版本。族库系统不仅要方便建模过程中的检索与换用,还需要加强建模人员之间的交流,使得族的制作经验能够惠及更多人员。已经成熟的族需要在团队建模工作中被认可,能够识别类似族的重复制作并通知制作人员减少此类开发。建立项目示例族库可以利用项目示例的方式,使得族的制作经验得到

记录,并通过提供帮助信息,帮助建模人员提高建族水平。

2. 基于工作流共享与使用

基于工作流的族库,能够根据工作流合理地进行族的分配,减少建模人员在大族库中搜索的时间。族库的构建要方便管理员对其进行整理,方便族库的更新。族库在促进建模人员建模经验的基础上,需要通过各种激励机制,例如对高质量的族进行奖励的措施,使建模人员乐于建族和用族。

3. 精细化管理族的细度

族库中的族划分为不同的细度,从而使得建模从概念设计到施工图设计阶段能够利用不同的模型细度进行设计,使得设计阶段的时间分配更为合理。同时加强审核,减少错误。族库能够大大减少族错误的可能,通过合理的审核流程,族在制作过程中的错误能够得到及时的修正。

4. 建立建筑构件、部品等标准化族库

为了适应建筑行业全产业链的装配式、标准化生产的发展趋势,我们需要建立装配式建筑标准化、系列化的构件族库和部品件库。例如户型标准化族库、构件标准化族库、门窗部品标准化族库、厨卫部品标准化族库、零配件及预埋件标准化族库、机电管线标准化族库、生产模具标准化族库、装配工具标准化族库等。利用以上族库,加强通用化设计,提高设计效率。建设基于全产业链的装配式建筑标准化族库,各标准化族库应便于预制构件工厂生产加工、利于物流运输、易于现场装配,为实现基于建筑模型的设计信息、生产信息、装配信息的一体化发展模式提供技术储备。

5. 数据保密与知识产权保护

构建标准化族库需要同时兼顾与数据加密系统协作,能够减少越权下载和族库数据资源流失,为族库建设主体提供知识产权保护壁垒。

第 3 章　建筑空间三维 BIM 构建基本方法

构建建筑空间三维信息模型过程中，参数化建筑图元是 Revit 的核心。参数化修改引擎提供的参数更改技术，使用户对建筑设计文档任何部分的更改都能够自动放映到其他视图，引起关联变更。Revit 针对建筑空间建模以墙柱、楼板、屋顶、门窗等建筑构造构件为基本图元构件；结构建模以梁、板、柱为主；设备建模的基本图元构件比较多，大致规划成机械、电、泵、消防等几个系统（简称 Revit MEP）。下面以某教学楼为例，介绍使用 Revit 工具构建建筑空间三维 BIM 的基本方法和技术要点。

§3.1　建模基本设置要点

Revit 工具安装完成后，建模工作之前一般需要进行相关系统设置，以简化工作程序，提高后面的建模工作效率。

3.1.1　简化工作界面

建模开始前，我们仅保留建筑建模所需要的选项卡，关闭 Revit Structure 和 Revit MEP 的选项卡，最大限度地简化工作界面。对比我们常用的绘图软件 CAD 工具，Revit 工具部分建模命令的行动逻辑与 CAD 绘图有些相似之处，可以对比 CAD 软件命令进行比较学习，便于我们记忆和熟练掌握 Revit 命令。

点击 Revit 图标，然后点击“最近使用文件”打开文件，进入 Revit 图形工作界面，如图 3.1 所示。

启动 Revit 选项按钮，如图 3.2 所示。选择“用户界面”，然后将“结构”选项卡与“系统”选项卡取消勾选，如图 3.3 所示。

打开“图形”选项卡，勾选反转背景色，设置图形反转背景色。如需调整为自定义颜色，可自行调整图中框选的 RGB 颜色，如图 3.4 所示，同时勾选硬件加速选项。

3.1.2　样板文件设置

样板文件是 Revit 建模的基础，样板文件的设置也至关重要。一般的设计单位都会建立工作集共享的样板文件，为方便建模工作可将样板文件复制到默认样板文件位置，或直接设置默认开启的样板文件位置。

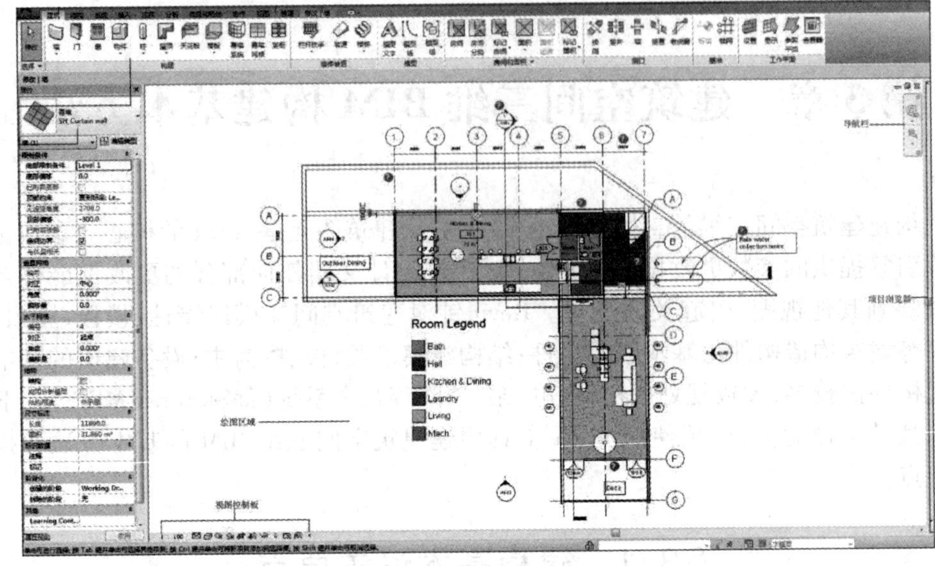

图 3.1　Revit 图形工作界面

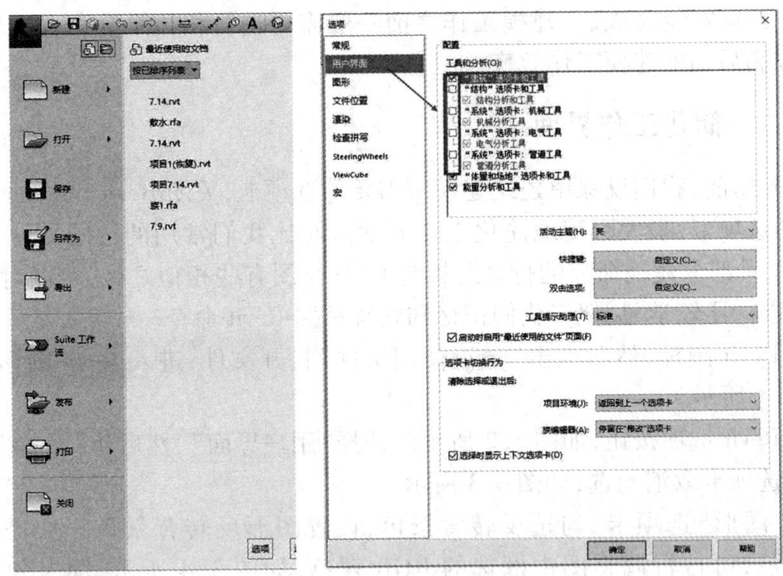

图 3.2　选项按钮　　　　图 3.3　选项设定

打开选项,设置样板文件选项方法如下:

(1)点击图 3.5 中方式一对应框中对应的文件位置后面的小方块,找到对应的文件,然后用自己的样板文件进行替换,点击“确定”即可。

(2)直接点击图 3.5 中方法二对应的“用户文件默认路径”,然后进行替换即可。

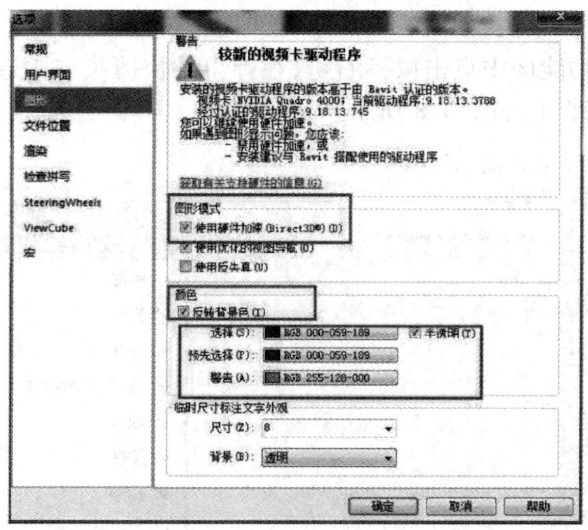

图 3.4　图形选项

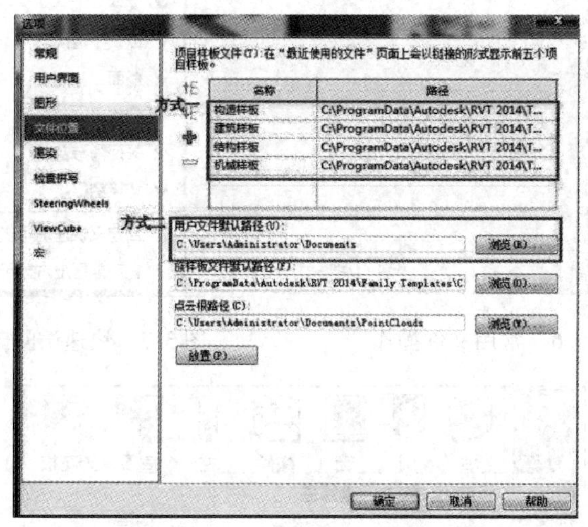

图 3.5　样板文件设置

3.1.3　应用程序菜单

Revit 应用程序菜单提供了对常用文件操作的快捷访问，如“新建”“打开”和“保存”等基础操作；同时还提供了一些高级的使用工具，如“导出”“Suit 工作流”和“打印”等，如图 3.6 所示。

3.1.4　快速访问工具栏

点击 Revit 快速访问工具栏后的向下的箭头按钮“ ▾ ”，可以弹出快速访问工具栏的具体命令工具列表,如图 3.7 所示。如需将自己常使用的命令添加到快速访问工具栏,可在功能区中点击鼠标右键,在弹出的快捷菜单中选择“添加到快速访问工具栏”选项即可,如图 3.8 所示。

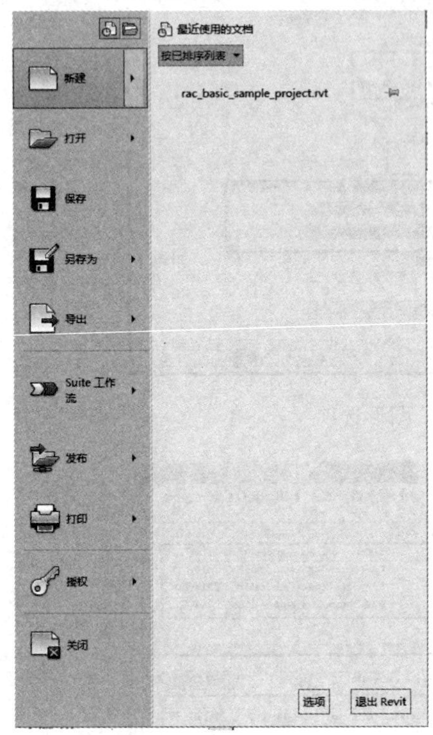

图 3.6 常用文件操作

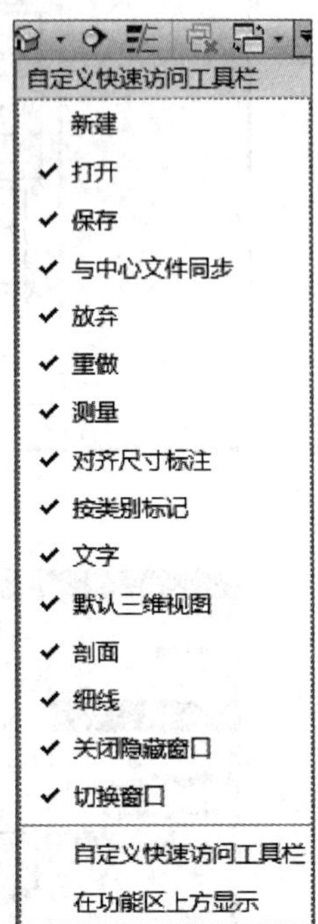

图 3.7 快速访问工具栏

图 3.8 添加快速访问工具栏

3.1.5 上下文选项卡

上下文选项卡是在激活了某个图元或工具以后,在工具选项条中自动添加的一个“上下文选项卡”,其中是一组与该工具或图元的上下文相关的工具。

下面以“墙”图元被选中时,显示的“墙”图元的“上下文选项卡”为例进行相关讲解,如图 3.9 所示。

选择——含“修改”按钮;属性——含“类型属性”和“实例属性”;剪贴板——

含“从剪贴板中粘贴”“剪切”“复制剪贴板”和“匹配属性类型”等工具；几何图形——含“连接端切割”“剪切”和“连接”等工具；修改——含“对齐”“打断”“偏移”“移动”等多种修改图元的工具；视图——含对图元显隐、替换图形和线处理等工具；测量——含尺寸标注等工具；创建——含“创建组”“创建类似”“创建部件”和“创建零件”工具；绘制——含绘制墙体草图的必需工具。

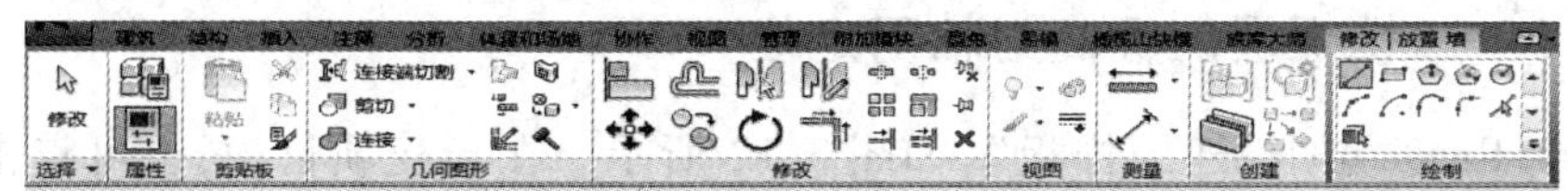

图 3.9　墙图元上下文选项卡

3.1.6　视图控制栏

视图控制栏位于 Revit 绘图区域的下方，如图 3.10 所示。可以通过视图控制栏的相关按钮实现对模型的相关控制和操作。

图 3.10　视图控制栏位

比例——可以实现对图纸和模型比例的调整；详细程度——Revit 提供了三种详细程度（粗略、中等和详细），其中粗略对计算机的内存要求最小，适合在初期使用，详细对计算机的内存要求最大，适合在后期出图时使用；视觉样式——Revit 提供了 5 种视觉样式，分别是线框模式、隐藏线模式、着色模式、一致的颜色模式和真实模式；日光路径——可打开和关闭日光路径，进行日照模拟分析，同时提供了日光设置；打开关闭阴影——可更好地对建筑的遮挡进行研究；渲染——可进行渲染设置，但仅在三维视图中显示；解锁的三维视图——仅在三维视图中显示；临时隐藏/隔离——Revit 提供了临时隐藏/隔离图元（类别）和重设临时隐藏/隔离；高亮显示位移集——用于做爆炸图。

3.1.7　基本编辑工具

常规的编辑命令适用于整个建模的过程，如对齐（AL）、偏移（OF）、镜像（DM）、拆分（SL）、锁定（LC）、移动（MV）、复制（CC）、旋转（RO）、修建（TR）等多种编辑命令，如图 3.11 所示。

当使用偏移命令时，如需产生新的构建时，可勾选选项栏中的“复制”选项，点击起点输入数值，按“Enter”键，确定即可。

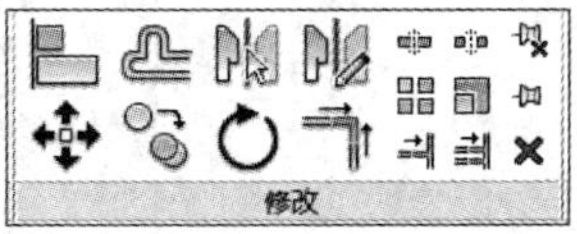

图 3.11　基本编辑工具

§3.2 建筑楼层平面模型构建

下面以某教学楼为例,介绍在用Revit进行建筑楼板层空间三维建模过程中项目准备的一般步骤。

3.2.1 楼板层的标高与轴网定位

启动Revit,点击“建筑样板”,如图3.12所示。在新建项目中,也可点击“新建”,弹出对话框,在下拉菜单中选择模板“建筑样板”,也可以“浏览”其他的样板文件,其中包括用户设置的模板文件,如图3.13所示。

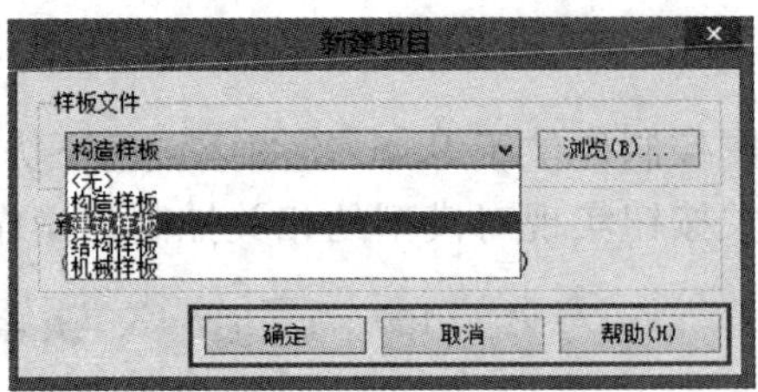

图3.12 选择建筑样板　　图3.13 新建建筑样板

标高和轴网是建筑设计中重要的定位信息,Revit通过标高和标高偏移为建筑模型中的各构件进行空间定位,并且可以根据标高和轴网信息定位各种建筑构件。

3.2.2 设定标高

标高用于反映建筑构件在高度方向的定位情况。默认将打开标高1楼层平面视图。在项目浏览器中展开“立面”视图类型,双击“南立面”视图名称,切换至南立面视图。如图3.14所示,在南立面视图中,显示建筑样板中默认的标高1与标高2,标高2为4.000 m。将鼠标移到“4.000”处,如图3.15所示,点击两下,弹出输入框,输入数值3.8,按“Enter”键,确认输入。

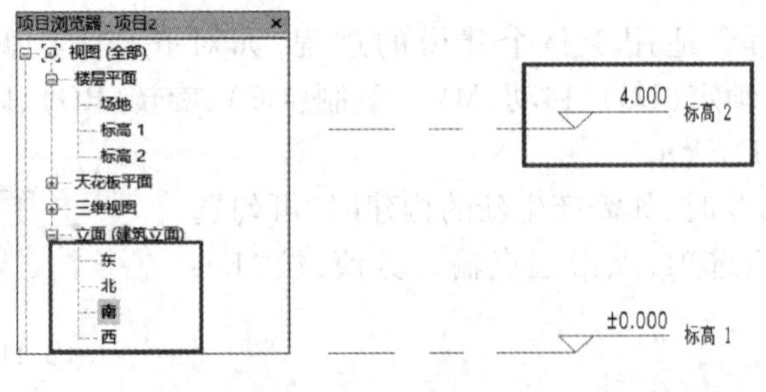

图3.14 标高选项　　图3.15 输入标高

绘制其他标高,选择“标高 2”标高,点击“复制”命令,如图 3. 16 所示。勾选“约束”“多个”,如图 3. 17 所示。在绘图区,点击“标高 2”标高,向上移动,输入数值 3 800,按“Enter”键。

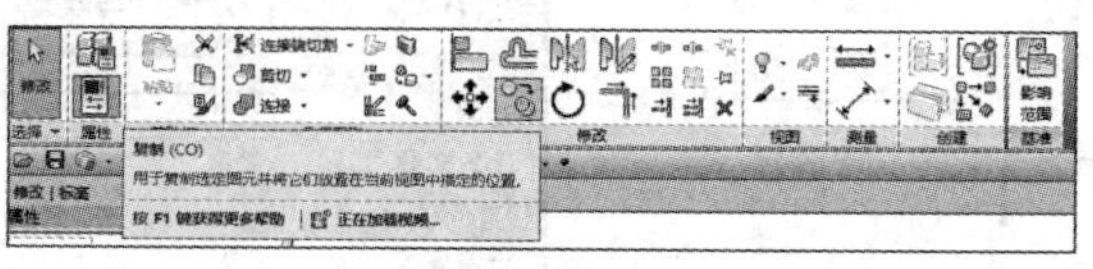

图 3. 16　设定其他标高

图 3. 17　输入其他标高

其他标高也依次绘制,依次标高数值为(单位为 m):－0. 450, ±0. 000,3. 800, 7. 600,11. 400,15. 200,17. 600,19. 300,21. 800。绘制完成后,如图 3. 18 所示,按“Esc”键,退出绘制。

标高绘制完成后,如果发现标高表现形式与我们所需要的不同,可以进行修改。如图 3. 19 所示,点击“标高 1”,弹出输入框,输入“F2”,其他的依次进行修改。

如需修改标高属性,点击任意标高,在属性面板中,点击“编辑类型”,如图 3. 20所示,可以对标高属性进行修改。点击“复制”按钮,弹出“名称”输入框,新建名称,输入“标高”,其他的按如图 3. 21 所示修改,点击“确定”。按住“Ctrl”键,选择其他的标高,在属性面板下拉菜单中,选择新建的“标高”。

对于室外地坪标高参照如图 3. 22、图 3. 23 所示方式修改。在对话框中点击“复制”,在弹出的对话框中输入“室外地坪”,点击“确定”。在“符号”的下拉菜单中选择“标高标头_下”,点击“确定”。

图 3. 18　绘制其他标高线

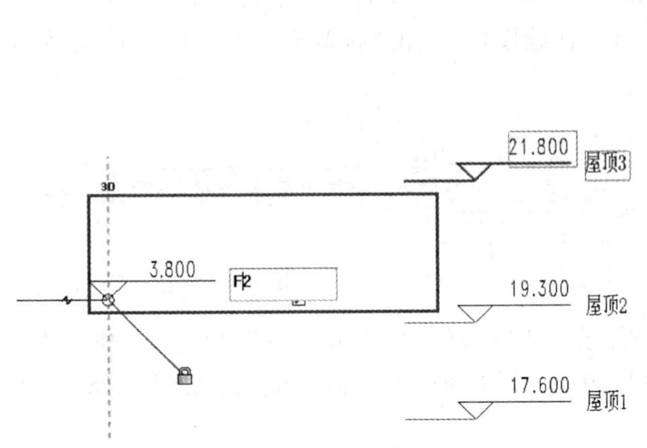

图 3.19　修改标高

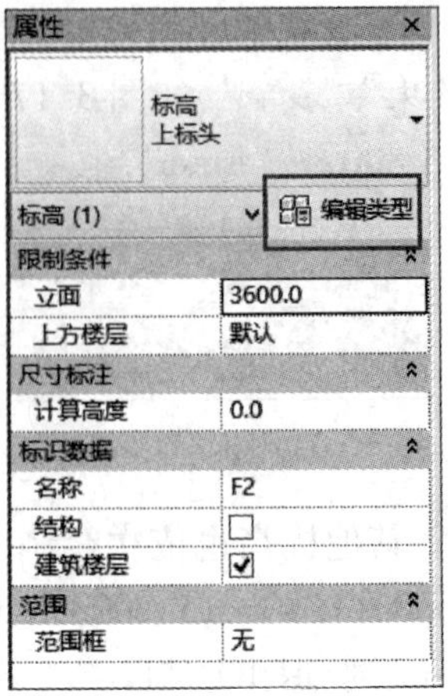

图 3.20　标高属性修改

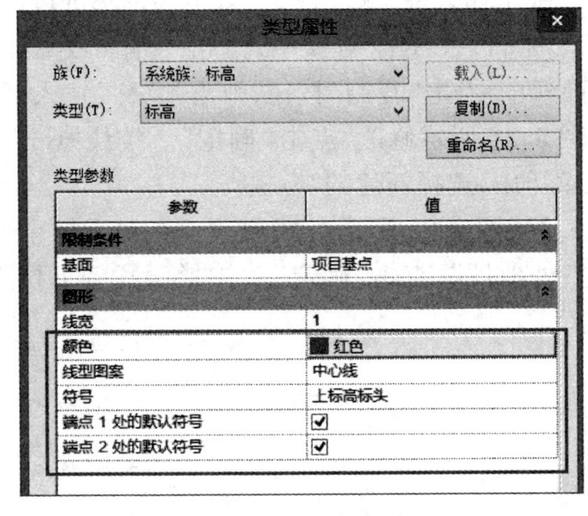

图 3.21　标高属性设置

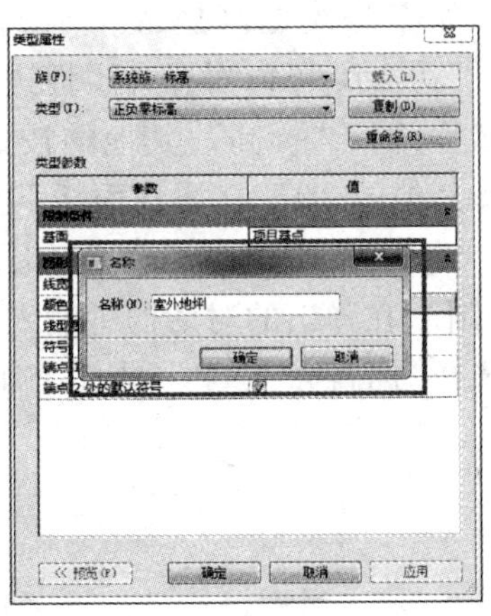

图 3.22　修改室外地坪标高

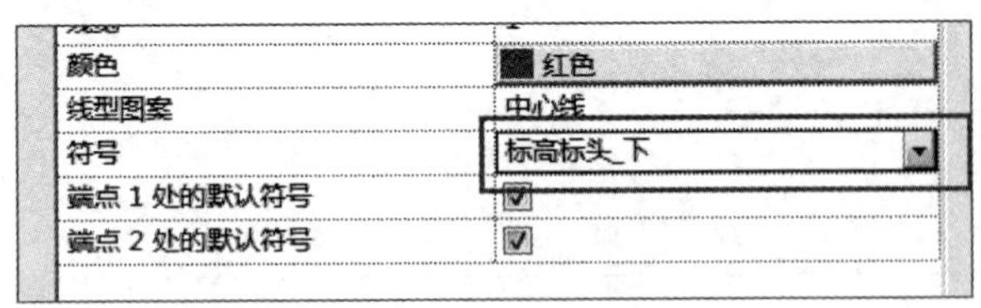

图 3.23　室外地坪标高参数设置

绘制楼层标高的方式可以参照图 3.24 所示进行。

3.2.3　绘制轴网

默认打开标高 1 楼层平面视图。在项目浏览器中展开“楼层平面”视图类型，双击“F1”视图名称，切换至 F1 平面视图。在 F1 平面视图中绘制轴网，如图 3.25 所示。

图 3.24　绘制楼层标高

在 F1 平面视图中，在“建筑”菜单下有“轴网”选项卡，点击“轴网”，如图 3.26 所示，进行轴网绘制，轴线相间数值设定为 4 350、4 350、8 700、5 000、3 700、8 700、4 500、4 200、2 400、2 100、4 300、2 000（单位为 mm），如图 3.27 所示。

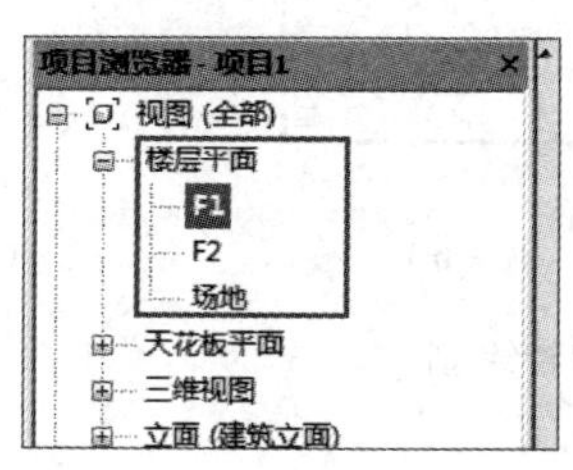

图 3.25　平面视图切换

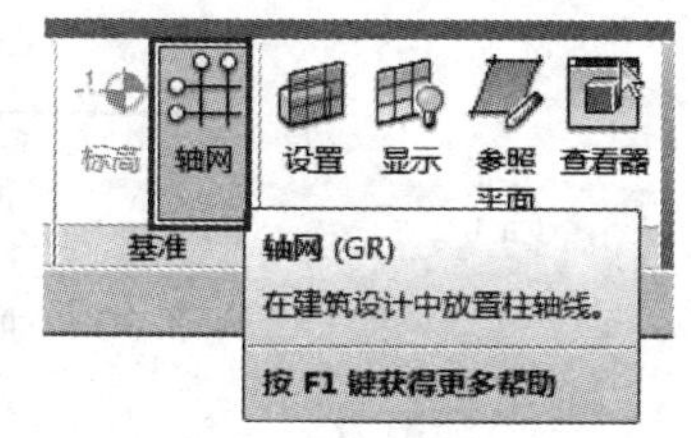

图 3.26　轴网选项卡

绘制上下层的轴线后，发现中间距离过短，可以进行调节，如图 3.28 所示。选择任意一个轴线，点击圆点，按住鼠标左键移动。

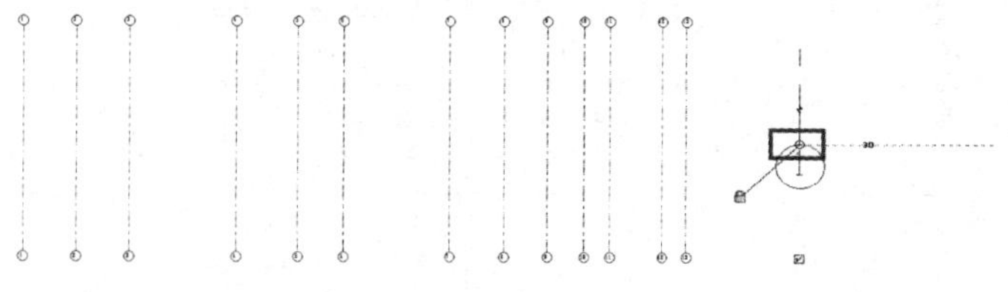

图 3.27　轴网绘制　　　　图 3.28　轴线调整

接着绘制左右开间的轴线，轴线相间数值为 3 600、4 500、3 300、3 300、3 300、3 300、3 300、6 300、6 000、6 900、2 500、3 600、3 300（单位为 mm），如图 3.29 所示。

绘制左右轴线时，出现如图 3.30（a）所示情况。可以选择 J 轴线，出现如

图 3. 30(b)所示一个“折断符号”,点击得到如图 3. 30(c)所示轴号。

按照上述方法要点,重复绘制步骤,最后绘制的轴网如图 3. 31 所示。

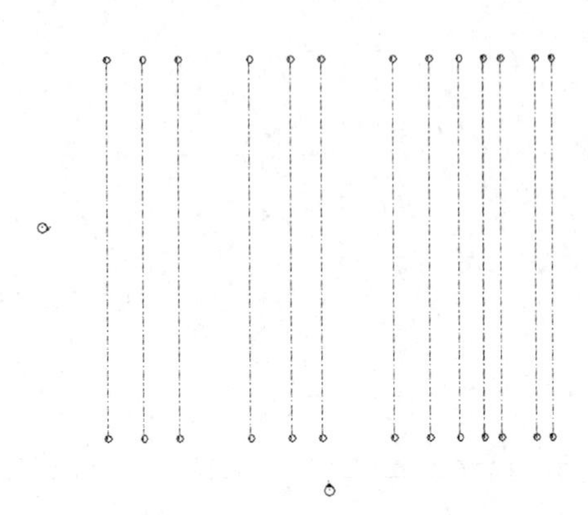

图 3. 29　轴线绘制

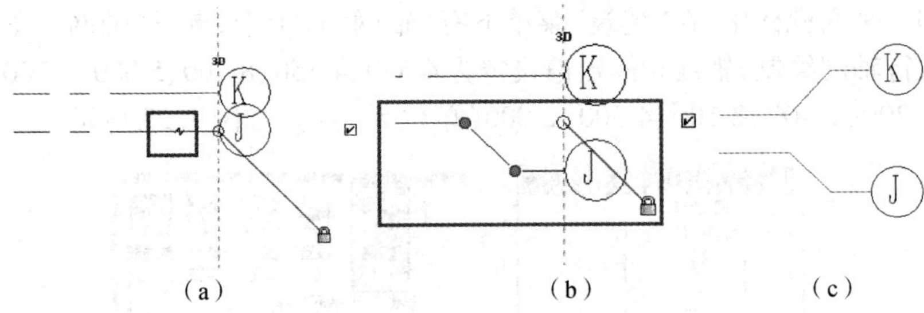

(a)　　(b)　　(c)

图 3. 30　轴号绘制

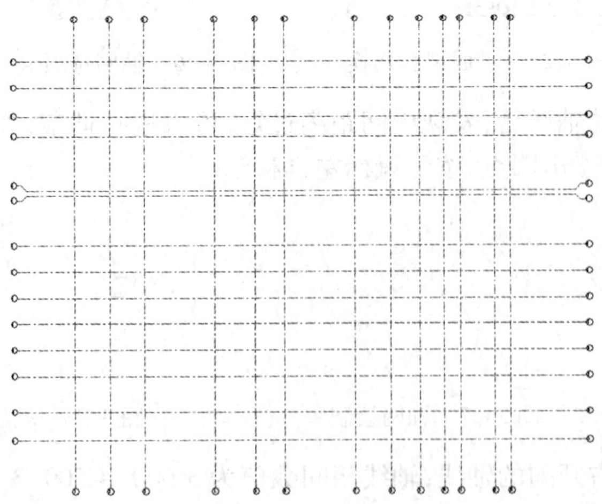

图 3. 31　轴网绘制

3.2.4　设定多个标高楼层平面

在项目浏览器中展开“楼层平面”视图类型，发现只有 F1、F2、场地选项，没有其他平面图层。在“视图”菜单下有“平面视图”的选项卡，点击“楼层平面”。全选平面，点击“确定”，如图 3.32 所示，可以为多个标高平面创建新的楼层平面。

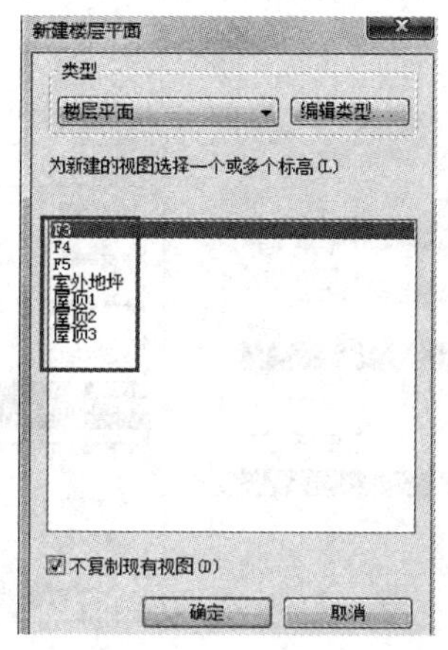

图 3.32　新建楼层平面选项

§3.3　墙体模型构建

3.3.1　普通墙体

首先编辑灰色面砖墙体的属性，在“建筑”菜单下有“墙”的选项卡，点击“墙”。在属性面板中，点击“编辑属性”。如图 3.33 所示，点击“复制”按钮，弹出“名称”输入框，新建名称，输入“灰色面砖墙体”，点击“确定”。

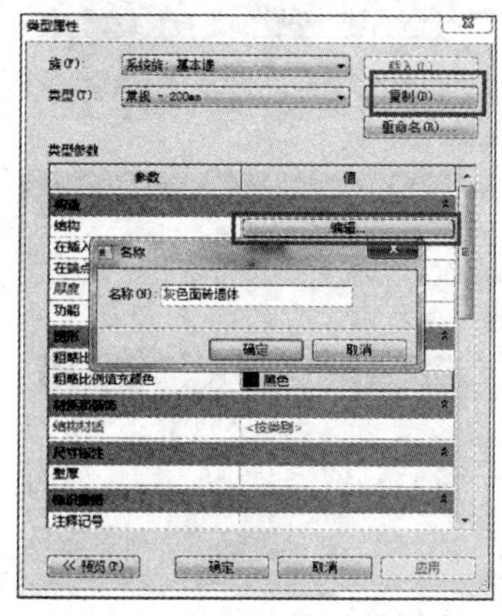

图 3.33　墙体属性选项

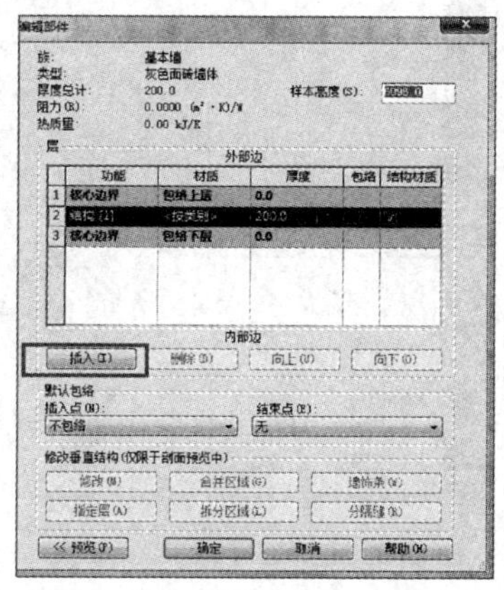

图 3.34　墙体属性编辑

在图 3. 33 所示面板中点击“编辑”，对该墙体进行构造层编辑。点击“插入”，然后在插入的层次中“结构”下拉菜单中选择“保温层/空气层[3]”，如图 3. 34 所示。

在材质的表中点击“…”，弹出对话框如图 3. 35 所示，选择“隔热层/保温层-空心填充”，点击图 3. 35 左下角按钮，选择“复制选定的材料”，输入“聚苯板保温”。在“截面填充图案”中选择“松散-泡沫塑料”，点击“确定”；在厚度的表中输入 50，如图 3. 36 所示。

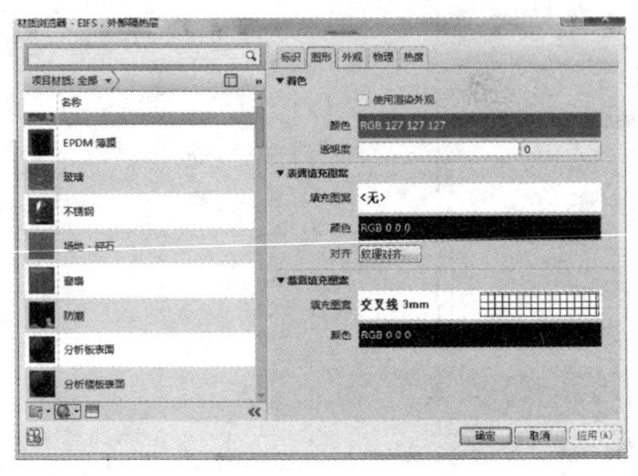

图 3. 35　材质属性选项

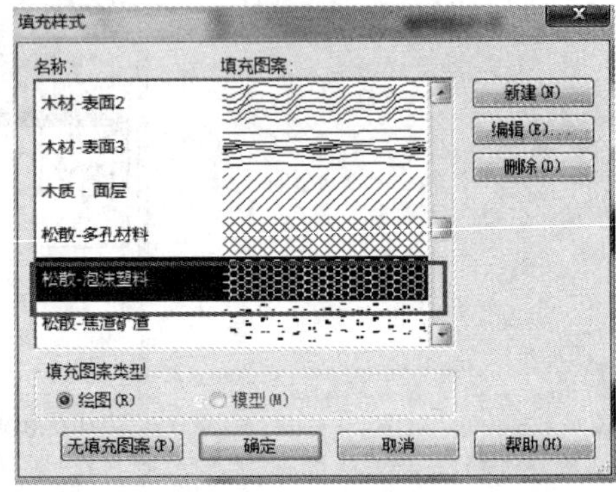

图 3. 36　材质属性设定

在结构层中，方法同上。材质选择“混凝土砌块”，点击图 3. 37 左下角按钮，选择“复制选定的材料”，输入“加气混凝土砌块”，如图 3. 37 所示。在“表面填充图案”中选择“无填充图案”，点击“确定”；在“截面填充图案”中选择“无填充图案”，点击“确定”；在厚度的表中输入 250。

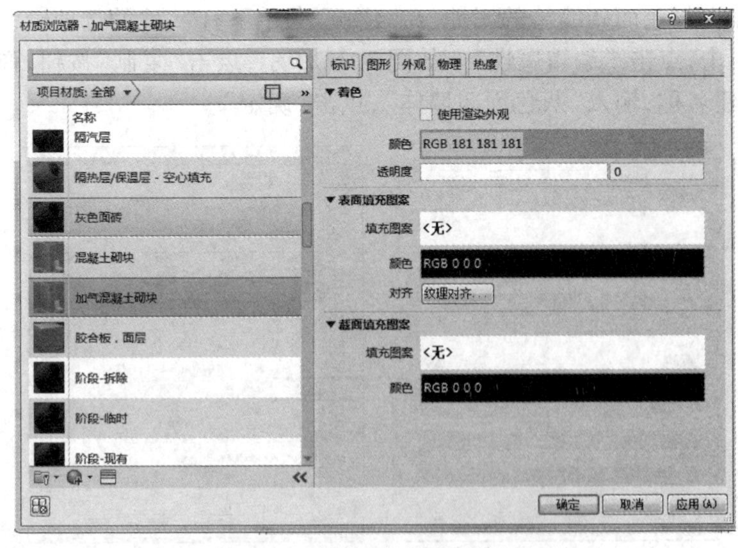

图 3. 37　结构层材质属性设置

继续插入层，墙体外部面层材质如图 3.38 所示，墙体内部面层材质如图 3.39 所示。

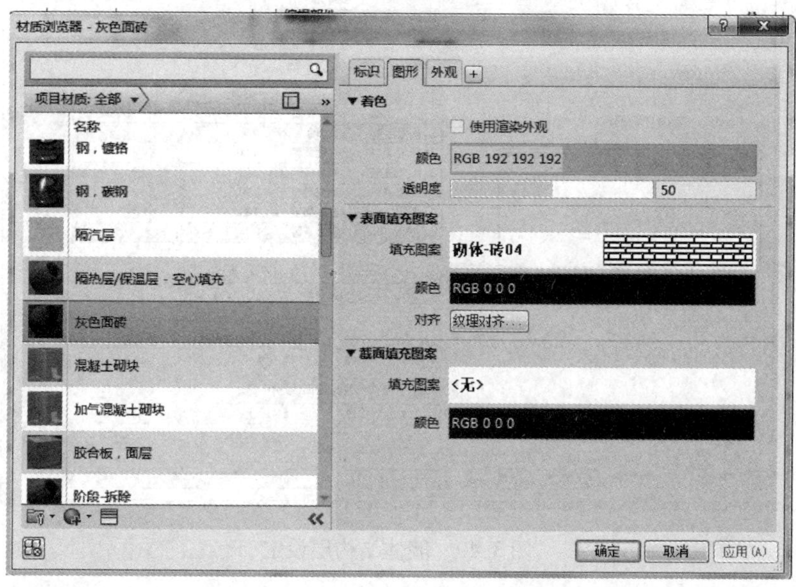

图 3.38　墙体外部面层材质设置

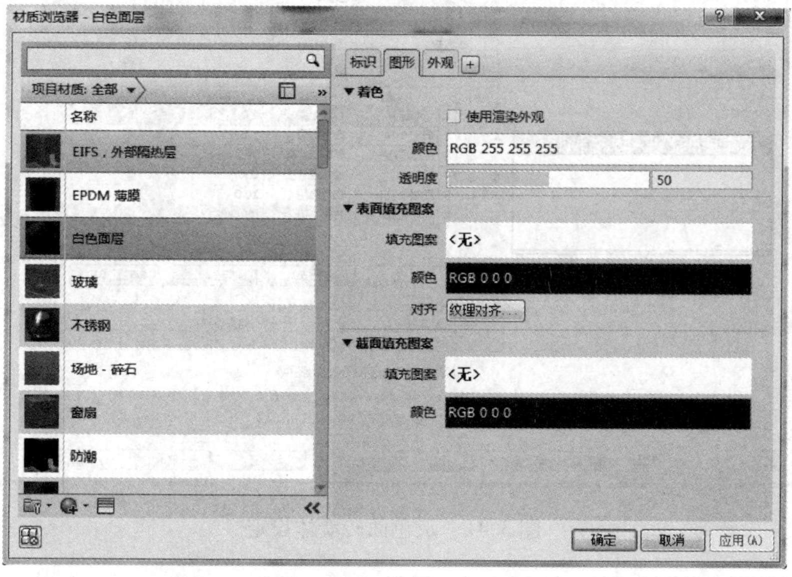

图 3.39　墙体内部面层材质设置

最后该墙体模型的结构层设定，如图 3.40 所示。

依照上述方法绘制其他墙体模型。白色外墙，在灰色面砖墙体的基础上，按照灰色面砖墙体参数设定的方法进行修改，如图 3.41 所示。

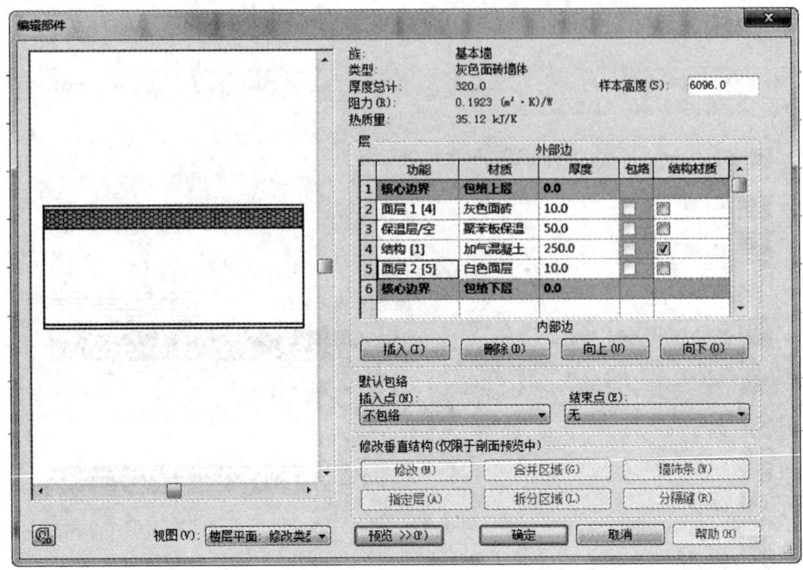

图 3.40　墙体结构层设定

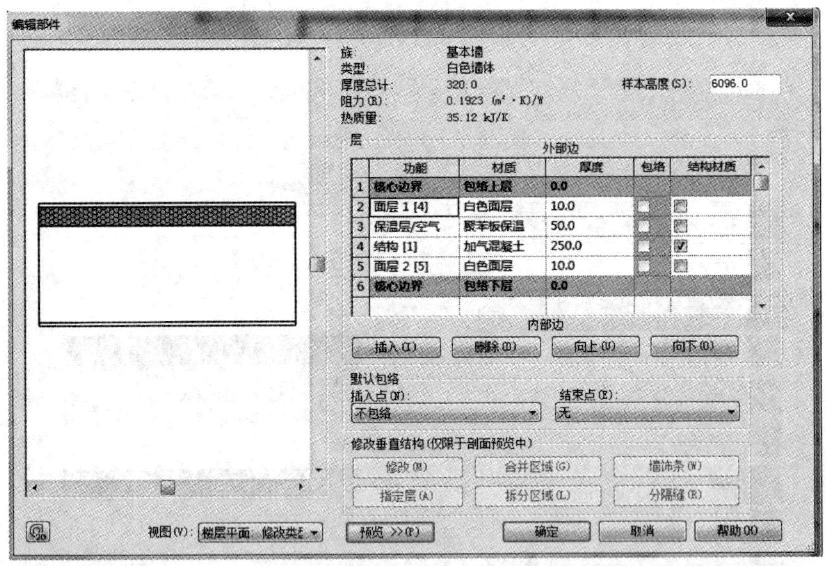

图 3.41　灰色面砖墙体设定

红色面砖墙体的设定,如图 3.42 所示。

绘制室内外有高差的外墙时,在室外地坪的平面上,绘制墙体,点击“建筑”菜单下的“墙”选项卡。在类型属性面板中选择需要绘制的墙体,在“顶部约束”的下拉菜单选择“直到标高:F1”,如图 3.43 所示,绘制有高差墙体。

绘制一层的外墙时,选择所有的外墙,先点击“修改|墙”选项卡中的“复制到

剪贴板”，再点击“从剪贴板中粘贴”下拉菜单中的“与选定的标高对齐”，如图 3.44、图 3.45 所示。

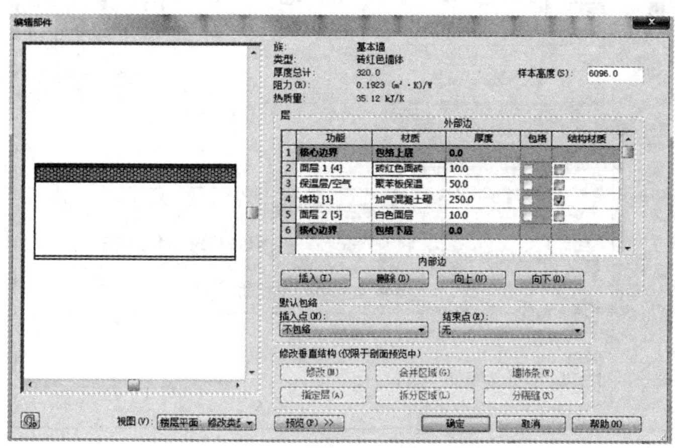

图 3.42　红色面砖墙体的设定

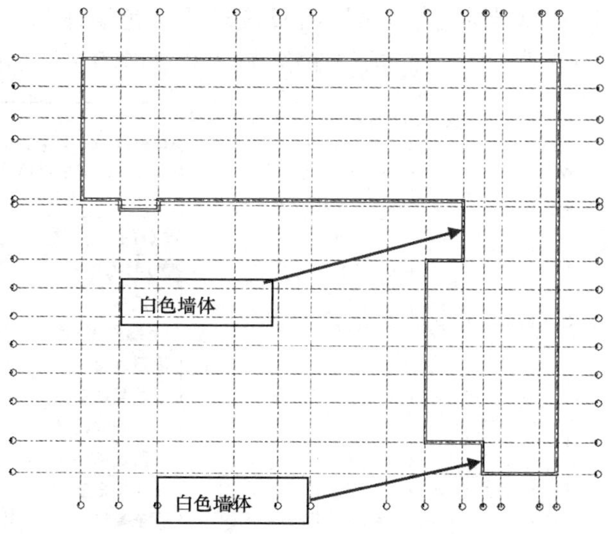

图 3.43　绘制高差墙体

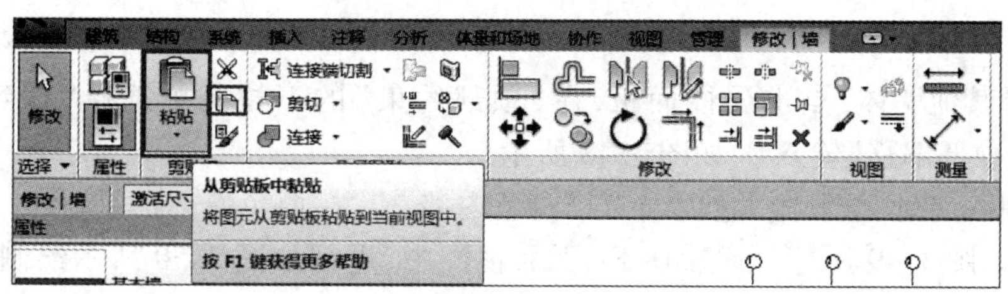

图 3.44　剪贴板选项

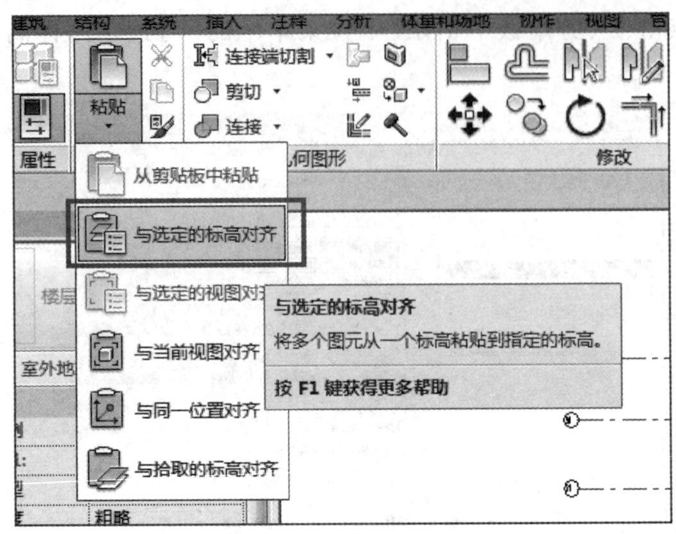

图 3.45　设定剪贴位置

选择如图 3.46 所示墙体，点击属性面板，选择“白色墙体”，在“顶部约束”的下拉菜单选择“直到标高：F2”，在“顶部偏移”输入 0，如图 3.47 所示。

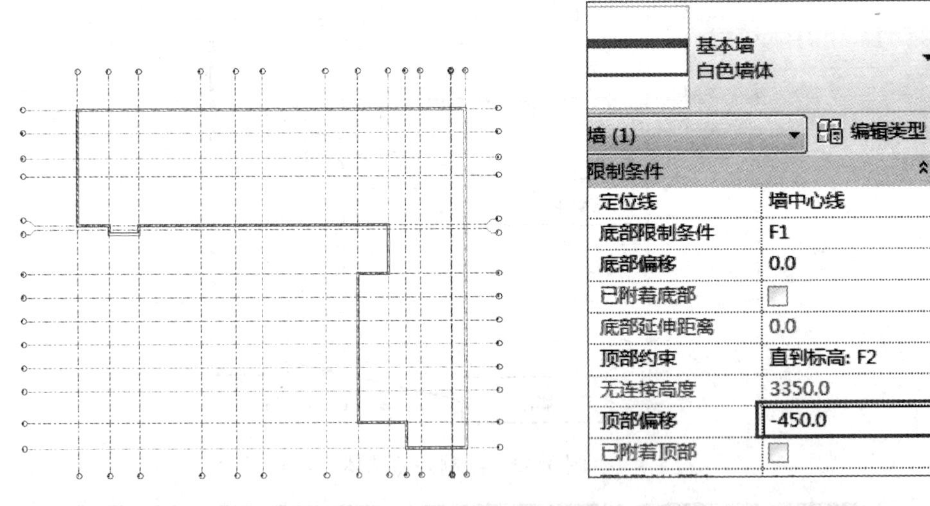

图 3.46　选择墙体　　图 3.47　顶部偏移设置

选择其他墙体，点击属性面板，在“顶部约束”的下拉菜单选择“直到标高：F2”，在“顶部偏移”输入 0，如图 3.48 所示。

绘制内墙时，绘制“白色内墙 1”“白色内墙 2”，在白色墙体的基础上，编辑内墙属性，如图 3.49 所示。而后在 F1 平面视图中，进行如图 3.50 所示绘制。内墙绘制细节，如图 3.51 所示。

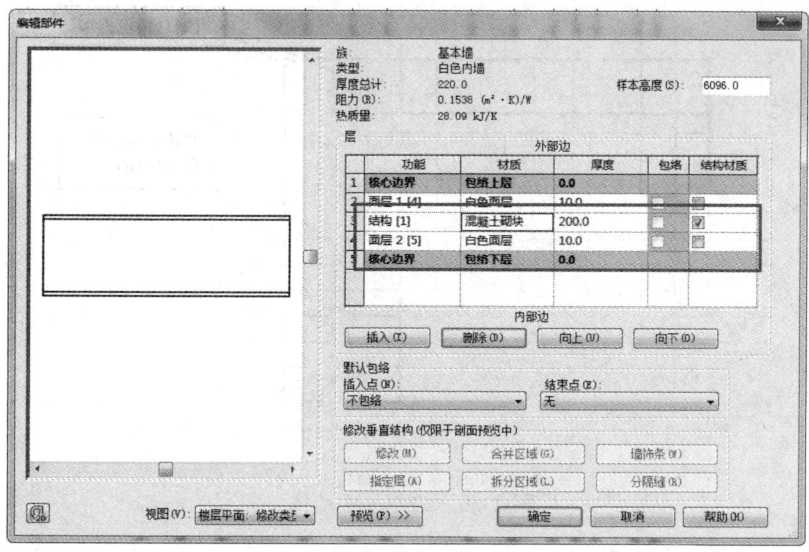

图 3.48　墙体属性设置

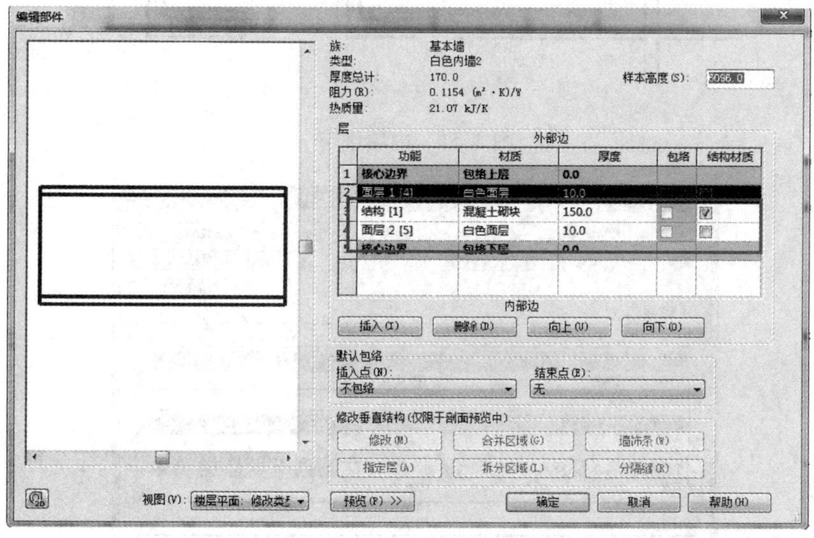

图 3.49　编辑内墙属性

3.3.2　柱子模型构建

首先在“建筑”选项卡下有“柱子”的，点击“柱：建筑”。在属性面板中，点击“编辑属性”。点击“复制”按钮，弹出“名称”输入框，新建名称，输入“柱子 500”，点击“确定”。在“深度”“宽度”中输入 500，如图 3.52 所示。布置柱子，如图 3.53 所示。

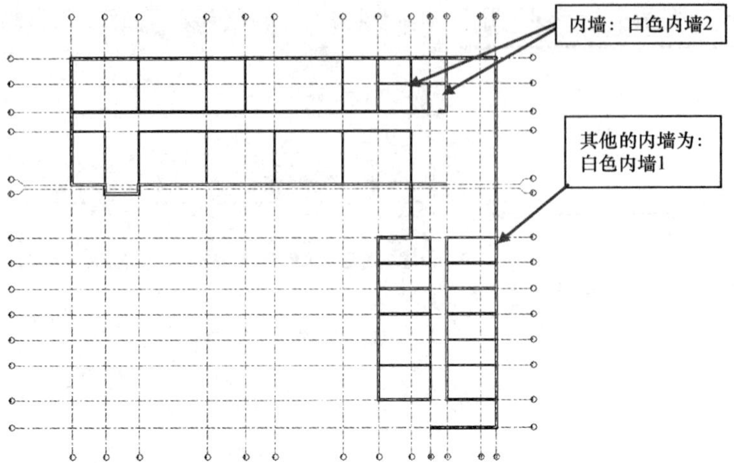

图 3.50　绘制平面墙体

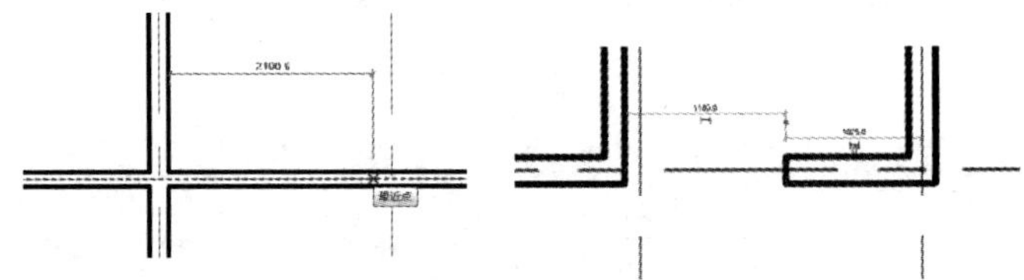

图 3.51　内墙细节

图 3.52　柱子属性设置

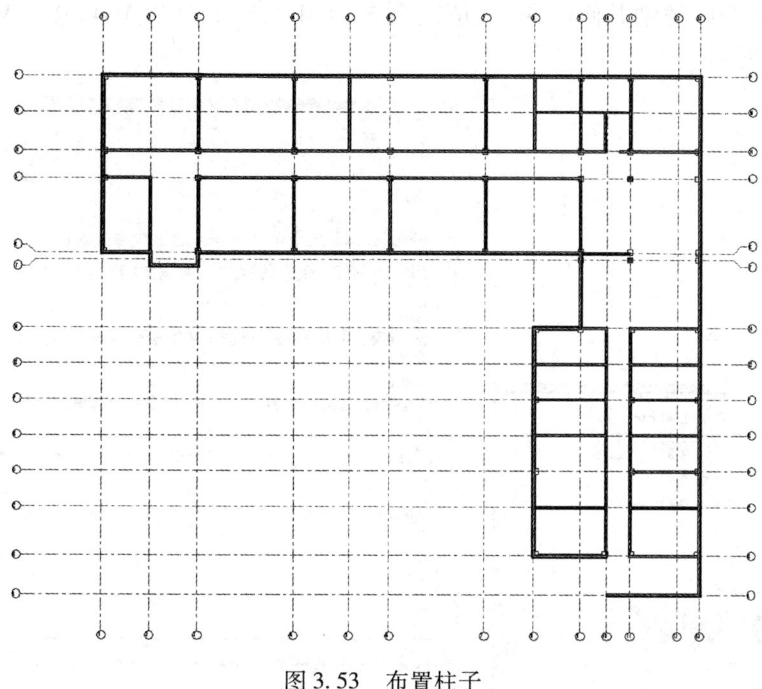

图 3.53　布置柱子

§3.4　门窗模型构建

3.4.1　添加单层平面图门窗

首先编辑门属性,在该模型中,所需的门的尺寸类型如表 3.1 所示,材料为木门。

表 3.1　门尺寸

M-1	3 000	3 080
M-2	1 500	2 400
M-3	1 500	2 400
M-4	1 000	2 400
M-5	900	2 100
M-6	800	2 100
M-7	1 500	2 100

在 F1 平面视图上,绘制门。点击在"建筑"选项卡下"墙"命令,点击"门"。选择对应的门材料类型,如图 3.54 所示。在类型属性面板中点击"编辑属性",在面

板中复制多个门类型并修改属性，依次命名为 M-1、M-2、M-3、M-4、M-5、M-6、M-7，如图 3.55 所示。

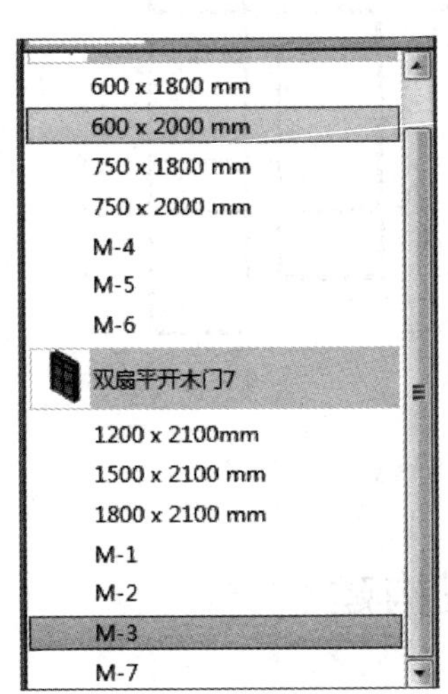

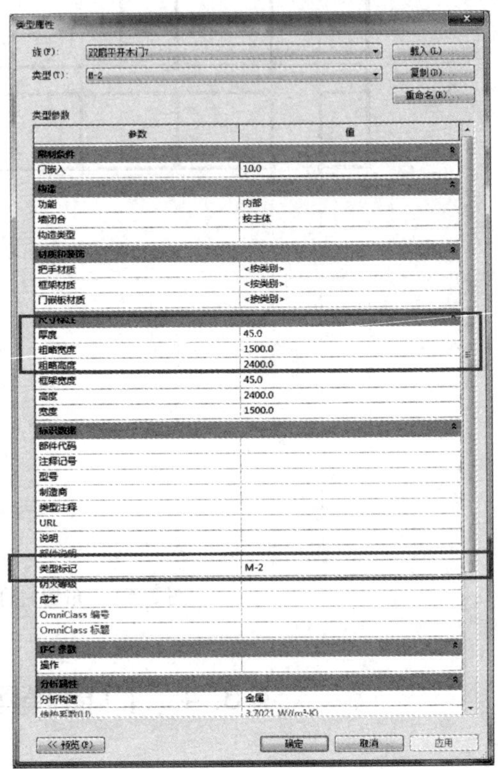

图 3.54　选择门类型　　　　图 3.55　门属性设置

在编辑门属性的过程中，在类型属性面板的下拉菜单中没有双扇门的类型可供选型，可以选择“载入族”的方式把双扇门类型载入模型构建材质系统，如图 3.56所示。

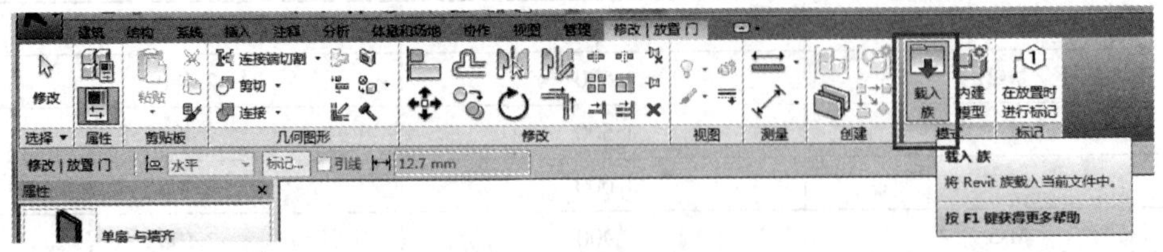

图 3.56　载入门类型

点击“修改|放置门”选项卡中“载入族”的命令，选择族文件“China—建筑—门—普通门—平开门—双扇—双扇平开门 7”，点击“打开”，如图 3.57 所示。编辑窗的属性方法同上所述。

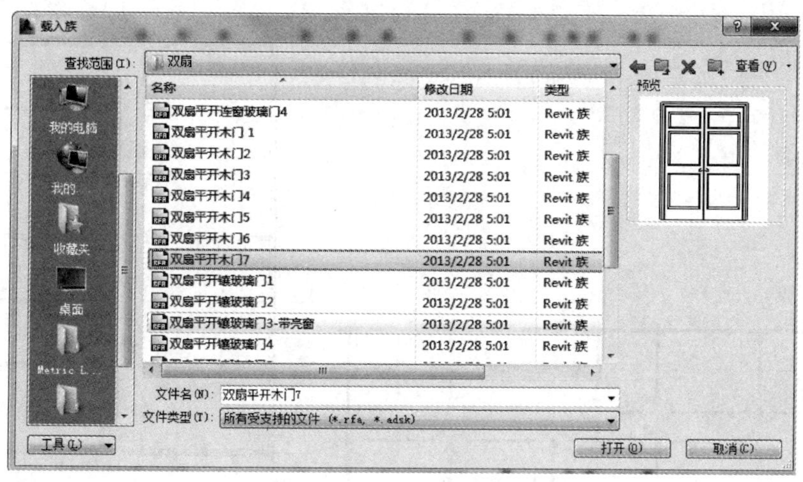

图 3.57　选取门类型文件

1. 在建筑平面置入门构件

在 F1 平面视图上绘制，门的默认为在 F1 上，底部无偏移。门垛设定为 300 mm。

(1)放置门 M-2。点击“M-2”，在类型属性面板中，将“水平”改成“垂直”，如图 3.58 所示。图 3.60(a)为 M-2 的位置布置，即相应门放置入建筑平面中的位置。

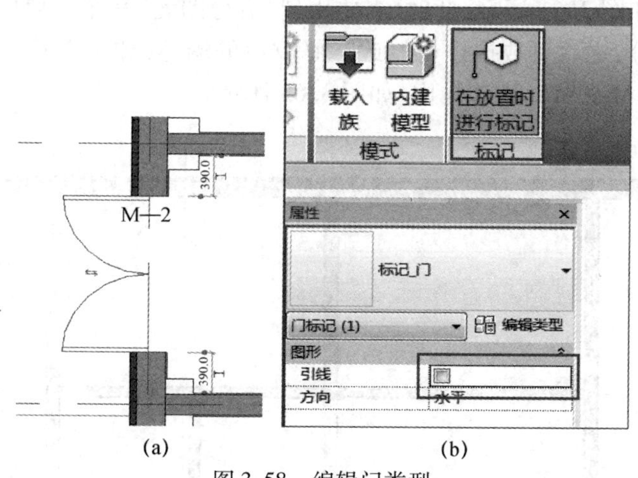

图 3.58　编辑门类型

(2)放置门 M-4。点击 300，输入 250，加选该房间的“M-4”门，点击“复制”命令，勾选“多个”“约束”，如图 3.59 所示。图 3.60(b)为 M-4 的位置布置，即相应门放置入建筑平面中的位置。

图 3.59　放置门

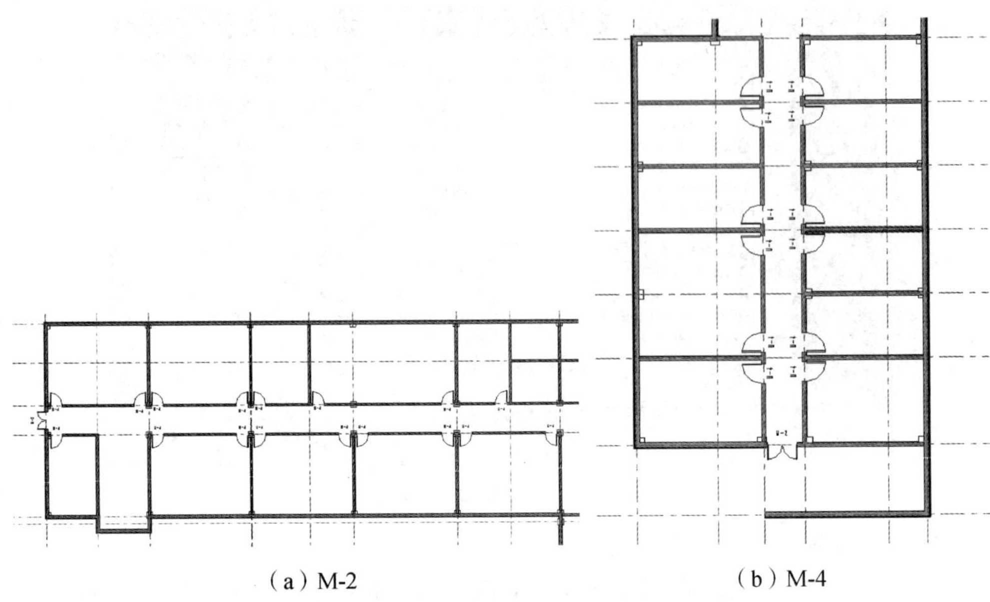

（a）M-2　　（b）M-4

图 3.60　放置多个类型门

（3）放置门 M-5、M-6。如果在放置门 M-5 中，发现墙体有错误，墙是一片整墙，无法删除，如图 3.61 所示，此时，需要用到“拆分图元”命令。使用拆分命令，可以实现随意拆分，之后对数据进行修改。修改后的墙体，如图 3.62 所示。修改后的墙体，放置门 M-5、M-6 到墙体内，如图 3.63 所示。

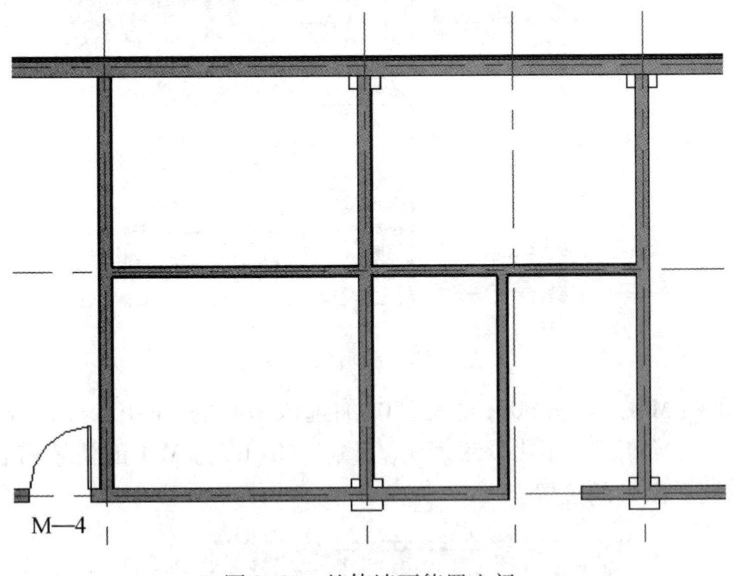

图 3.61　整体墙不能置入门

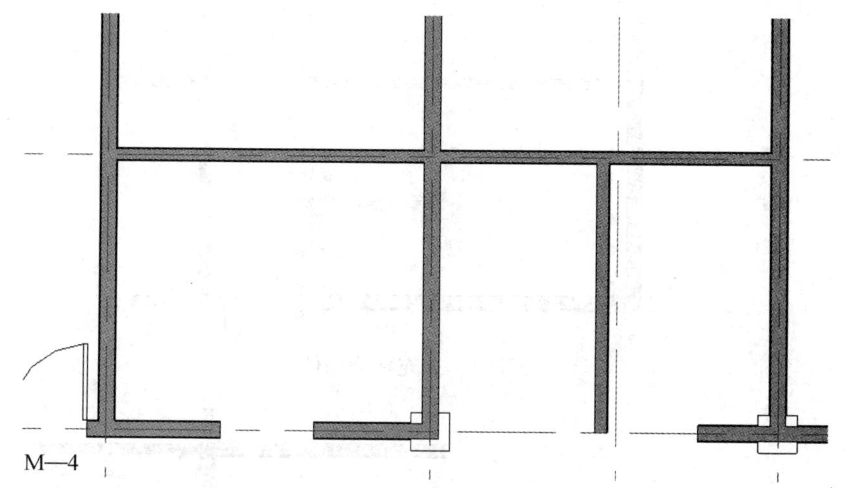

图 3.62　拆分后的墙体

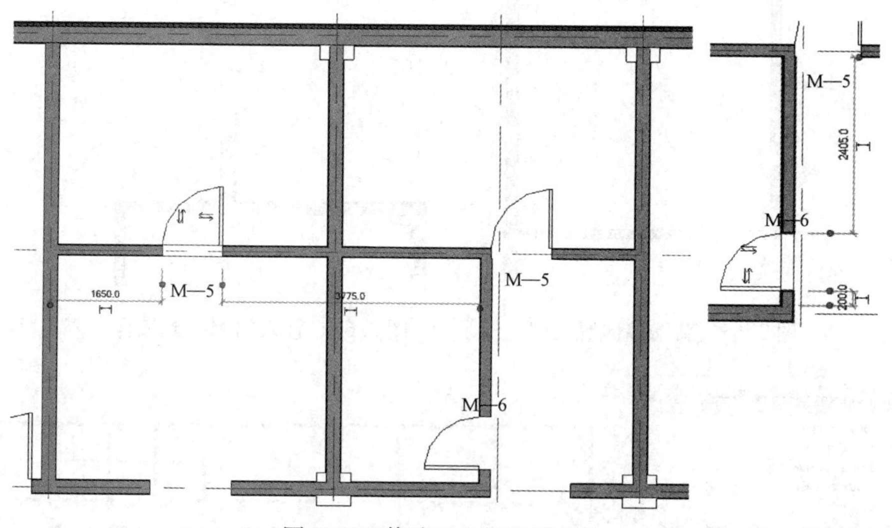

图 3.63　修改置入门后的墙体

(4)补充新增的墙体,如图 3.64 所示。

(5)向新增的墙体放置门 M-3,如图 3.65 所示。

(6)放置门 M-1,如图 3.66 所示。

2. 编辑窗属性与置入窗构件

编辑窗属性方法与门的属性创建方法相同,得出的窗户及窗的类型如图 3.67 所示。

在建筑平面置入窗的过程中,注意点击“在放置时进行标记”,窗置入建筑平面如图 3.68 所示。

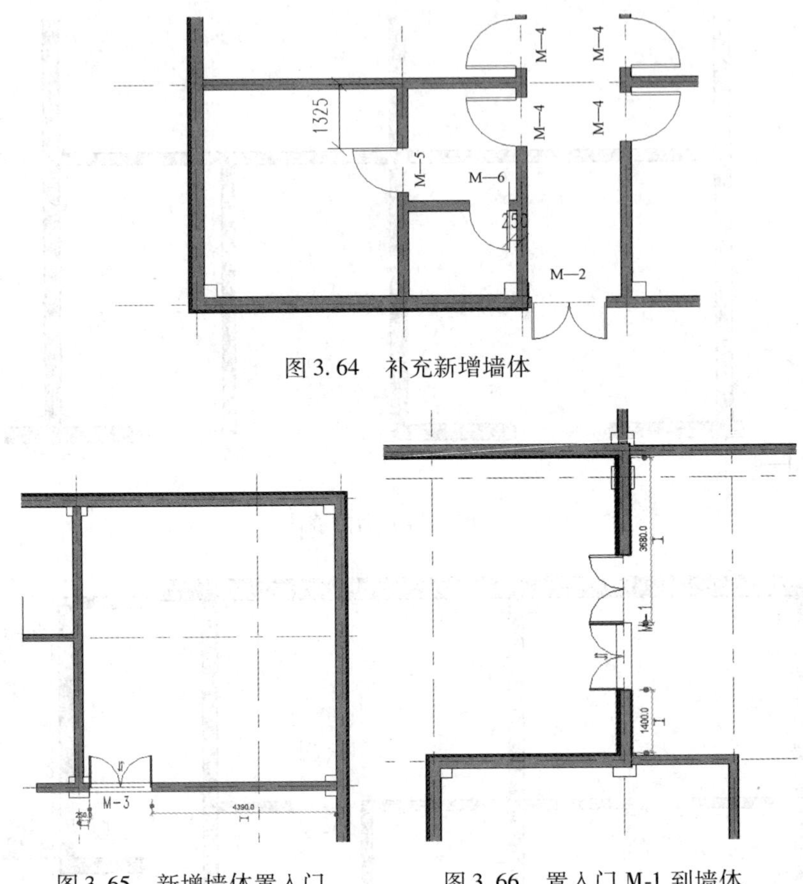

图 3.64　补充新增墙体

图 3.65　新增墙体置入门

图 3.66　置入门 M-1 到墙体

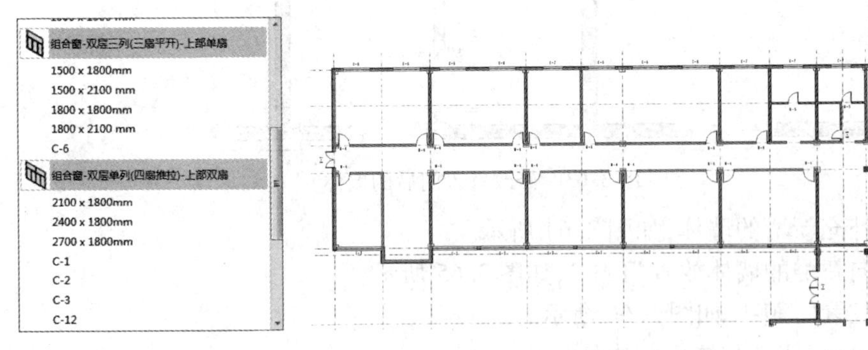

图 3.67　窗类型

图 3.68　墙体置入窗

3.4.2　置入多层建筑平面门窗构件

1. 楼层平面构件复制

一层楼板平面绘制完成后，绘制二层楼板平面图，首先可以将一层构件内容复

制到二层标高上，再进行修改。选中一层平面所有构件，先点击“修改|墙”选项卡中“复制到剪贴板”，再点选“从剪贴板中粘贴”下拉菜单中的“与选定的标高对齐”，如图 3. 69、图 3. 70 所示。

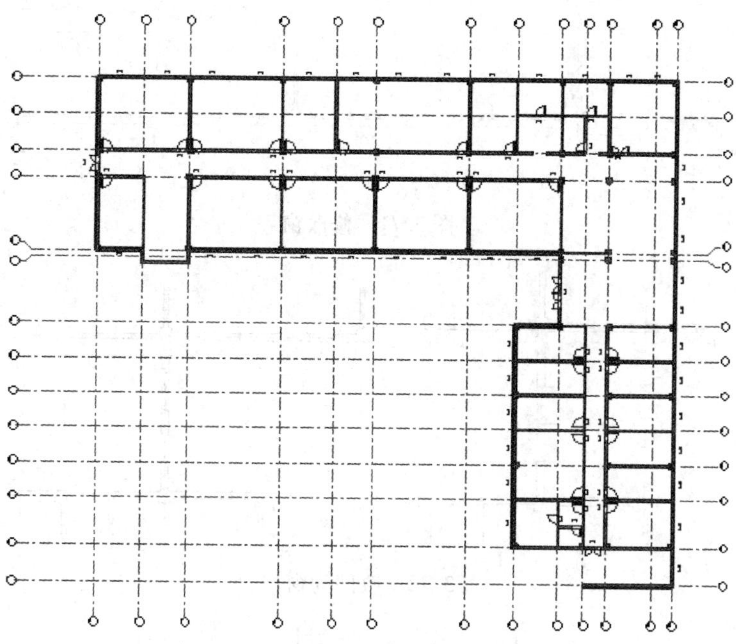

图 3. 69　复制一层墙体到二层

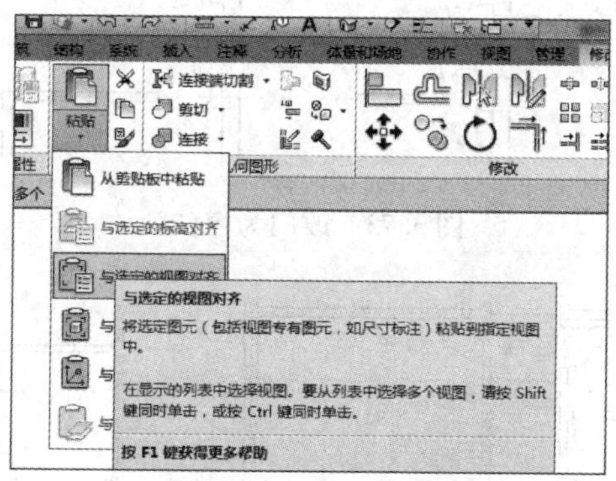

图 3. 70　复制墙体选项

2. 修改二层楼面门窗构件

(1)修改窗，将楼层平面上的 C-3 改成 C-12，如图 3. 71 所示。

(2)改门为窗，将 M-1 改成 C-14，如图 3. 72 所示。

(3)改门为窗，将 M-2 改成 C-8，如图 3. 73 所示。

(4)修改墙，补充不完整墙体，如图 3. 74 所示。

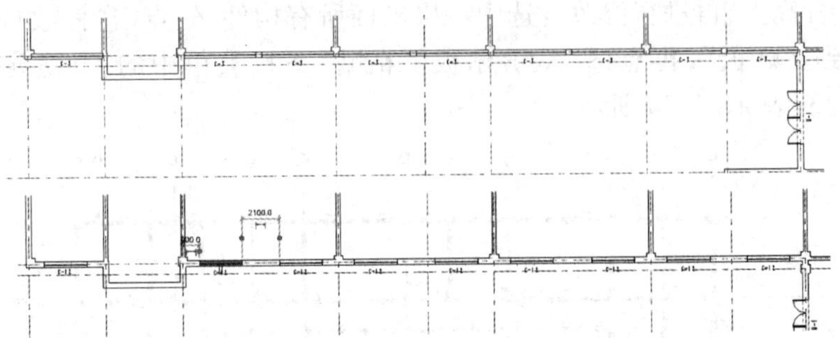

图 3.71　修改窗

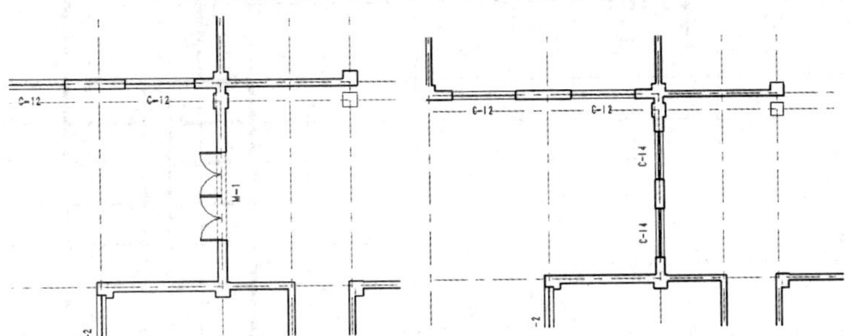

图 3.72　改门为窗(1)

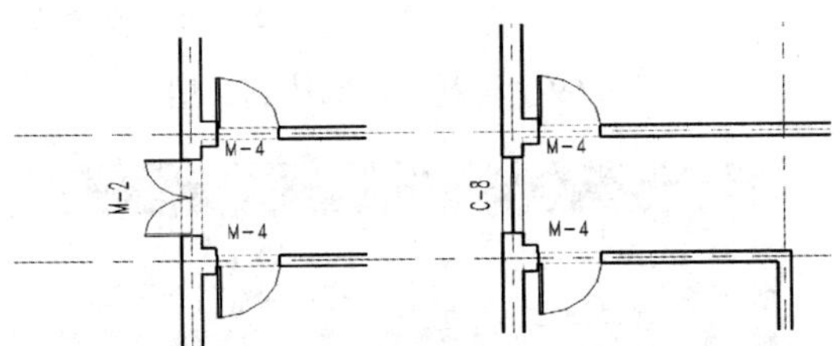

图 3.73　改门为窗(2)

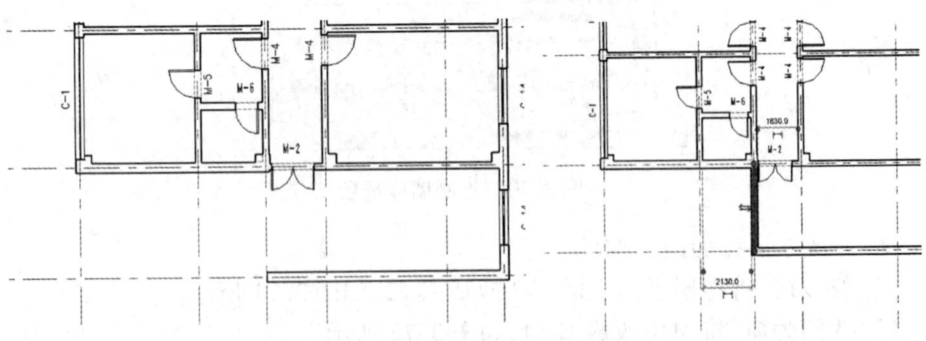

图 3.74　补充墙体

(5)修改墙体,对内墙进行修改,如图 3. 75 所示。

(6)修改好的二层平面,如图 3. 76 所示。

3. 绘制三层

将二层的内容复制到三层标高上,再进行修改,方法与修改二层相同。修改三层后,修改墙体如图 3. 77 所示。修改好的三层墙体,如图 3. 78 所示。

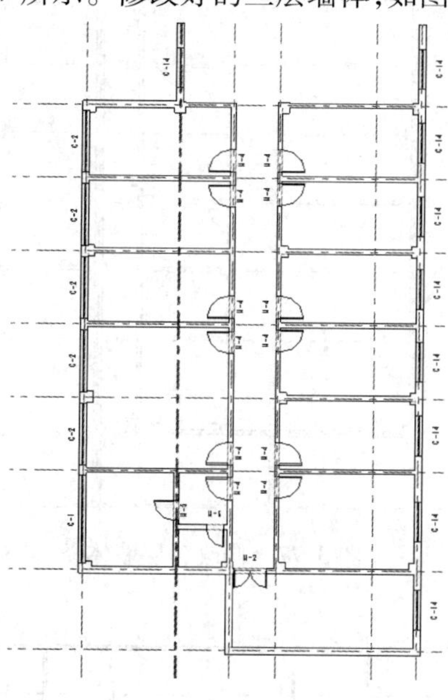

图 3. 75　修改内墙

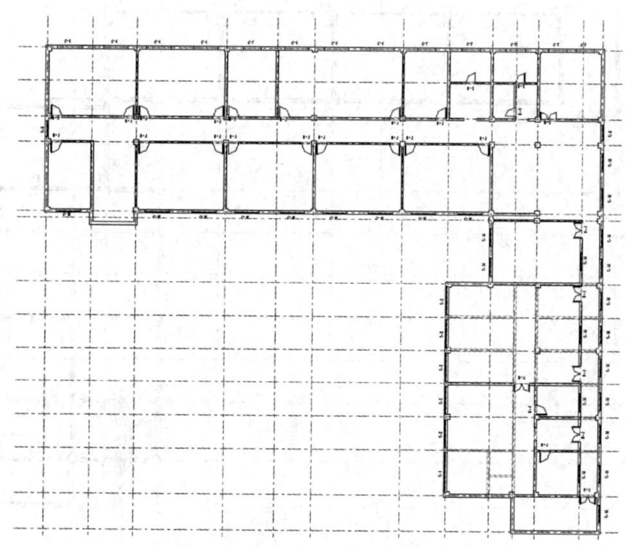

图 3. 76　修改好的二层平面

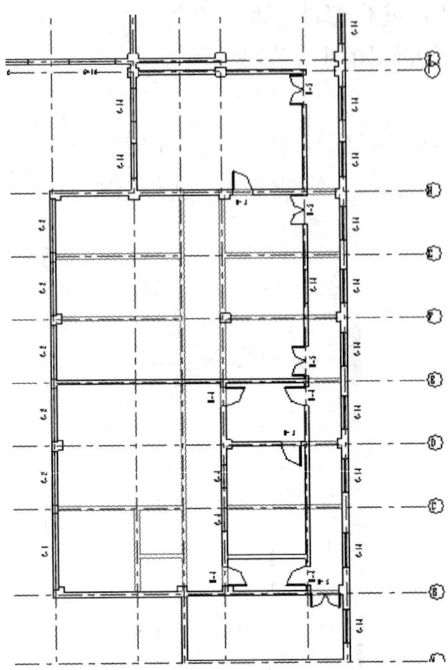

图 3.77 修改三层墙体

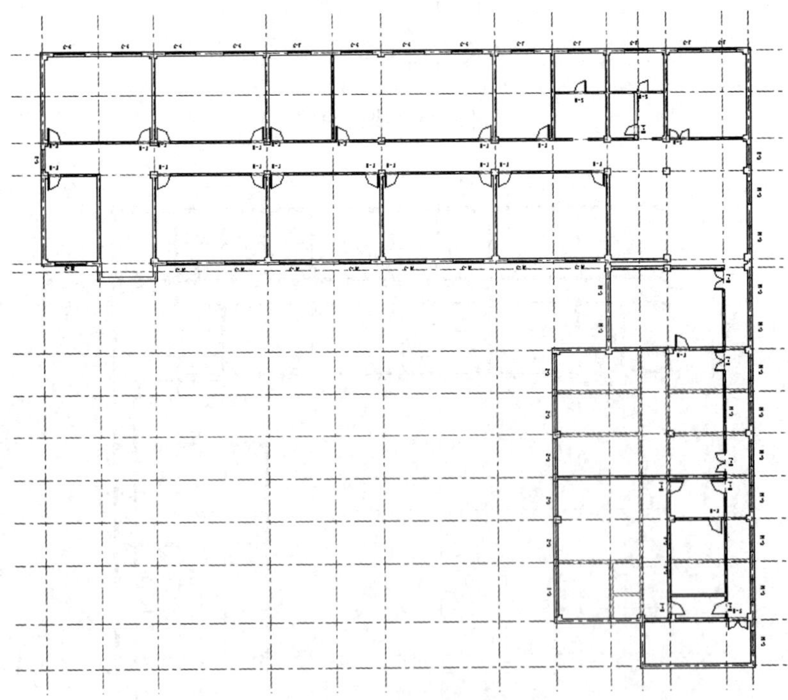

图 3.78 修改好的三层墙体

4. 绘制四层墙体

将三层墙体的内容复制到四层标高上,再进行修改,方法与修改三层相同。修改四层墙体过程,如图 3.79 所示。修改好的四层墙体,如图 3.80 所示。

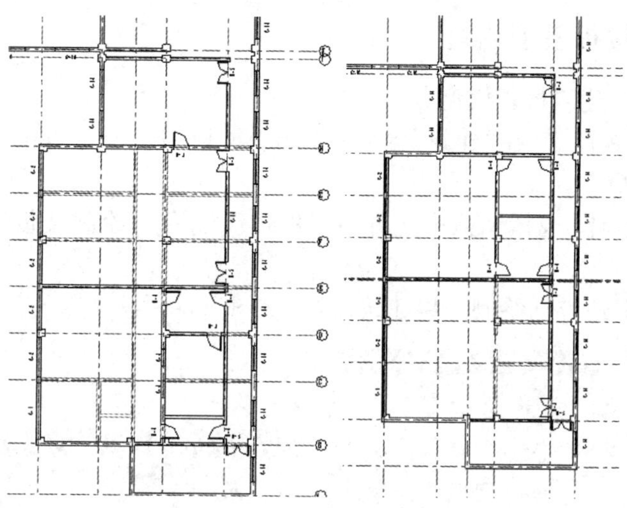

图 3.79　修改四层墙体

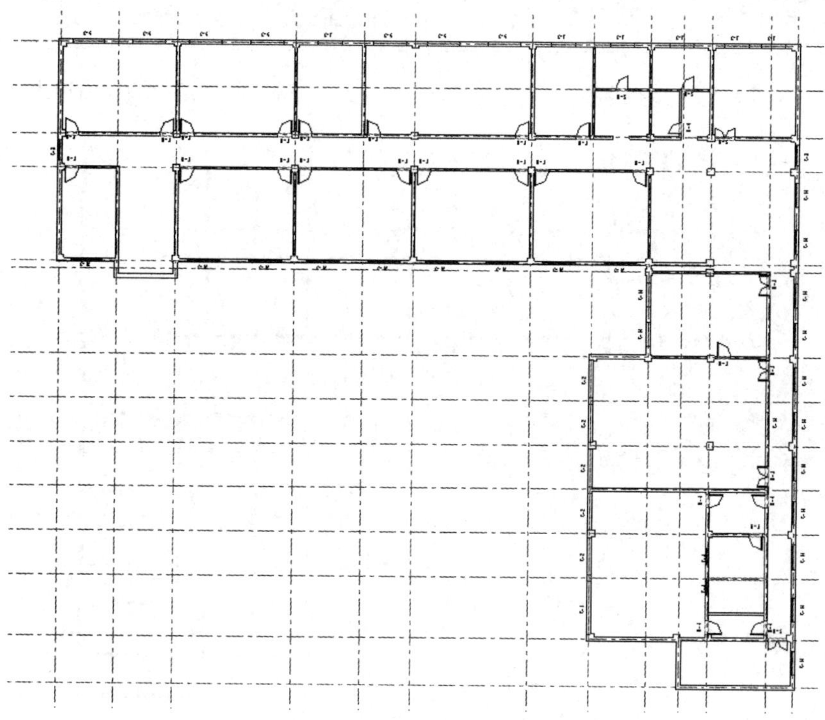

图 3.80　修改好的四层墙体

§3.5 楼板和屋顶模型构建

3.5.1 楼板模型创建

1. 构建一层建筑楼板模型

在F1平面视图中,在“建筑”菜单中选择“楼板”选项卡,点击“楼板:建筑”命令,如图3.81所示。

沿着一层墙体,选择墙体内边界,如图3.82所示。绘制楼板边界,如图3.83所示。

重复使用上述方法绘制一层建筑楼板,如图3.84所示。

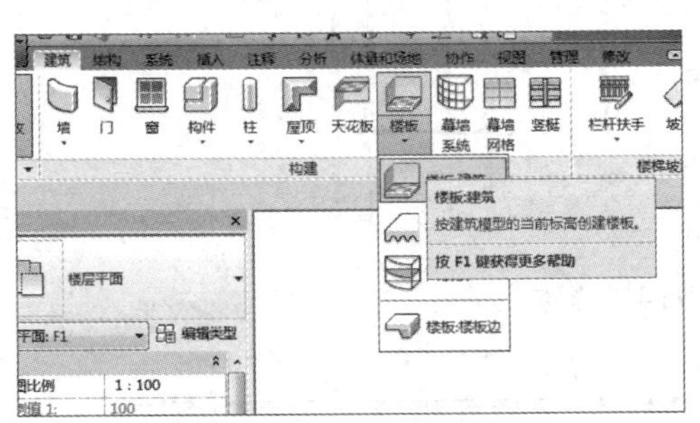

图3.81　楼板选项

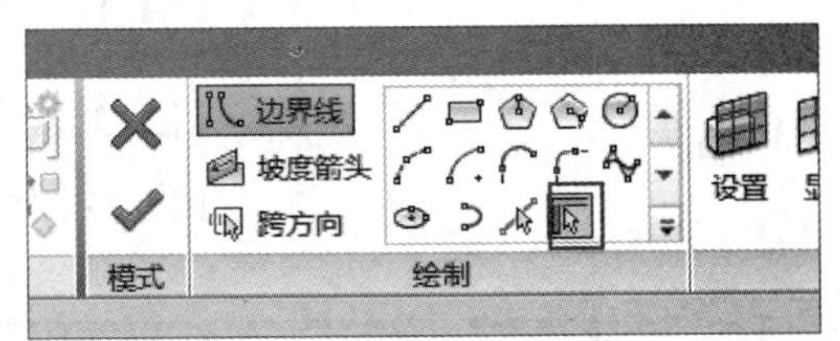

图3.82　选择墙体内边界

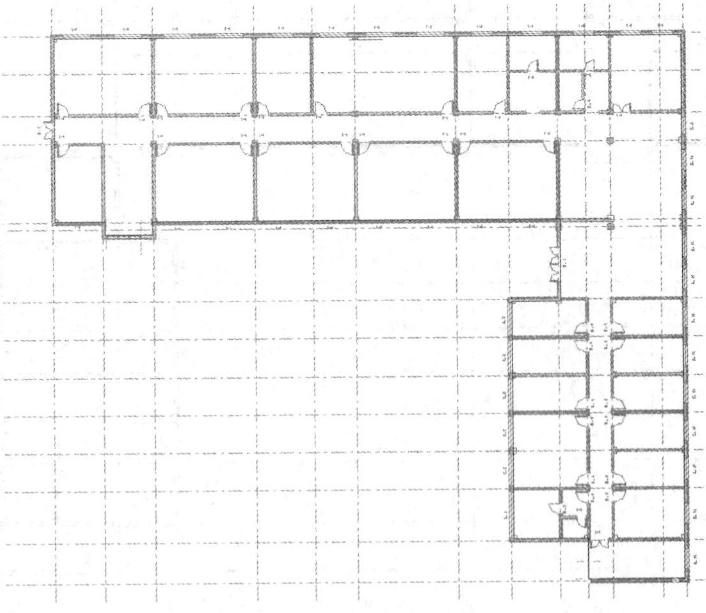

图3.83　绘制楼板边界

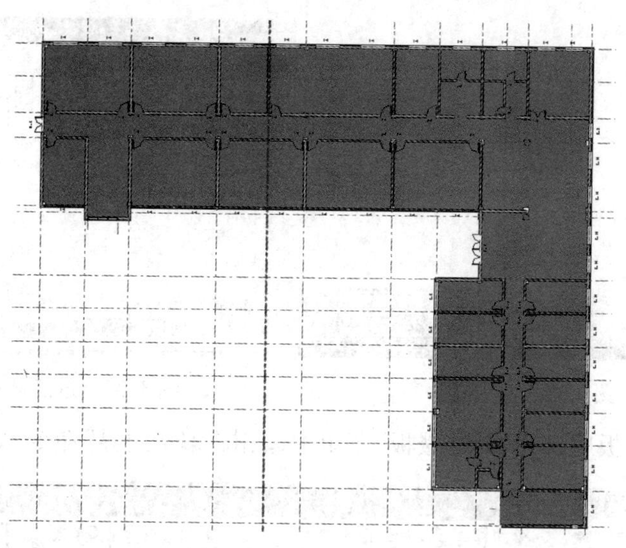

图 3.84　绘制好的楼板

2. 二层以上楼板模型构建

首先使用上面所述方法将一层的楼板复制到二层上，再修改二层楼板，留出楼梯间部分。选择楼板是操作时比较麻烦的地方，修改楼板时不易选择到楼板，可借助过滤器。步骤如下：

(1)框选楼板区域，如图 3.85 所示。

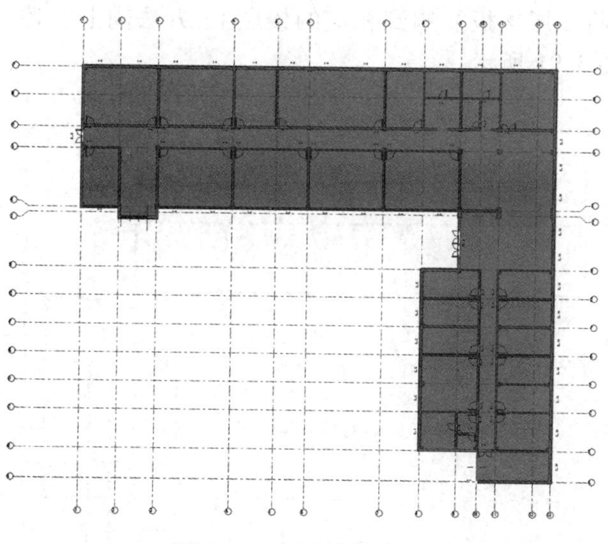

图 3.85　框选楼板区域

(2)点击界面右下角的“过滤器”，如图 3.86 所示，弹出对话框，点击“放弃全部”后，勾选“楼板”，如图 3.87 所示。

图 3.86　过滤器

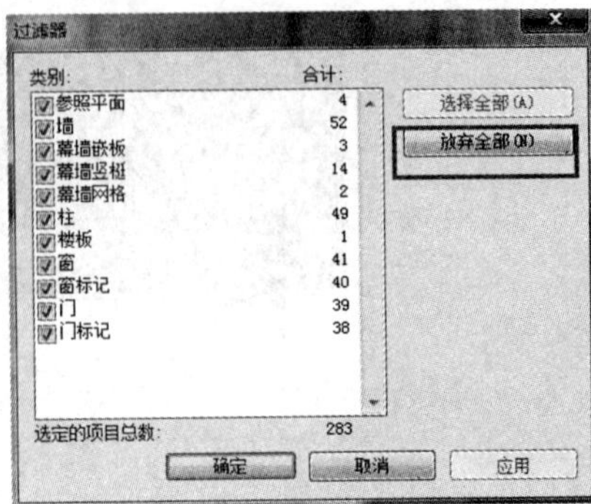

图 3.87　过滤器设置

(3)选中楼板后,在“修改|楼板”菜单中,点击“编辑边界”命令,如图 3.88 所示。

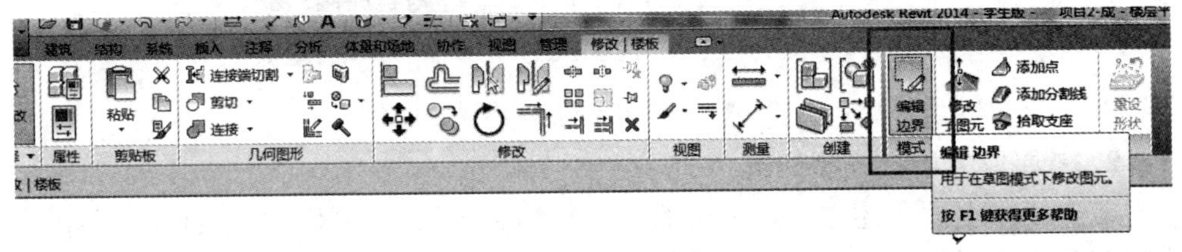

图 3.88　编辑边界选项

修改墙体效果,如图 3.89 所示。其中修改过程细节,如图 3.90 所示。绘制三、四层楼板时,将二层楼板复制到相应的楼层上,方法同上所述。最后墙体和楼板建模效果,如图 3.91 所示。

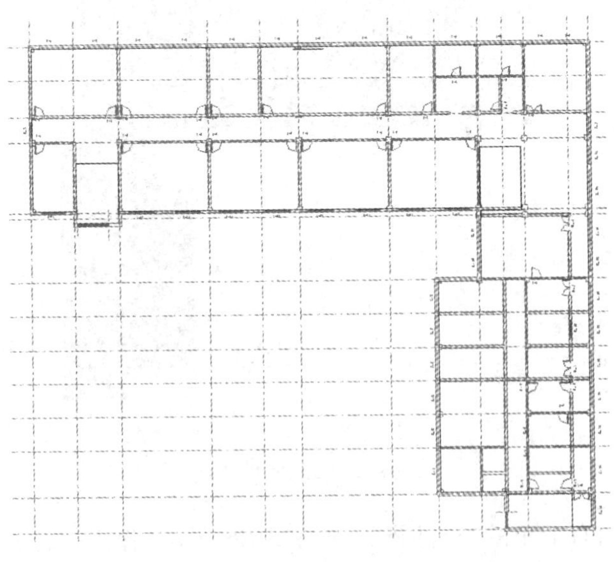

图 3.89　修改墙体效果

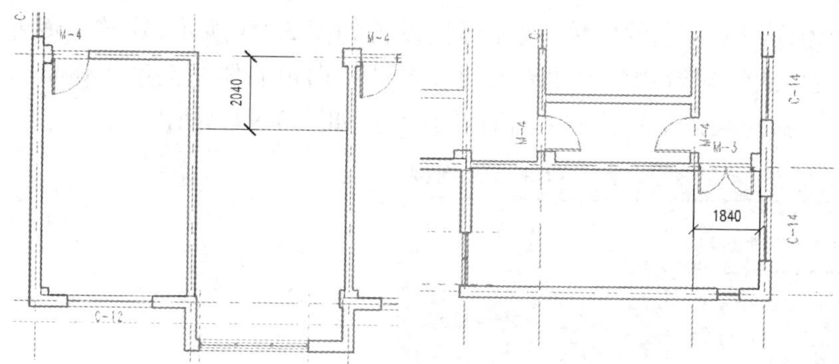

图 3.90　墙体修改过程细节

图 3.91　墙体和楼板模型

3.5.2　屋顶模型创建

创建屋顶模型,方法同上述楼板模型构建。将一层的楼板复制到 F5 视图平面,如图 3.92 所示。

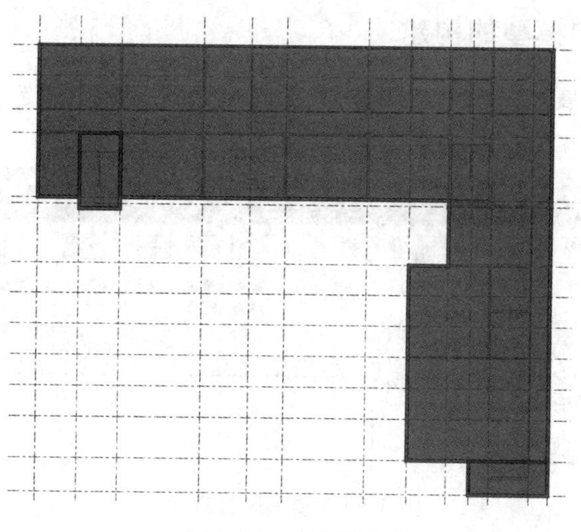

图 3.92　复制楼板

对于楼梯间屋顶上的墙体，墙体属性设置如图 3.93 所示，建筑平面左上角和右下角的女儿墙（建筑物屋顶四周围的矮墙）用“白色墙体”，高度 500mm。

再在楼梯间墙体上置入门，方法同前所述，如图 3.94 所示。

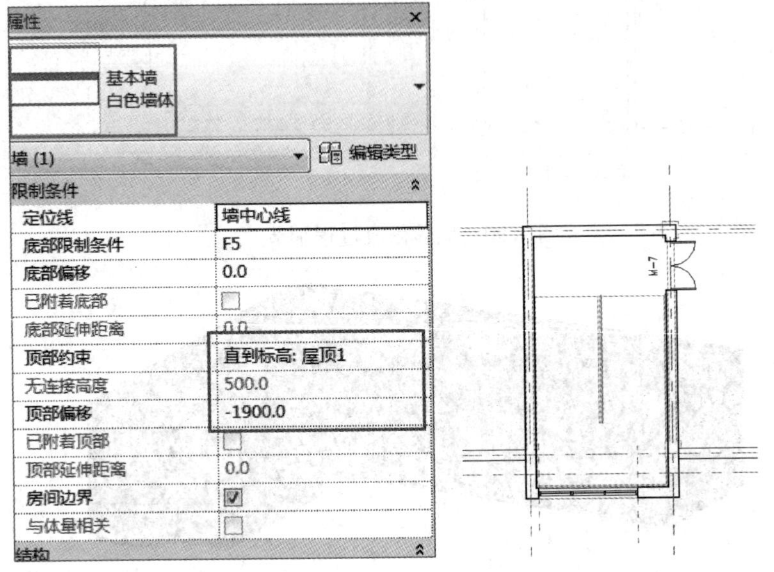

图 3.93　墙体属性设置　　　　图 3.94　楼梯间墙体上置入门

§3.6　楼梯与室外台阶模型构建

3.6.1　楼梯模型的构建

首先编辑楼梯属性，在 F2 平面视图中，在“建筑”菜单中选择“楼梯”选项卡，点击“楼梯（按构件）”命令，如图 3.95 所示。

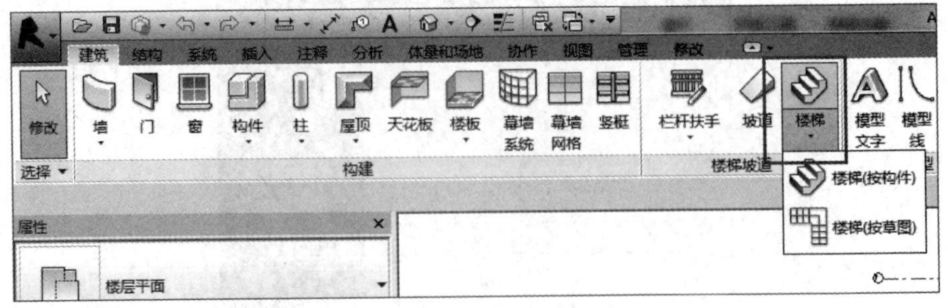

图 3.95　楼梯属性选项

在楼梯属性面板中,点击“编辑属性”,修改属性。如图 3.96 所示创建楼梯 1、2、3。

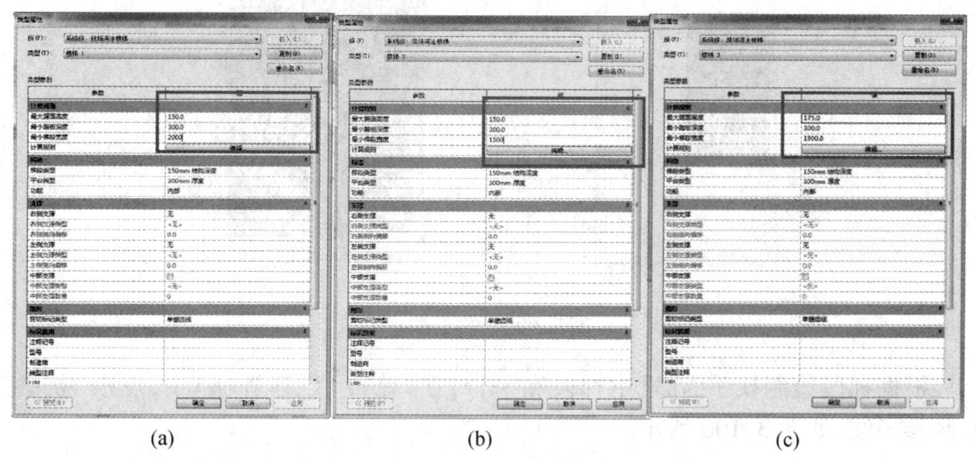

(a)　　　　(b)　　　　(c)

图 3.96　创建不同属性楼梯

在“修改|创建楼梯”中,点击“参照平面”绘制参考线,如图 3.97 所示。

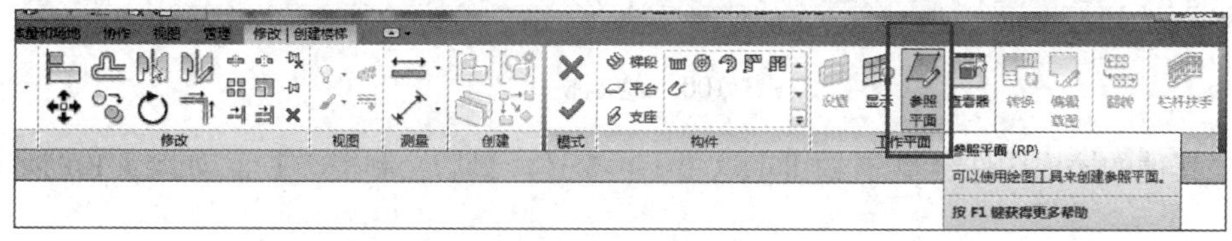

图 3.97　参照平面选项

绘制楼梯参考线,如图 3.98 所示。根据参考线来画出各个梯段,如图 3.99 所示。

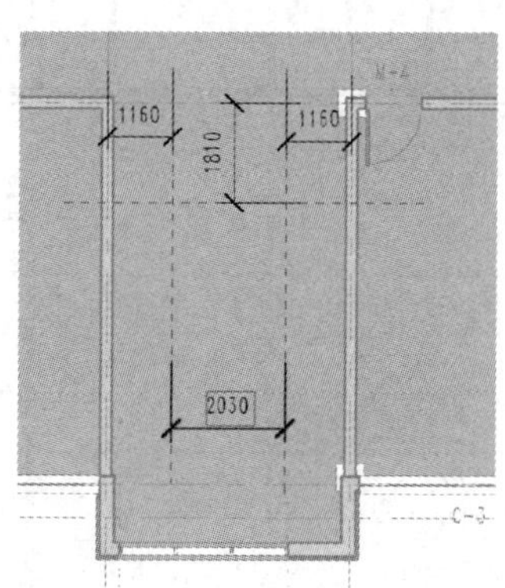

图 3.98　楼梯参考线

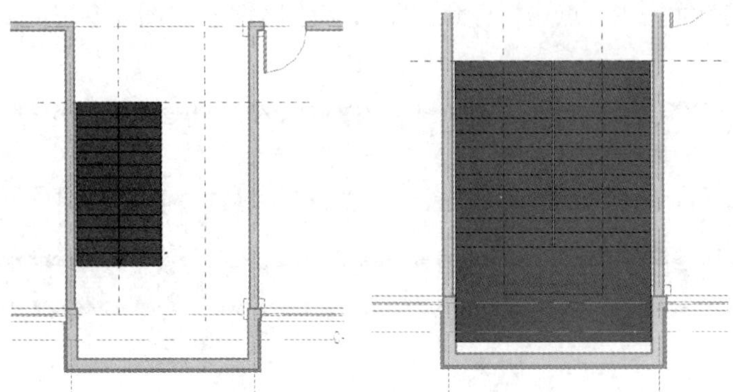

图 3.99　绘制楼梯

根据梯段绘制扶手时，选中梯段和平台，在“修改|创建楼梯”中，点击“扶手”绘制参考线，如图 3.100 所示。

图 3.100　绘制扶手选项

其他的楼梯构件绘制方法相同，这里不再赘述。最后绘制楼层平面，如图 3.101 所示。

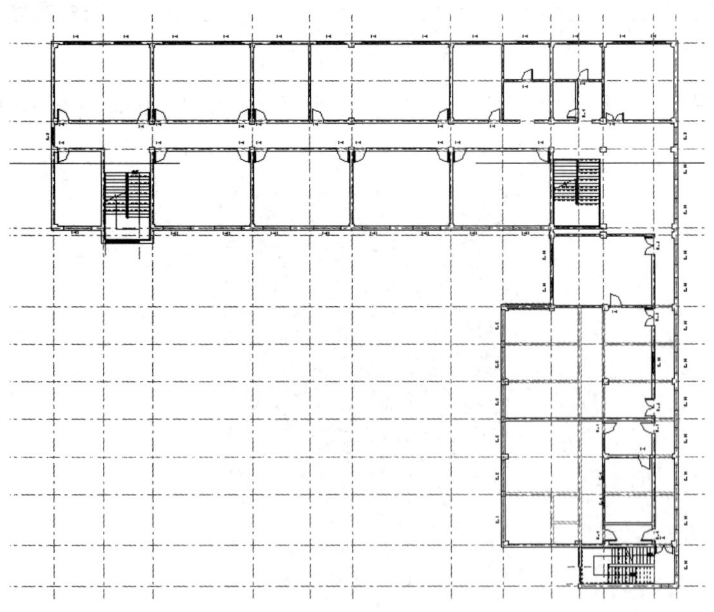

图 3.101　绘制楼梯平面图

随后，将楼梯复制到其他平面图中，剖面相应自动生成模型，如图 3. 102 所示。

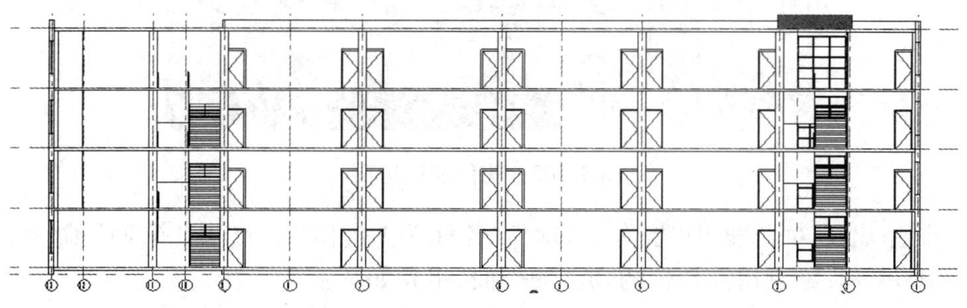

图 3. 102　剖面模型

绘制 B 轴附近的楼梯时，绘制中出现长度问题，就按照如图 3. 103 所示进行绘制。

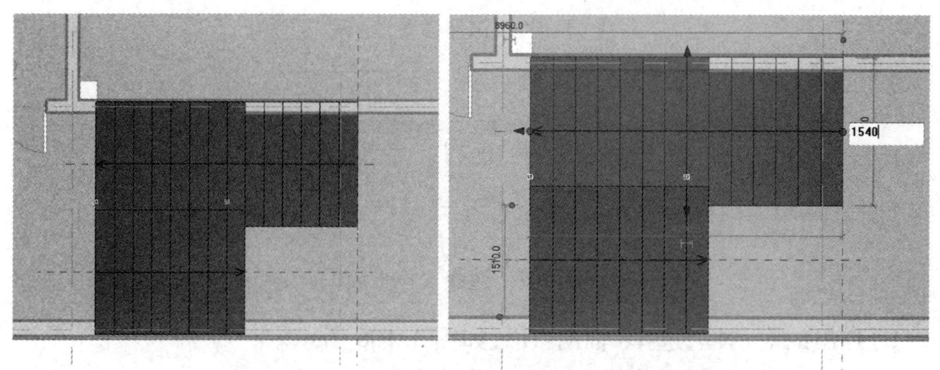

图 3. 103　绘制梯段

最后绘制的楼梯平面图，如图 3. 104 所示，剖面构件自动更新生成。

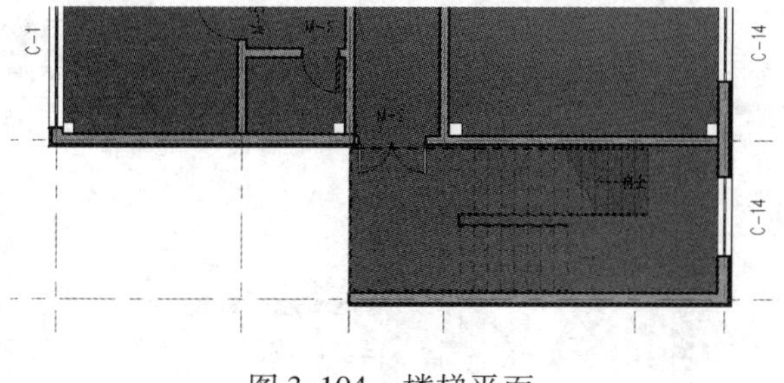

图 3. 104　楼梯平面

3. 6. 2　室外台阶模型的创建

进入“室外地坪”平面视图中，在“建筑”菜单中，选择“构件”选项卡，点击“内建模型”，如图 3. 105 所示。

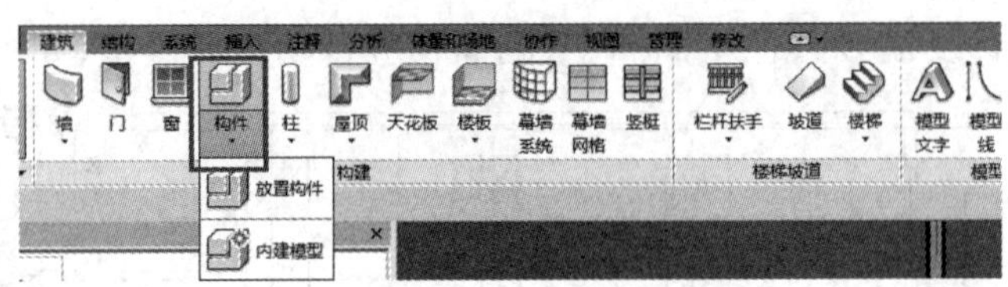

图 3.105　构件建模选项

在弹出的对话框中选择“场地”,名称为“台阶”。点击“拉伸”命令,如图 3.106所示,绘制出需拉伸的物件的平面,步骤如下:

图 3.106　拉伸命令选项

(1)选择工作平面,如图 3.107 所示。

图 3.107　选择工作平面

(2)弹出的对话框,选择“轴网:H”,如图 3.108 所示。

(3)在弹出的对话框,选择“立面:北”,如图 3.109 所示。

(4)绘制拉伸的图形,如图 3.110 所示。

(5)在属性面板中输入拉伸长度,如图 3.111 所示。

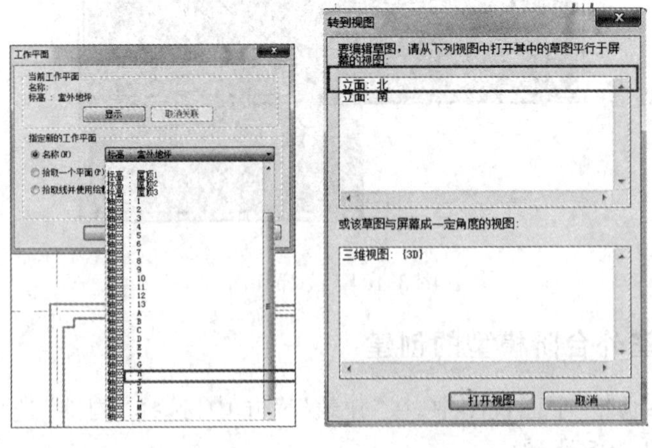

图 3.108　轴网选择　　　　图 3.109　立面选择

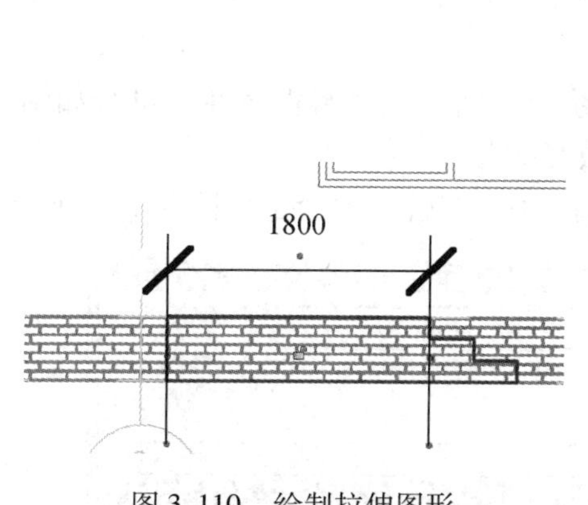

图 3.110　绘制拉伸图形

属性	
拉伸	编辑类型
限制条件	
拉伸终点	6300.0
拉伸起点	0.0
工作平面	轴网：H
图形	
可见	☑
可见性/图形替换	编辑...
材质和装饰	
材质	<按类别>
标识数据	
子类别	无
实心/空心	实心

图 3.111　输入拉伸长度

(6)在 3D 视图中,微调台阶,选择"　",拉伸至墙面,如图 3.112 所示。构建好的台阶模型,如图 3.113 所示。

图 3.112　拉伸墙面　　图 3.113　台阶模型

§3.7　立面落地窗模型构建

立面的大型落地窗构建,不能使用常规窗户工具实现,需要采用幕墙构建工具。在"建筑"菜单中选择"墙体选项卡",如图 3.114 所示。

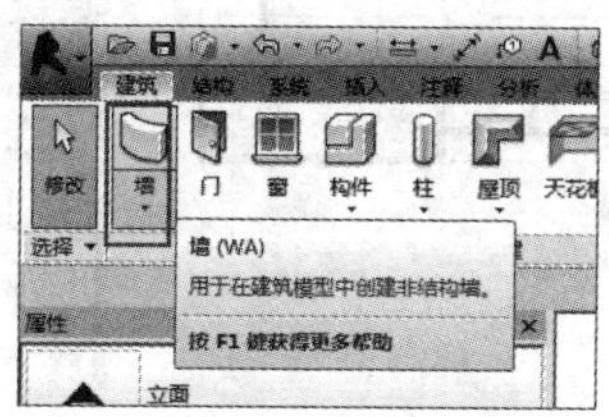

图 3.114　墙体建模选项

3.7.1 落地窗平面绘制

在类型属性面板中找到幕墙系统族界面，点击“编辑属性”，进行如图 3.115 所示的属性编辑，为落地窗模型构建做好准备。

绘制落地窗平面如图 3.116 所示，类型属性参数设定如图 3.117 所示。

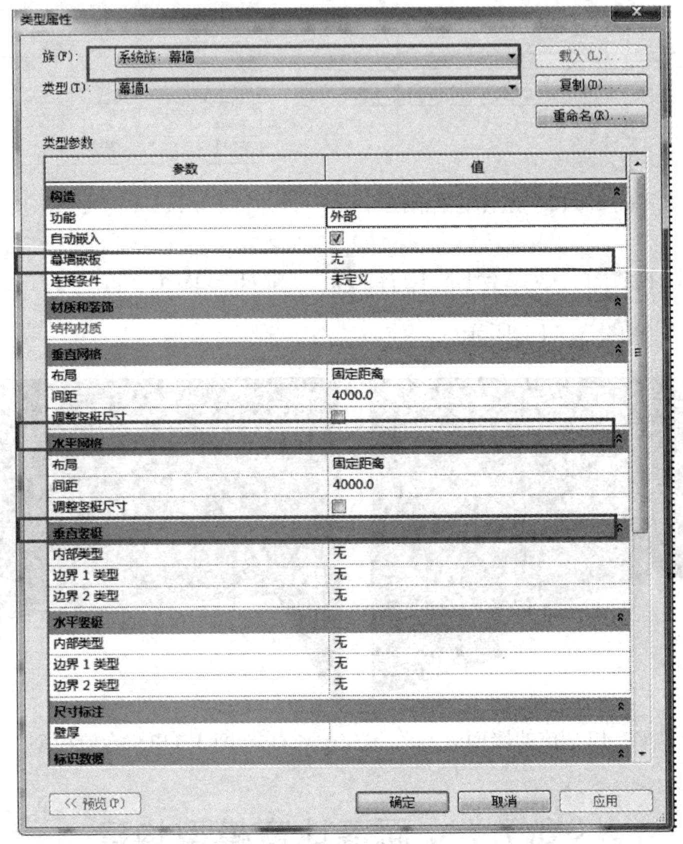

图 3.115　属性选项

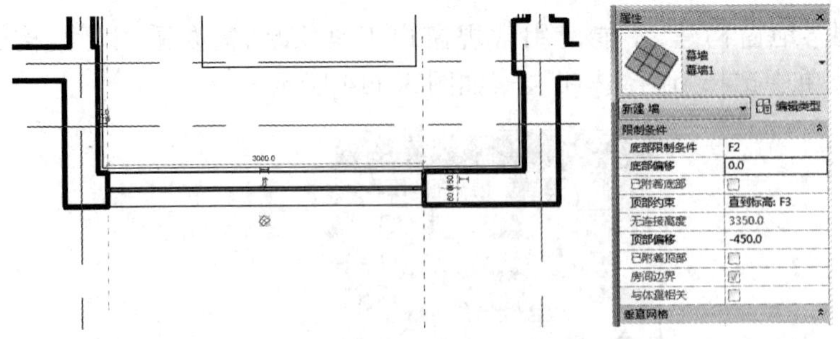

图 3.116　绘制大落地窗平面　　　　图 3.117　落地窗类型属性参数

3.7.2　落地窗网格的划分

在落地窗上添加“幕墙网格”,在“建筑”菜单中点击“幕墙网格”命令,如图 3.118所示,网格均分。

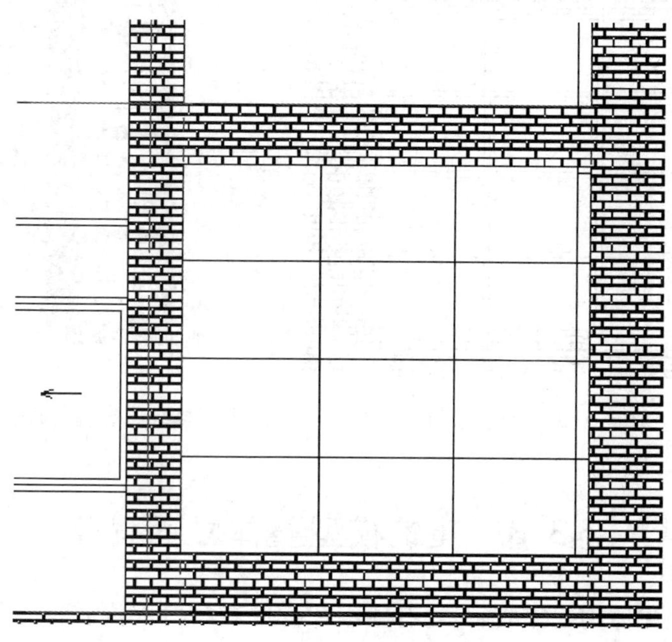

图 3.118　添加落地窗网格

3.7.3　竖梃、横档的设置

添加竖梃。在“建筑”菜单中点击“竖梃”命令,在“修改|放置竖梃”点击“全部网格线”命令,如图 3.119 所示。绘制好的落地窗竖梃、横档的效果,如图 3.120 所示。

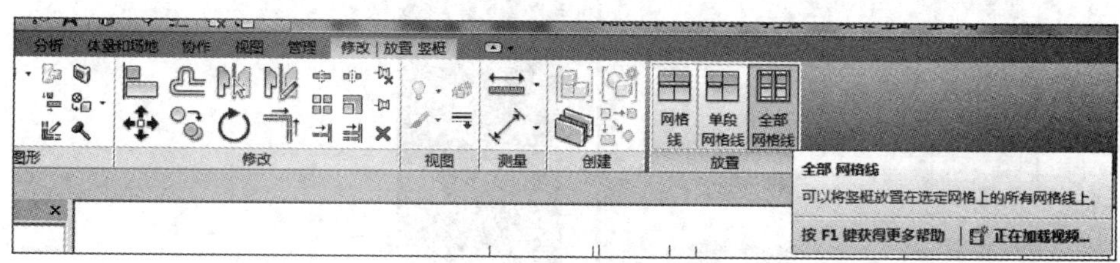

图 3.119　竖梃选项

其他网格绘制方法同上,最后建筑立面效果如图 3.121 所示。

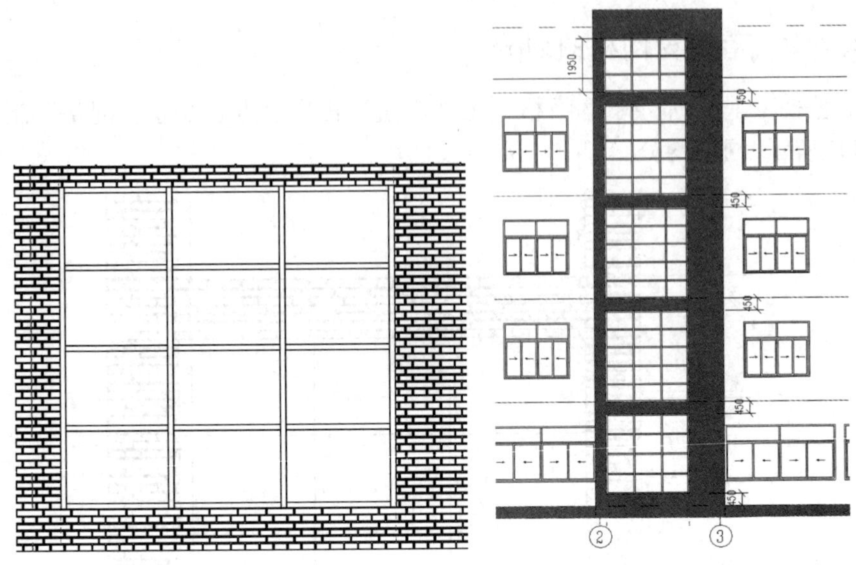

图 3.120 竖梃和横档　　图 3.121 建筑立面落地窗

§3.8 建筑模型整体立面优化

立面模型主体构建完成后,还有些细部构件和洞口部位需要完善。现以南立面为例讲解立面精细处理方法。

创建 C-3 窗户类型,如图 3.122 所示,将 C-3 窗户放置入立面位置,如图 3.123 所示。

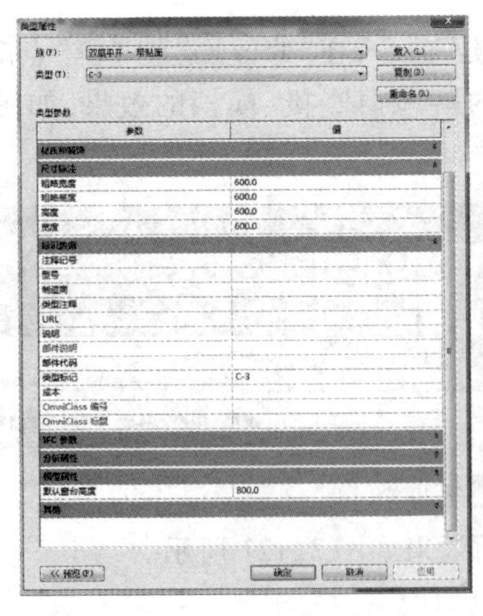

图 3.122 窗户类型选项

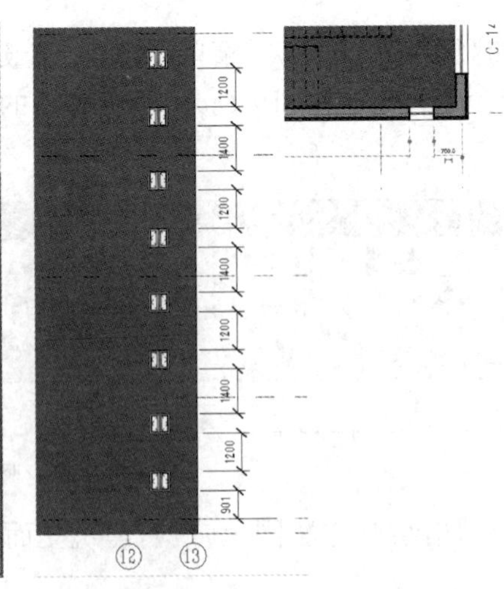

图 3.123 窗户在立面位置

修改墙体轮廓。选择墙体，如图3.124所示，点击在“修改|墙”选项卡下的“编辑轮廓”命令。

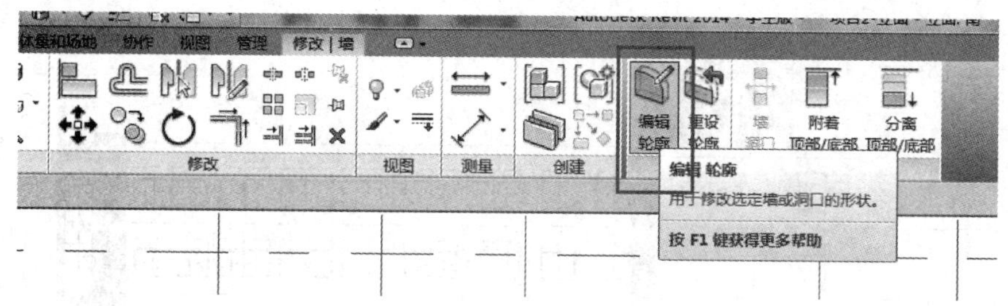

图3.124　修改墙体选项

修改好的墙体轮廓，如图3.125所示。

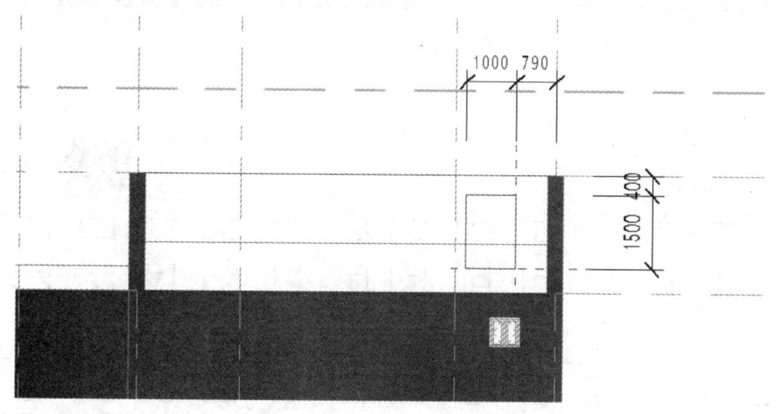

图3.125　墙体轮廓

南立面微调，最后立面效果如图3.126所示。

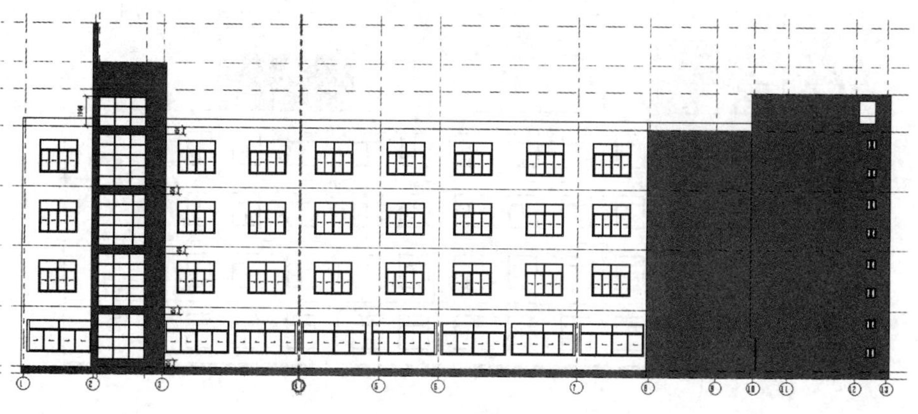

图3.126　南立面效果

其他立面的修改方式同上，西立面如图 3. 127 所示，北立面图如图 3. 128 所示，东立面图如图 3. 129 所示。

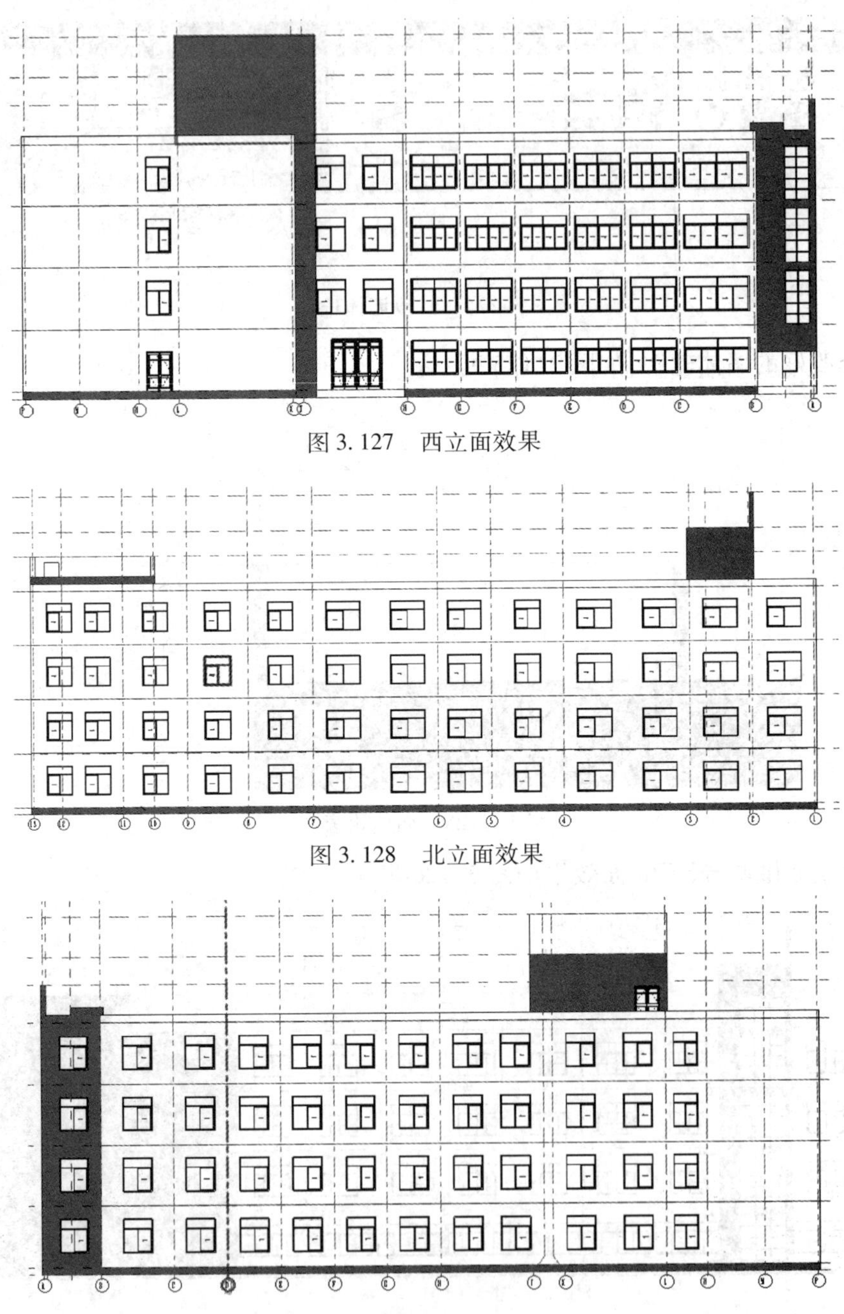

图 3. 127　西立面效果

图 3. 128　北立面效果

图 3. 129　东立面效果

第4章　BIM工程视图优化

使用Revit工具创建案例BIM过程中,我们通过设置项目视图状态不仅可以控制整体模型各个构件对象的显示状态,还可以控制图元可见性和增加视图注释标注内容,以实现建筑三维模型严格满足建筑制图和工程三维视图要求的平面、立面、剖面视图效果,用于满足后期根据BIM成果直接输出建筑工程施工图纸集,这些细节设置将在后文为大家具体介绍。

§4.1　楼层平面视图优化

楼层平面视图是新项目的默认视图,绝大多数项目包含一个以上的楼层平面。其属性包括图形、标识数据、范围和阶段化四个部分。在平面视图优化过程中,为了达到满足工程图纸要求的楼层平面图视图效果,优化这四个部分参数设置尤为重要。

4.1.1　室内家具的添加

室内家具的添加分为卫生间布置和其他家具布置,其他家具布置与卫生间布置的方法相同,故这里只介绍卫生洁具及隔断的布置方法。

室内布置构件须先将构件族载入项目中才能使用这些构件。切换到“F1”楼层平面视图,点击“插入”中的“载入族”,打开所需要的族构件,将其载入项目中,如图4.1所示。

首先布置卫生间内的盥洗洁具。点击“建筑”中的“构件|放置构件”,打开“修改|放置构件”选项,如图4.2所示。在“属性”面板中选择“水槽-单槽”,不勾选“放置后旋转”选项,在场地中将构件放在合适的地方。

双击“Esc”键,退出编辑模式,选择刚刚放置的构件,在“属性”面板中,可修改其高度及其他参数,如图4.3所示。

而后布置卫生间的隔断。点击“建筑”中的“构件|放置构件”,打开“修改|放置构件”上下文选项。在“属性”面板中选择“蹲间-多个-900×1200 mm外开”,不勾选“放置后旋转”选项,在场地中将构件放在合适的地方,如图4.4所示。

双击“Esc”键,退出编辑模式,选择刚刚放置的构件,在“属性”面板中,可修改其隔间个数及其他参数,如图4.5所示。其他卫生间洁具布置方法均与上相似,放置好洁具的效果如图4.6所示。

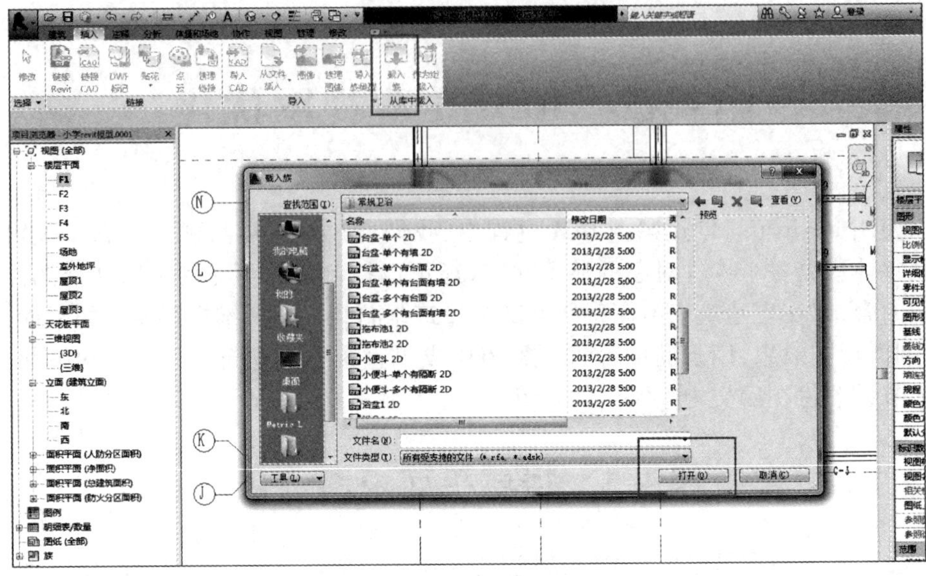

图 4.1　载入构件族

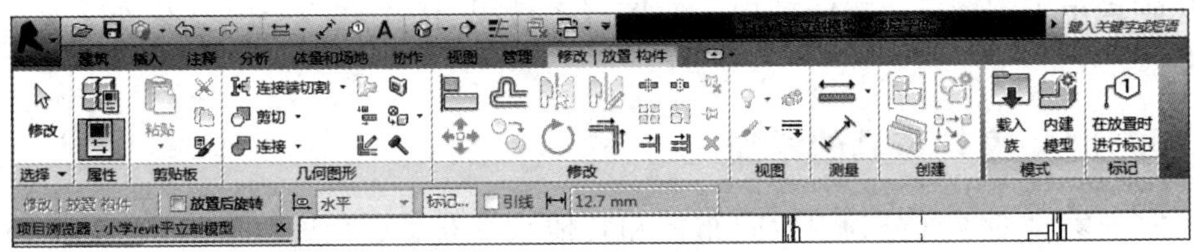

图 4.2　修改构件选项

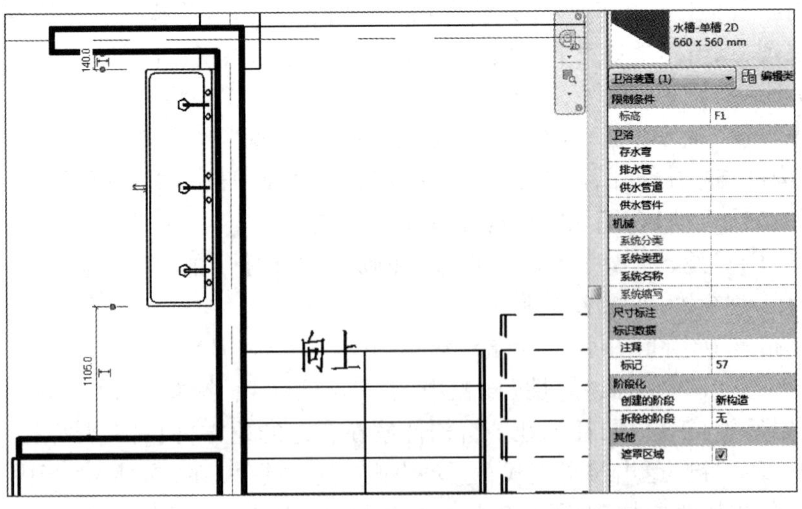

图 4.3　构件属性修改

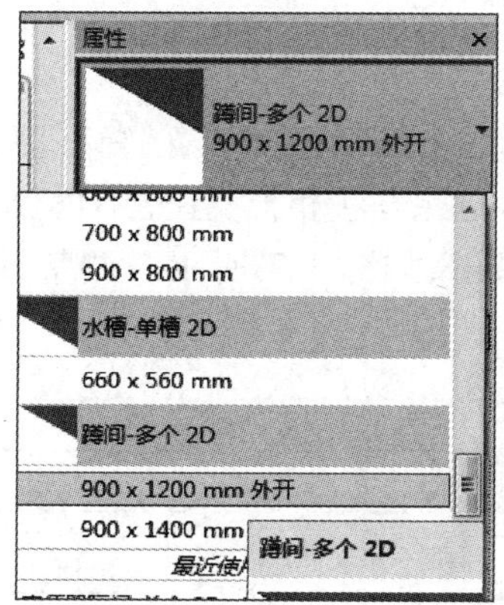

图 4.4　放置构件属性选项

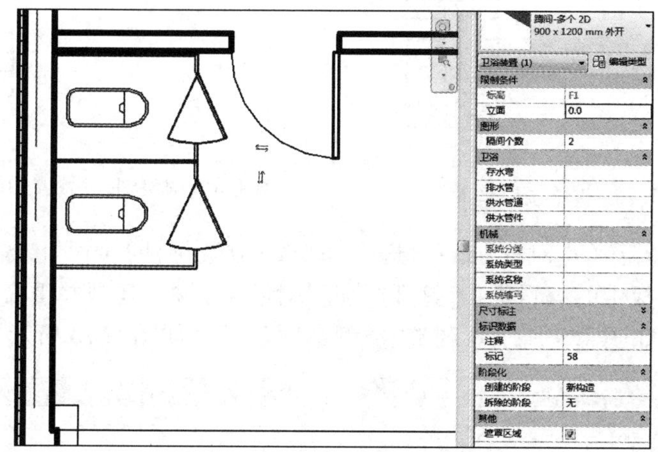

图 4.5　修改构件属性

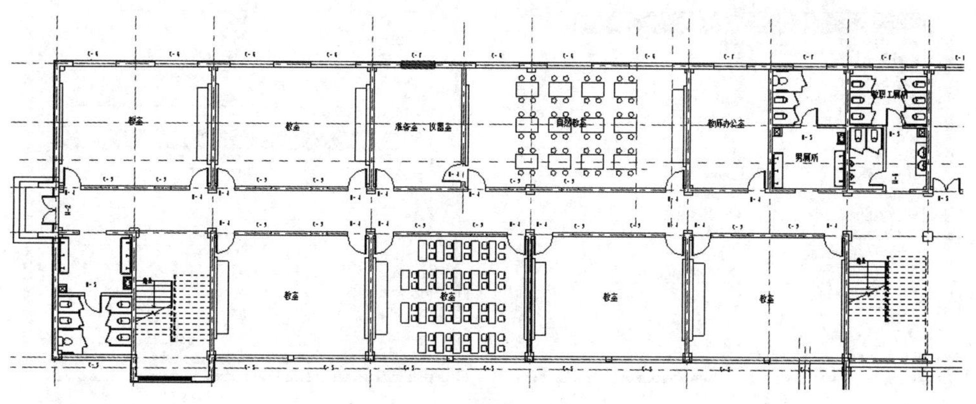

图 4.6　放置构件后的建筑平面

4.1.2 完善平面尺寸标注

本小节主要介绍平面标注中的轴线标注、门窗标注，以及所需要设置的标注类型。其他平面尺寸标注内容与此方法相似，在此不再赘述。

切换至“F1”楼层平面视图，如图 4.7 所示。调整轴线的显示比例使之便于标注，如图 4.8 所示。

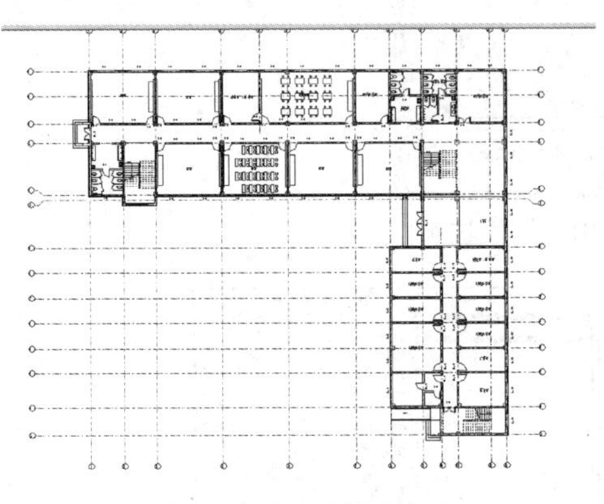

图 4.7 “F1”楼层平面　　图 4.8 调整轴线后的“F1”楼层平面

点击“注释”中的“对齐”命令，进入“修改 | 放置标注尺寸”上下文选项卡中。点击“属性”面板中的编辑类型，打开“类型属性”对话框，复制并重命名类型为“固定尺寸界限”，如图 4.9 所示。调整“类型参数”设置，如图 4.10 所示。

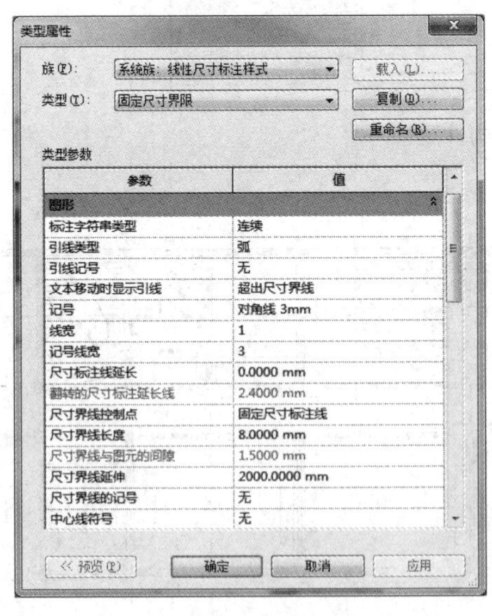

图 4.9 类型属性选项

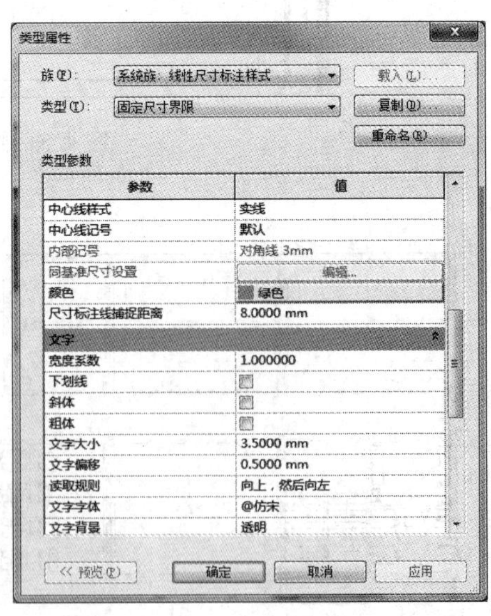

图 4.10 编辑类型属性

调整选项栏为“参照核心层表面”“单个参照点”,如图 4. 11 所示。

图 4. 11　调整选项栏

点击轴线与窗户的边缘位置生成第一道标注,点击每根轴线生成第二道标注,点击首位两根轴线生成第三道标注,如图 4. 12 所示。

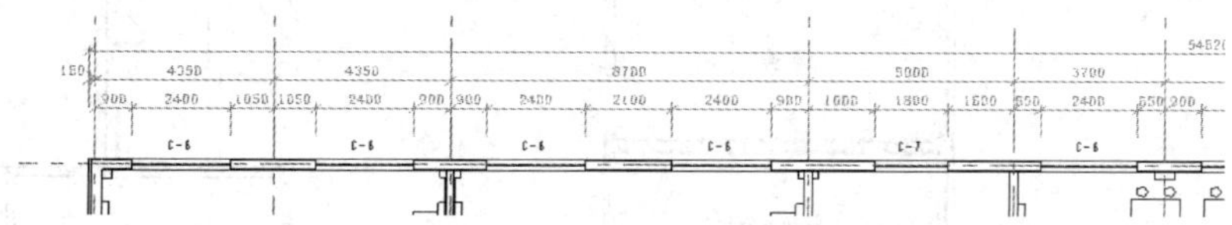

图 4. 12　生成标注

其他部分同样可得,由此平面图尺寸标注效果如图 4. 13 所示。

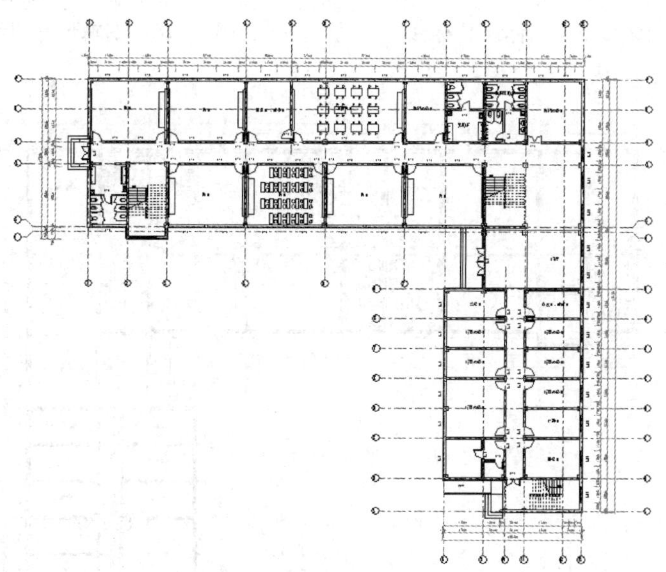

图 4. 13　平面图尺寸标注

点击“注释”中的“对齐”命令,进入“修改 | 放置标注尺寸”上下文选项卡中。在“属性”面板中选择“固定尺寸界线”样式,调整选项栏为“参照核心层中心”“整个墙”。点击“选项”按钮,弹出“自动尺寸标注选项”对话框。勾选“洞口”“宽度”“相交轴网”,如图 4. 14 所示。

图 4. 14　自动尺寸标注选项

点击办公部分整个墙体,得到尺寸标注线如图 4.15 所示。选择该尺寸界线,进入“修改|尺寸标注”上下文选项卡中,点击“编辑尺寸界线”可继续标注尺寸,如图 4.16 所示。其他部分标注方法类似,由此平面图尺寸完整标注效果如图 4.17 所示。

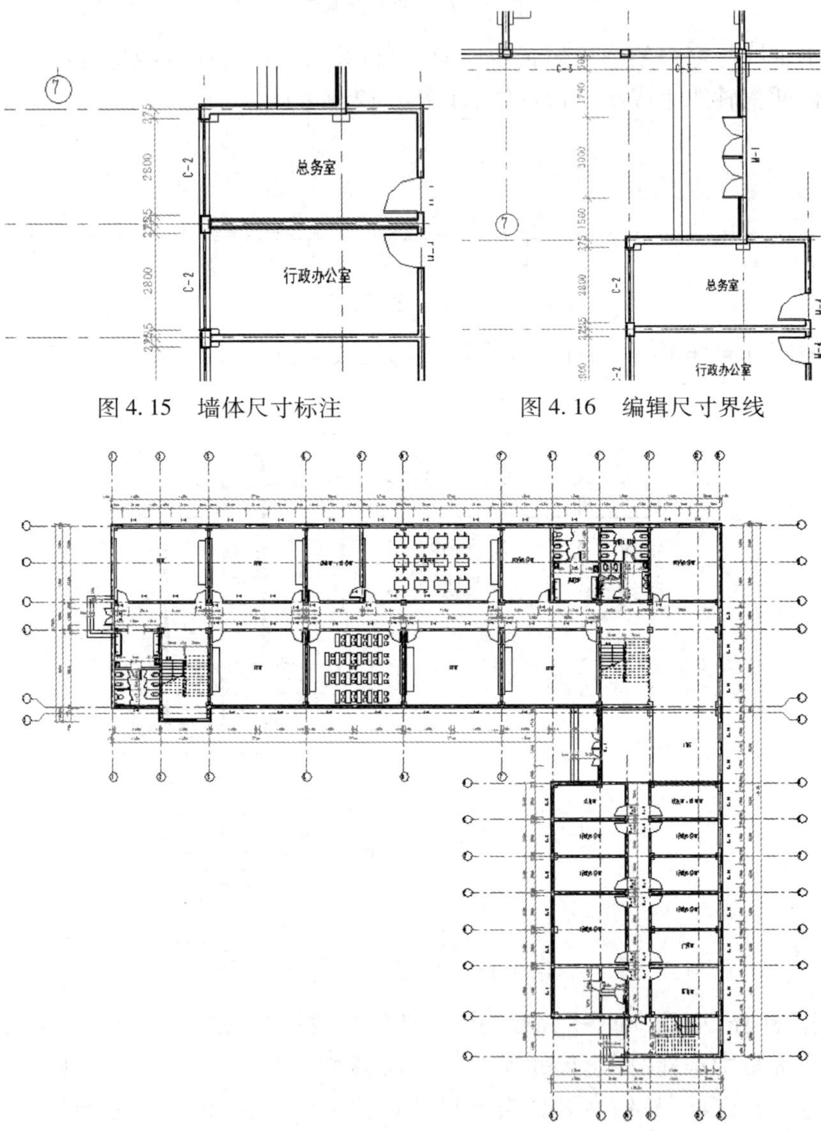

图 4.15　墙体尺寸标注

图 4.16　编辑尺寸界线

图 4.17　平面尺寸完整标注效果

4.1.3　完善标高标注

对楼层平面进行标高标注时,首先点击“注释”中的“高程点”命令,进入

“修改|放置标注尺寸”上下文选项卡中,如图 4. 18 所示。在“属性”面板中选择类型为“垂直”,点击“编辑类型”打开“类型属性”对话框,复制并重命名类型为“教学楼-高程点”,如图 4. 19 所示。调整“类型参数”,如图 4. 20 所示。

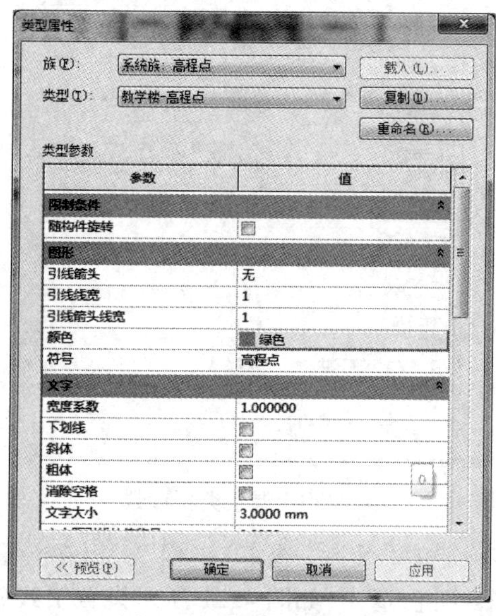

图 4. 18　标高属性命名

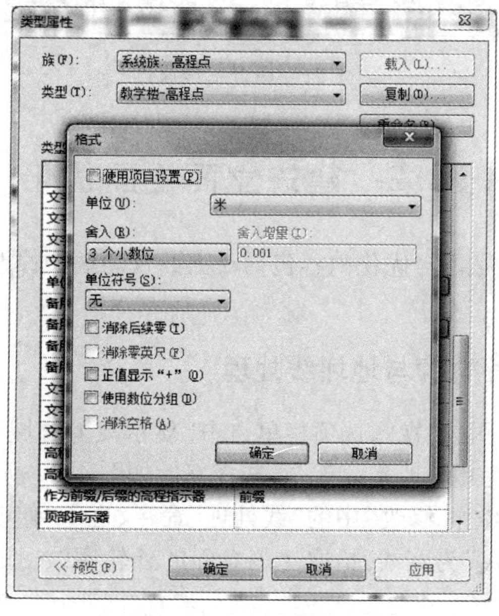

图 4. 19　修改标高属性

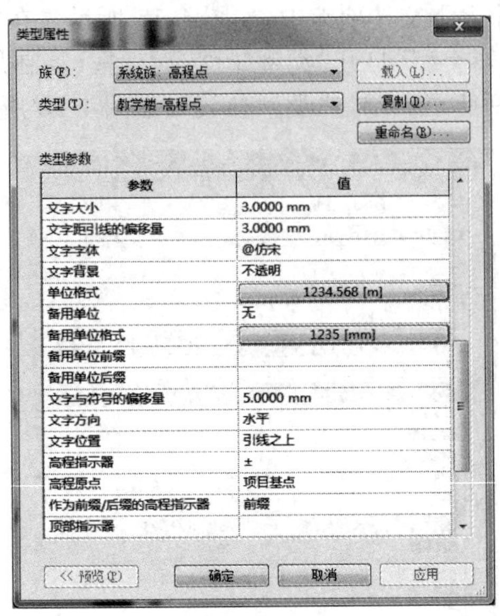

图 4.20　调整类型参数

不勾选“引线”选项，选择“实际(选定)高程”。再在合适的地方，点击放置高程点，完成后按两次“Esc”键，退出，如图 4.21 所示设置引线属性。

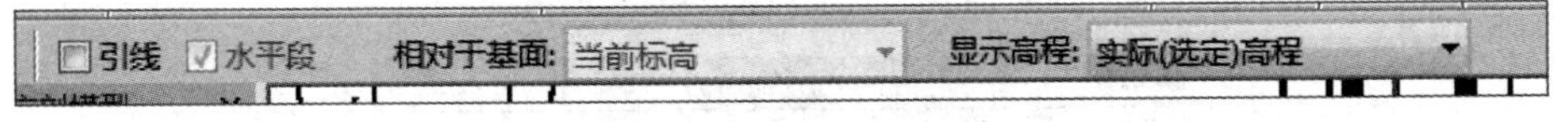

图 4.21　设置引线属性

§4.2　建筑立面视图优化

建筑立面视图的完善与优化内容包括对立面视图框的修改、外轮廓的加粗、尺寸标注及标高等步骤。

4.2.1　建筑外轮廓与地坪线处理

切换到南立面视图，在视图选项栏里点击“显示裁剪区域”按钮及“裁剪视图”按钮，调整区域底部使其与地平线重合，选择好后如图 4.22 所示。

加粗立面轮廓，点击“修改”中的“线处理”命令，进入“修改|线处理”上下文选项卡中。选择“线样式”为宽线，拾取建筑立面的外轮廓线，加粗突出的地方，如图 4.23 所示。

点击“注释”中的“对齐”命令，进入“修改|放置标注尺寸”上下文选项卡。点击选择轴线进行尺寸标注，如图 4.24 所示。

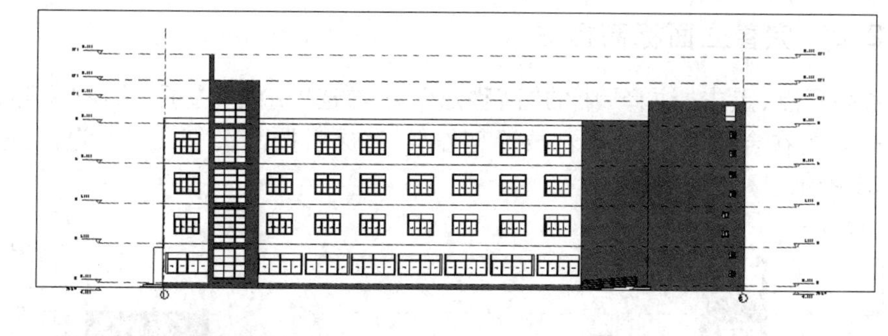

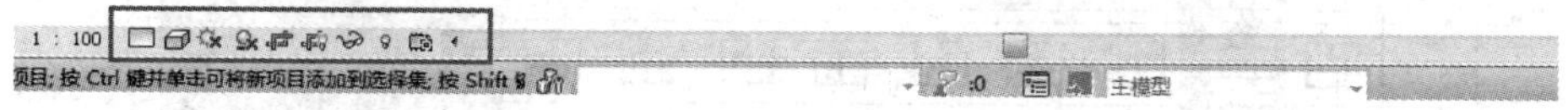

图 4.22　切换至南立面视图

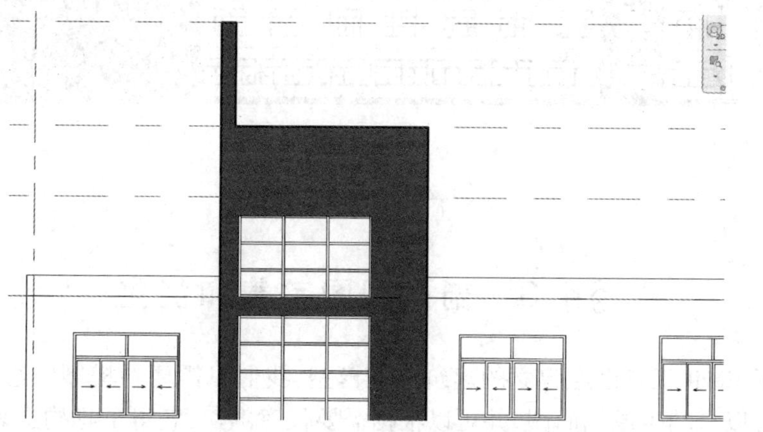

图 4.23　加粗立面轮廓线

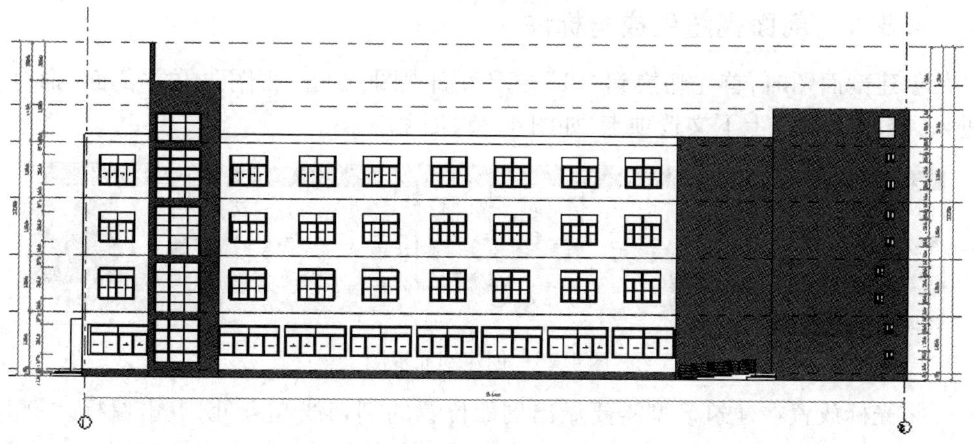

图 4.24　标注轴线

4.2.2 完善立面标高标注

放置高程点,点击“注释”中的“高程点”,不勾选“引线”选项,选择“实际(选定)高程”。再在合适的地方,点击放置高程点,完成后按两次“Esc”键,退出,效果如图 4.25 所示。

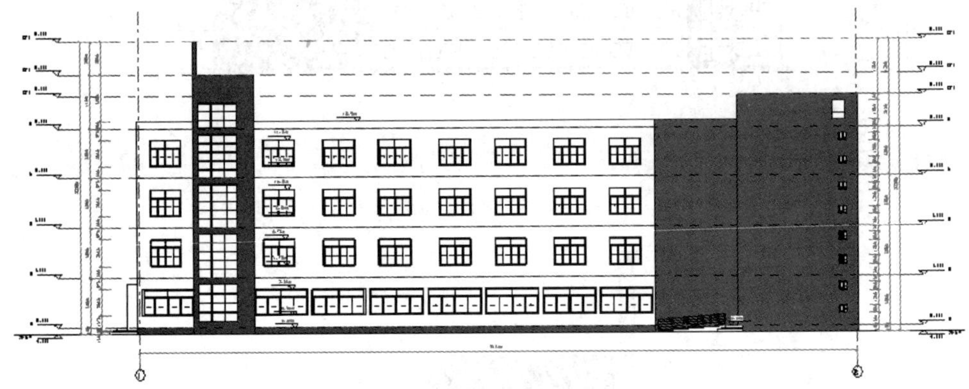

图 4.25　标注标高效果

§4.3　剖面视图完善和优化

对于 Revit 工具已经建立的建筑三维模型,我们只需要在模型中绘制剖面线,模型就可以自动生成剖面图,并可以根据需要任意剖切,获得工程构造表达所需的剖面视图。

4.3.1 剖面视图生成与标注

创建剖面图时,首先切换到“F1”楼层平面视图,点击“视图”中的“剖面”命令,进入“修改|剖面”上下文选项卡,如图 4.26 所示。

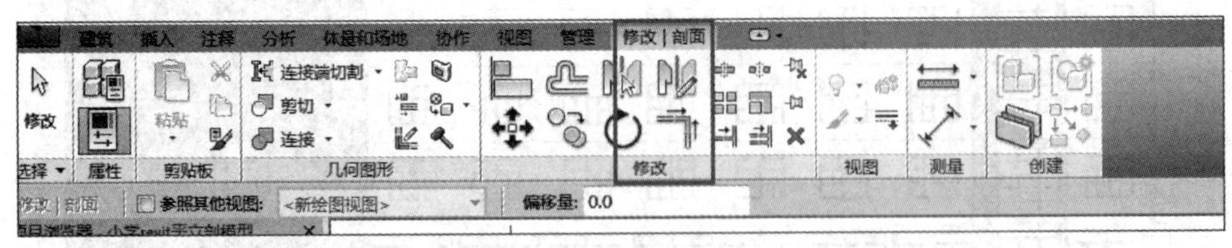

图 4.26　创建剖面视图

将光标放置在建筑模型需要做出剖面位置的剖切线起点处,点击鼠标左键并拖拽光标穿过模型,再次点击鼠标左键确定剖面的终点,完成剖切过程。切换到“剖面 1”剖面视图,得到所需要的剖面图,如图 4.27 所示。

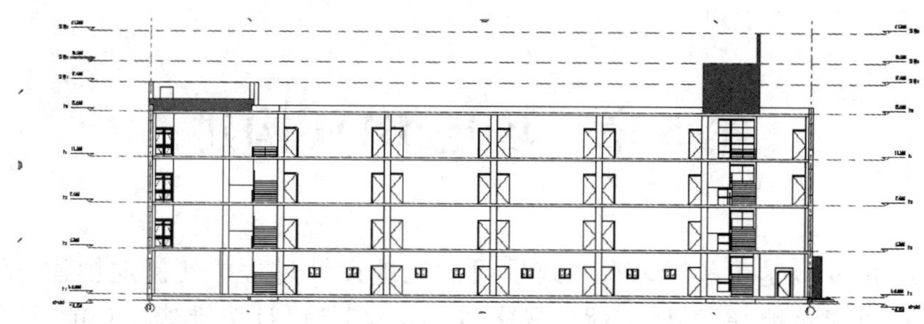

图 4.27　生成剖面图

进行剖面尺寸标注时,点击“注释”中的“对齐”命令,进入“修改|放置标注尺寸”上下文选项卡。点击选择轴线进行尺寸标注,如图 4.28 所示。

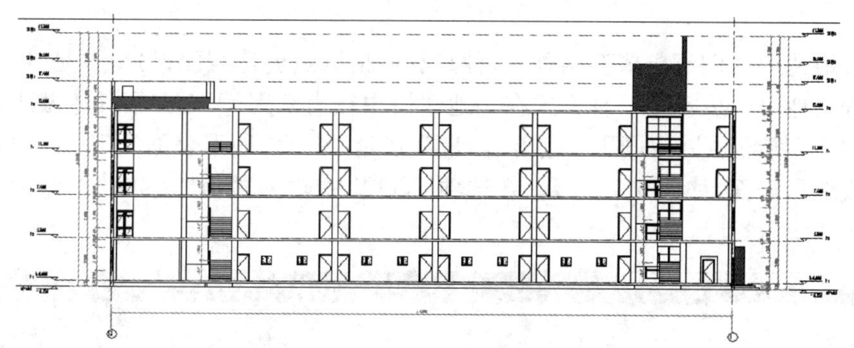

图 4.28　标注轴线

4.3.2　完善剖面标高标注

点击“注释”中的“高程点”,不勾选“引线”选项,选择“实际(选定)高程”,放置高程点。再在需要标注标高的位置,点击放置高程点,完成后按两次“Esc”键,退出。按照上述方法,得到完整的剖面标高标注,如图 4.29 所示。

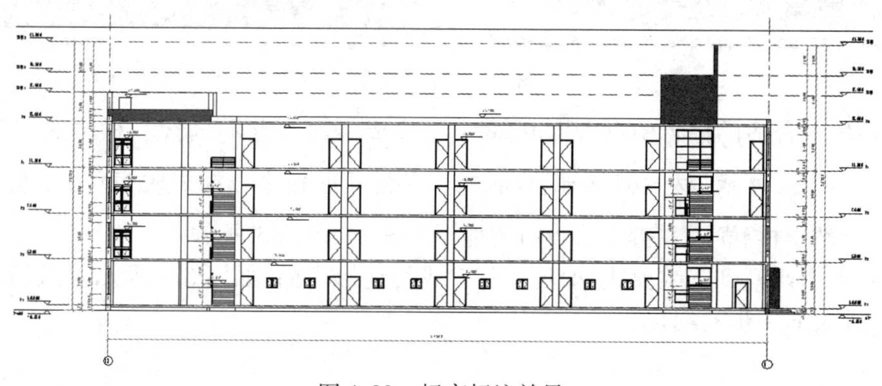

图 4.29　标高标注效果

第 5 章　场地 BIM 构建

使用 Revit 场地工具可以在建筑项目的场地设计过程中便捷地创建三维地形模型,并提供建筑地坪、场地、道路、绿化、管沟等细部设计三维建模功能,能完整而丰富地展现整个项目建筑场地设计特征。

§5.1　场地地形的创建

场地地形的创建方式有两种:一种是利用拾取点创建表面;另一种是导入测量文件进行地表生成。第一种方式在场地建模中较为常用,下面介绍具体做法。

切换到“场地”平面视图,点击“体量和场地”中的“地形表面”,利用“放置点”来生成地形表面,如图 5.1 所示。在选项“高程”中输入数值“ -450”为绝对高程,如图 5.2 所示。

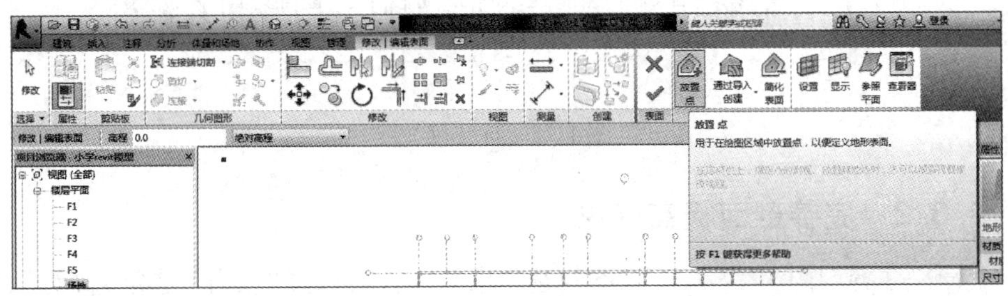

图 5.1　场地放置点选项

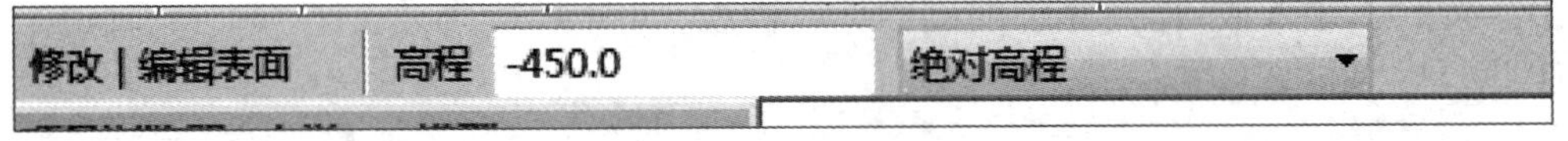

图 5.2　输入高程

在场地合适的位置中点击拾取高程点,完成表面。点击“属性”栏中的“材质”打开“ ”,显示“材质浏览器”对话框。在材质面板中选择材质“草”,复制创建名称为“教学楼-草”,并指定给当前的地形表面,如图 5.3 所示。

将视图切换到三维模式,即可看到完成的地形表面,如图 5.4 所示。最后保存文件,进入下一步的编辑。

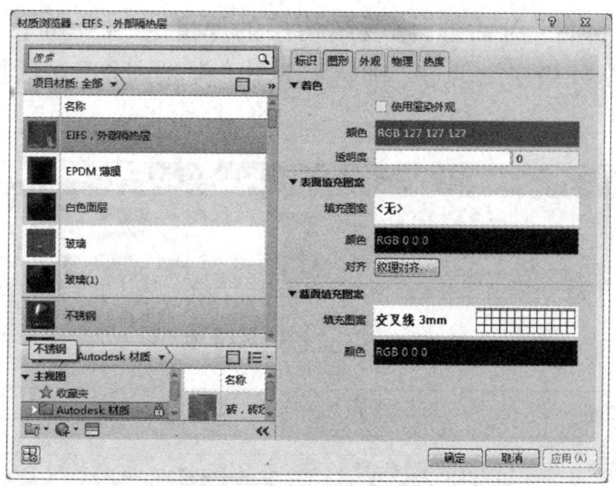

图 5.3 场地材质创建

图 5.4 生成地形

§5.2 建筑地坪的创建

完成场地表面地形创建后，需要在此基础上给场地添加建筑地坪，平整场地表面。在建模案例教学楼项目中，我们将沿着建筑轮廓进行建筑地坪创建，并表示出建筑内楼板底部与室外标高间碎石填充层构造层次。

切换到“楼层平面 F1”视图，点击“体量和场地”中的“建筑地坪”进入“修改|创建建筑地坪边界”选项卡，如图 5.5 所示。建筑地坪与楼板、屋顶等的使用方法一致。

首先进行类型编辑。我们在“属性”面板中点击“编辑类型”弹出“类型属性”对话框，复制创建新类型编辑名称为“教学楼-建筑地坪”，如图 5.6 所示。点击结构

"编辑"打开"编辑部件"对话框,修改结构层的厚度为"450 mm",打开"材质浏览器",选择"地坪-碎石垫层",点击"确定",退出"类型属性"对话框,如图5.7所示设置。

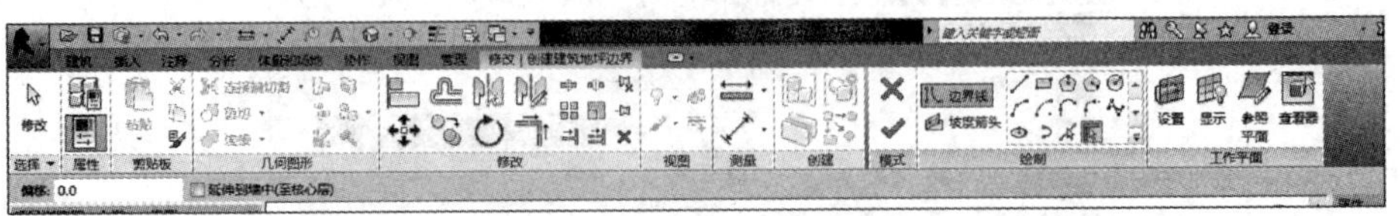

图5.5　地坪边界选项

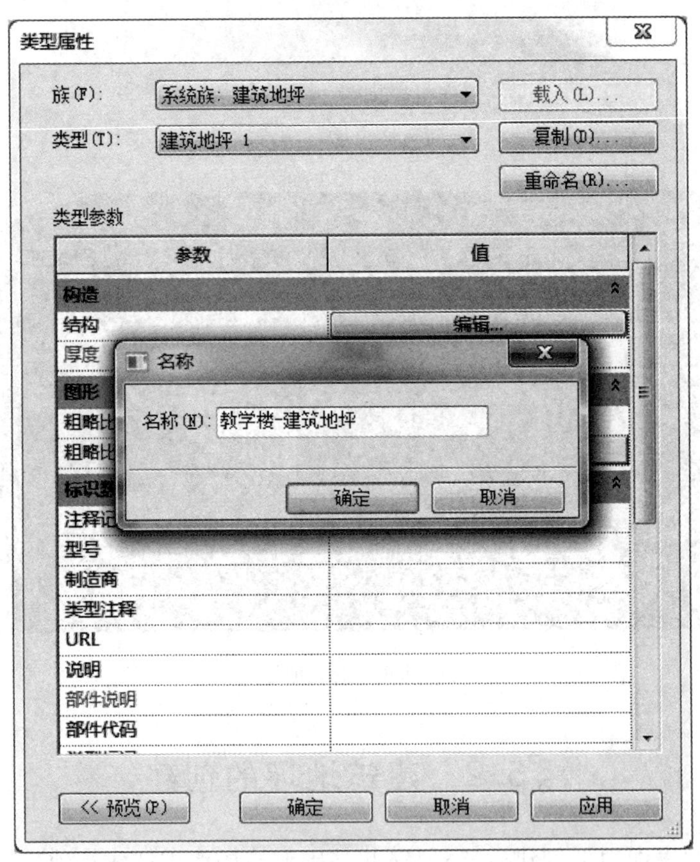

图5.6　地坪命名

然后,我们修改"属性"面板中的"自标高的高度偏移"为"-150"。点击"拾取墙"命令,"偏移"为"0",勾选"延伸到墙中(至核心层)"。拾取实墙的内墙,无法拾取的地方用"直线"工具勾画,多余的线段用"修剪"工具修剪,形成封闭的边界线后点击"完成"。

最后切换到默认三维视图,勾选"属性"面板中的剖面框,修改剖面框的范围,如图 5.8 所示。对教学楼进行剖切,可以看到系统默认自动生成建筑地坪之后的效果,如图 5.9 所示。

图 5.7　地坪属性修改

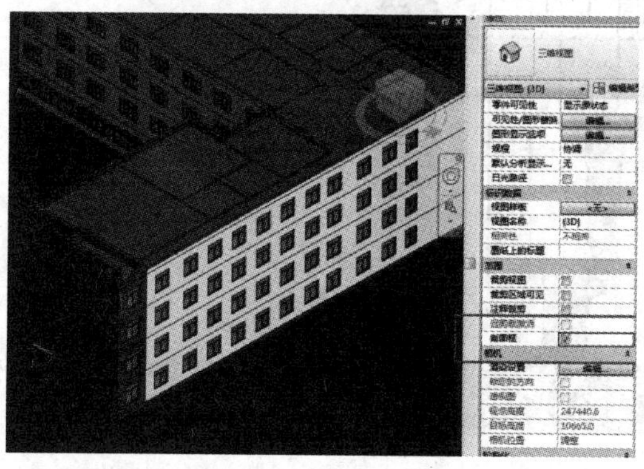

图 5.8　修改剖面框

图 5.9　生成地坪

§5.3 场地道路模型与场地高程处理

5.3.1 构建场地道路模型

场地道路模型可以通过子面域命令来进行创建，赋予其不同的材质，更加丰富了场地设计内容。

切换至“场地”楼层平面视图，点击“体量和场地”中的“子面域”，进入“修改|创建子面域边界”上下文选项卡，如图 5.10 所示。

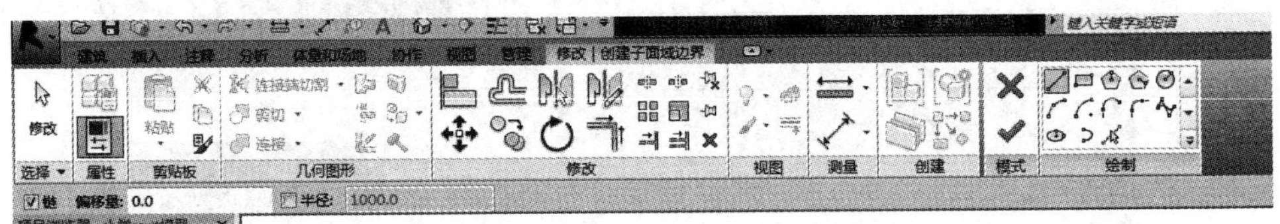

图 5.10　子面域边界选项

使用绘图工具，可以绘制出所需要的封闭子面域边界。配合使用“拆分”及“修剪”工具，使子面域边界轮廓线首尾相连，如图 5.11 所示道路即可构建出来。

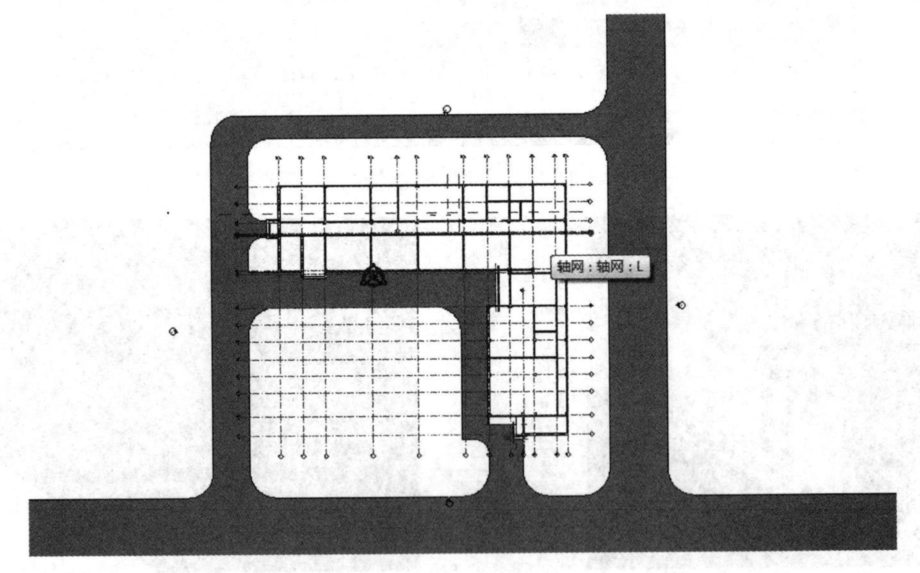

图 5.11　编辑子面域边界轮廓线

而后点击“属性”面板中的材质编辑按钮，打开“材质浏览器”选择“沥青-人行道”材质，如图 5.12 所示。切换到默认三维视图，就可以看到铺设道路材质之后的效果，如图 5.13 所示。

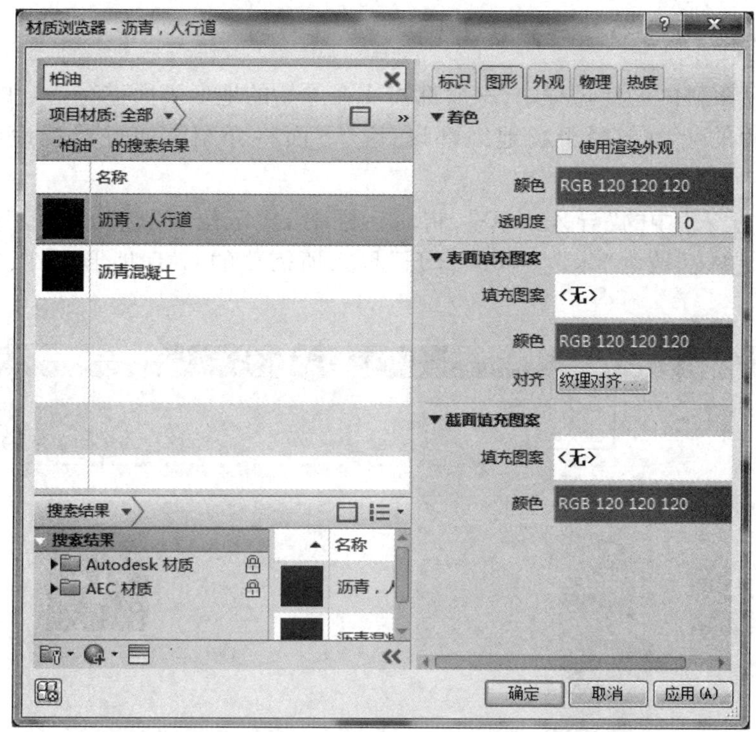

图 5.12　材质编辑选项

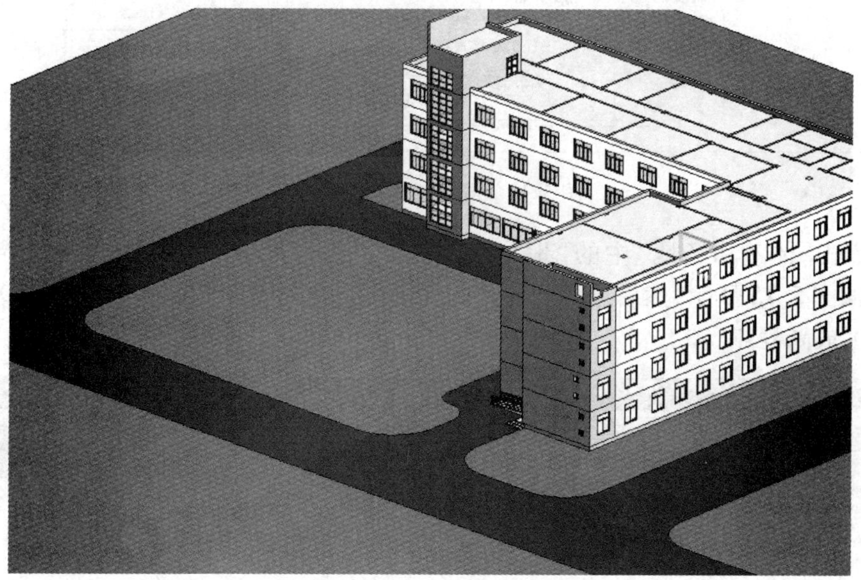

图 5.13　设定材质后的三维视图

5.3.2　场地平整与高程处理

在实际项目的创建过程中,一般都需要在原始的地形表面进行一定的处理,开挖平整之后的土地再用于场地细部设计。下面将介绍如何进行场地的平整与编辑。

点击“插入”中的“导入 CAD”,将对话框中的“定位”调整为“自动-原点到原点”,“导入单位”改为“米”,点击“打开”导入所需要的 CAD 地形文件,如图 5.14 所示。

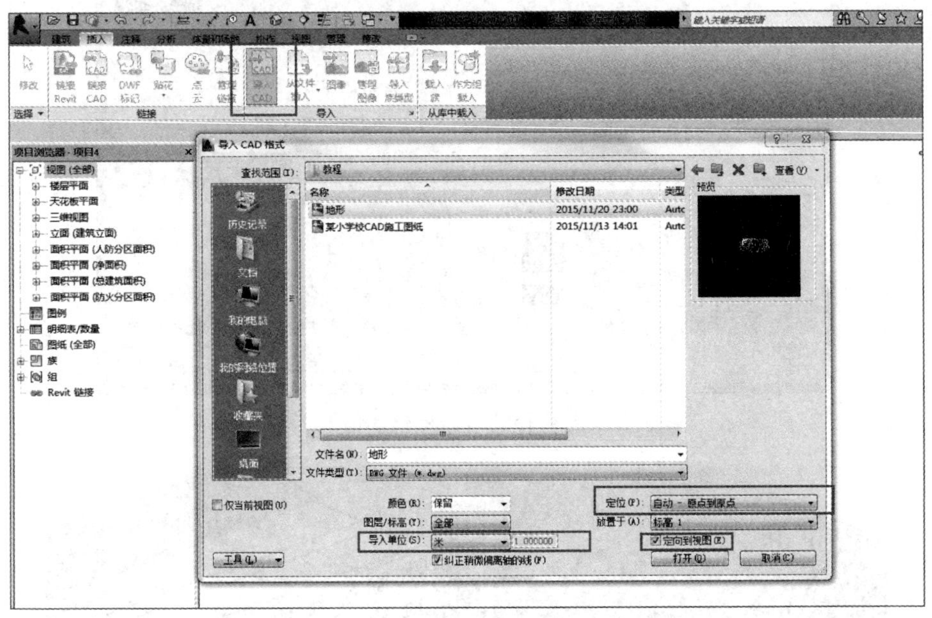

图 5.14　导入 CAD 地形文件

点击“体量和场地”中的“地形表面”与“通过导入创建”中的“选择导入实例”,如图 5.15 所示,然后选择已导入的地形图。此时 Revit 会自动沿着 CAD 中的高程生成高程点。

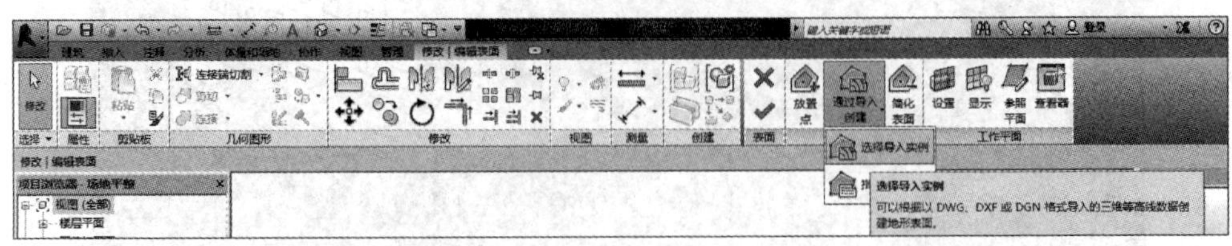

图 5.15　导入地形文件选项

§5.4　场地构件模型构建

场地构件泛指场地中的人、植物和车等,须先将构件族载入项目中才能使用这些构件。

切换到“室外地坪”楼层平面视图,点击“插入”中的“载入族”,打开所需要的族构件,将其载入项目中,如图 5.16 所示。

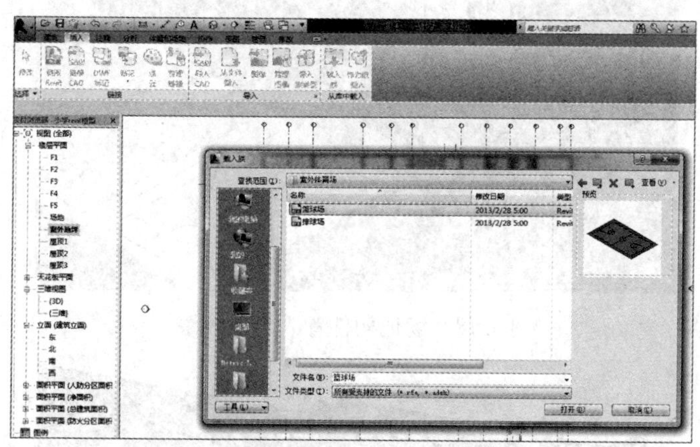

图 5.16　载入族文件

点击“体量和场地”中的“场地构件”,进入“修改 | 场地构件”选项卡中,如图 5.17所示。在“属性”面板中选择所需要的场地构件,不勾选“放置后旋转”选项,在场地中将构件放在合适的地方,如图 5.18 所示。

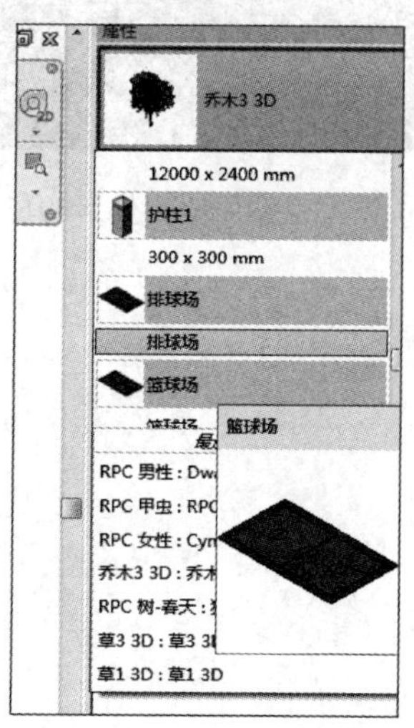

图 5.17　场地构件选项

用同样的方法我们可以载入其他场地构件到地形中，完成后保存文件，如图 5. 19所示。

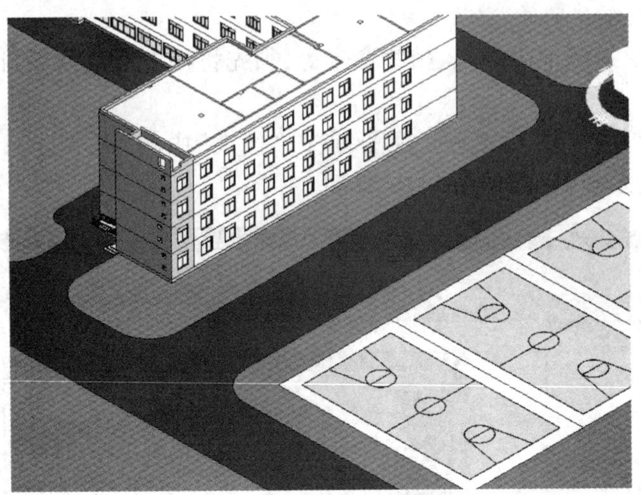

图 5. 18　场地构件置入场地效果

图 5. 19　置入完整场地构件后的场地效果

第 6 章　BIM 成果的设计表现

本章着重阐述基于构建的模型成果进行建筑设计成果表现，通过对建筑模型的构造特点及建筑材质进行设置、编辑和渲染，得到的三维空间模型成果通过导图与动画的形式展现出来，使建筑师的建筑设计思维过程表达更为立体生动。

§6.1　建筑平面设计表现

平面构成的基本元素是房间，是一个个独立的单元，在 Revit 中可以创建“房间”构件，从而自动统计各个房间的面积和体积。

6.1.1　单个房间表达

首先切换到“F1”楼层平面视图，点击“建筑”命令，展开“房间和面积”选项卡，点击“面积和体积计算”，弹出“面积和体积计算”对话框，勾选“仅按面积(更快)”和“在墙核心层”选项，点击“确定”，如图 6.1 所示。

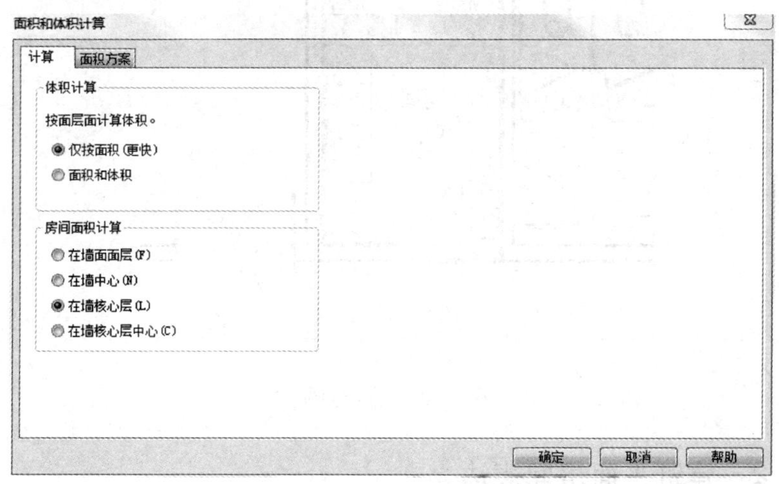

图 6.1　面积和体积计算选项

点击“房间和面积”面板中的“房间”命令，进入“修改 | 放置房间”上下文选项卡。在“属性”面板中选择“标记-房间-有面积-施工-仿宋”，修改限制条件如图 6.2 所示。

点击封闭的房间中点，放置房间，按“Esc”键退出，再点击房间修改房间名称，如图 6.3 所示。

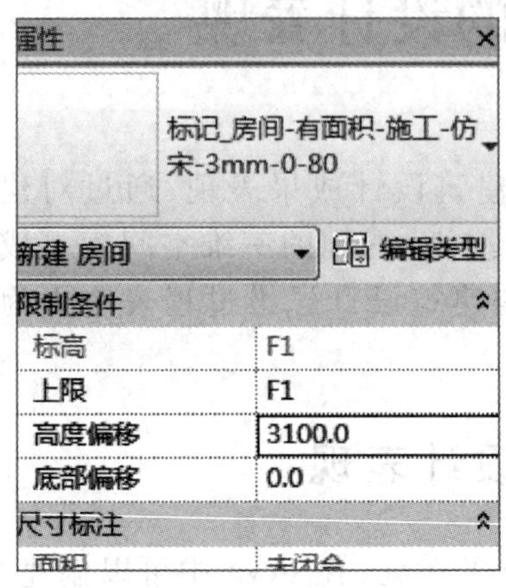

图 6.2　修改房间限制条件

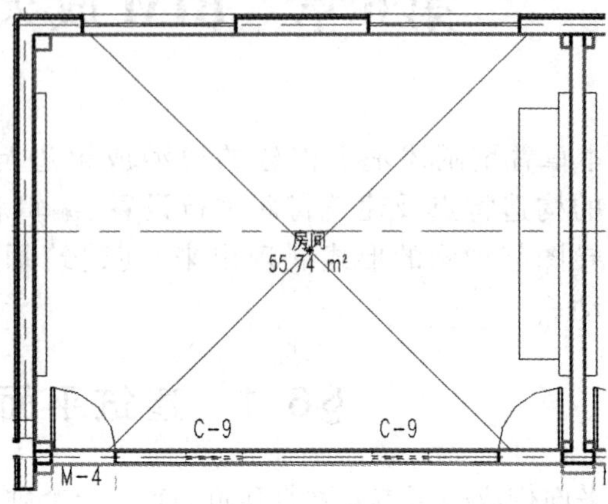

图 6.3　修改房间名称

如果遇到房间与走廊连在一起时，点击面板的“房间分隔”命令，画出分割线，再次放入房间即可，如图 6.4 所示。

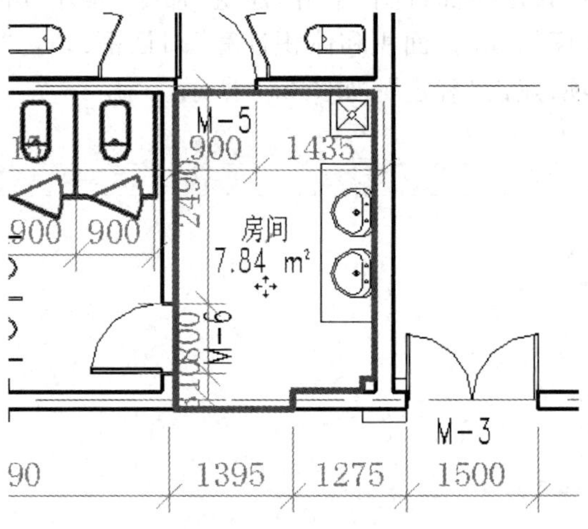

图 6.4　房间分隔

6.1.2　建筑平面房间表达

我们需要对整层房间的功能组合关系进行表达时，首先切换到“F1”楼层平面视图，右键复制该图层重命名为“F1-房间图例”，如图 6.5 所示。

而后点击“房间和面积”面板中的“标记房间”命令，进入“修改|放置 房间标记”上下文选项卡。在“属性”面板中选择“标记-房间-有面积-施工-仿宋”，点击依

次添加房间标记，如图6.6、图6.7所示。

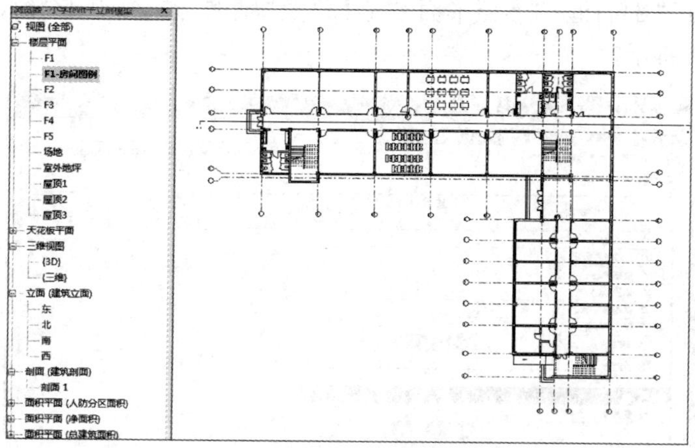

图6.5　复制楼层平面

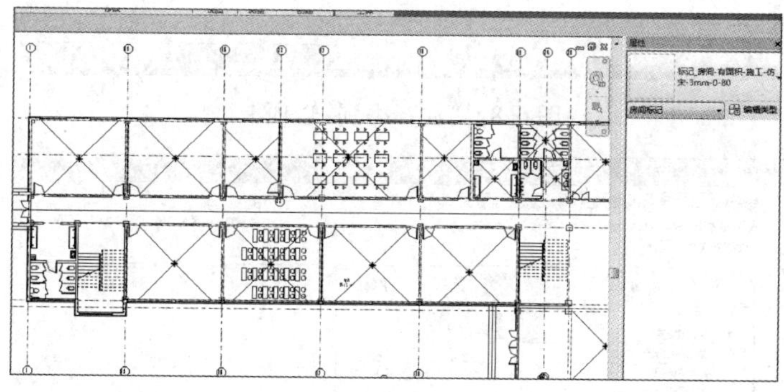

图6.6　添加房间标记1

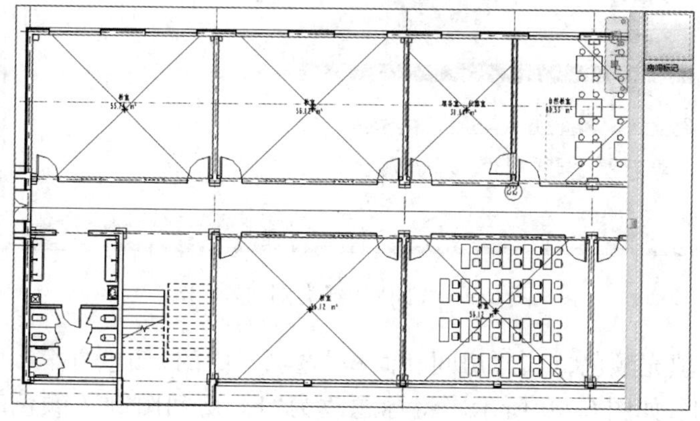

图6.7　添加房间标记2

输入快捷命令“vv”,弹出“可见性/图形替换”对话框,点击“注释类别”选项卡,关闭“剖面”“剖面框”“参照平面”“立面”及“轴网”选项,点击“确定”,返回,如图 6.8、图 6.9 所示。

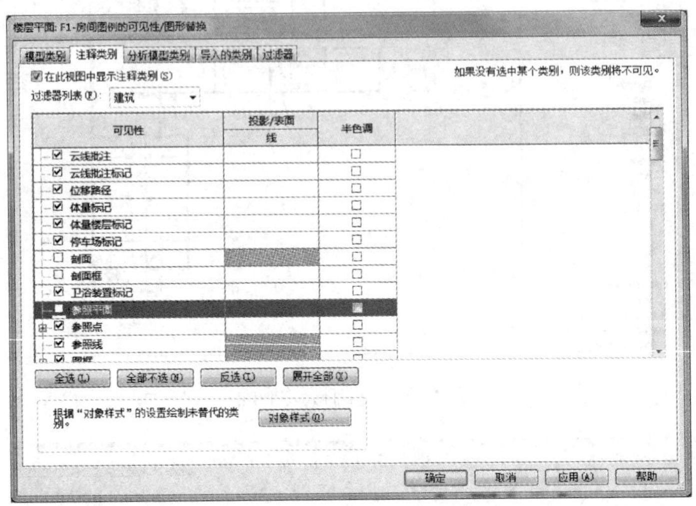

图 6.8 “注释类别”选项卡

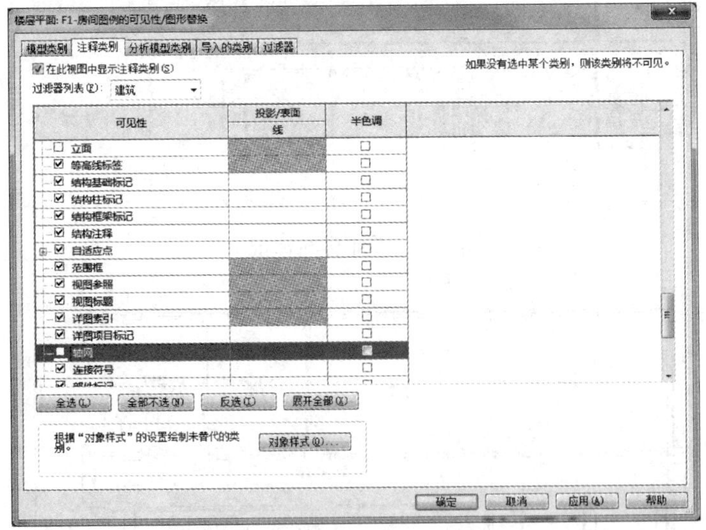

图 6.9 关闭“注释类别”选项卡

再为房间填充颜色,点击“房间和面积”选项卡中的“颜色方案”,弹出“编辑颜色方案”对话框,如图 6.10 所示。将标题改为“F1 房间图例”,颜色改为“名称”。点击“确定”,退出对话框。房间填充颜色效果如图 6.11 所示。

最后点击“注释”中的“颜色填充图例”命令,进入“修改|放置 颜色填充图例”

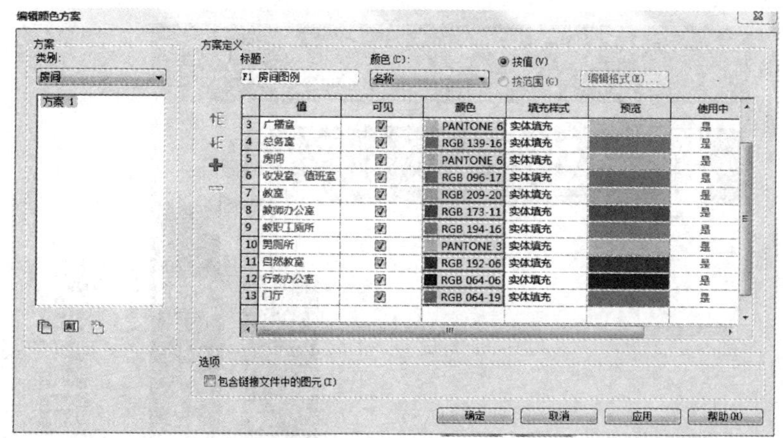

图 6.10　编辑颜色选项

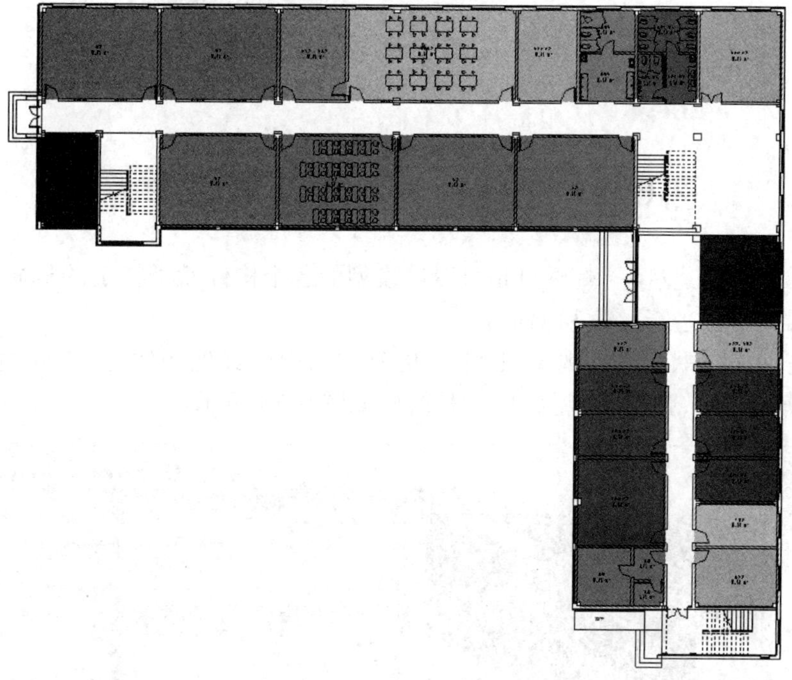

图 6.11　房间填充颜色效果

上下文选项卡，在"属性"面板中选择"颜色填充图例 1"，点击"编辑类型"，弹出"类型属性"对话框，将"显示的值"选项改为"按视图"，点击"确定"，退出。将图例放在合适的位置，如图 6.12 所示。用相同的方式可生成其他房间颜色图例，用于显示表达房间功能与空间流线等设计关系。

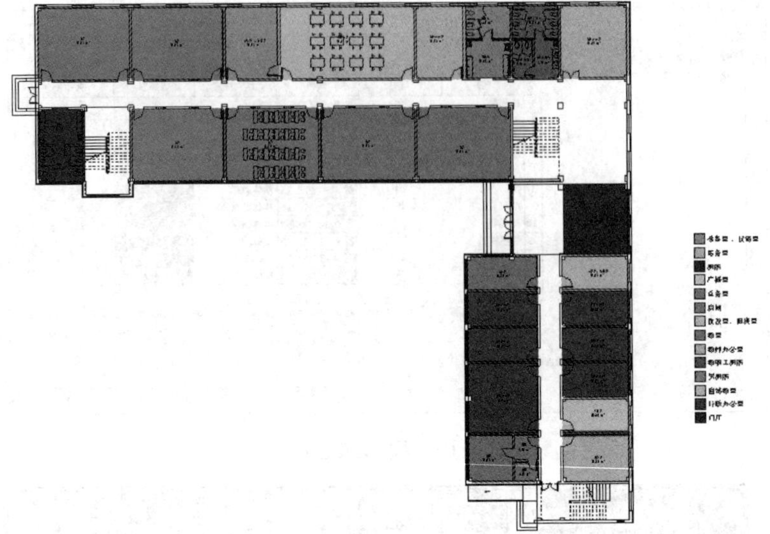

图 6.12　放置图例

§6.2　建筑构件材质设定与表达

在模型的创建过程中，不只是可以给模型的各个构件赋予特定的材质，还可以对该材质的特性进行更改和编辑。

首先切换到默认三维视图，选中要更改的墙面或其他构件，点击“属性”面板中的“编辑类型”，弹出“类型属性”对话框，如图 6.13 所示。

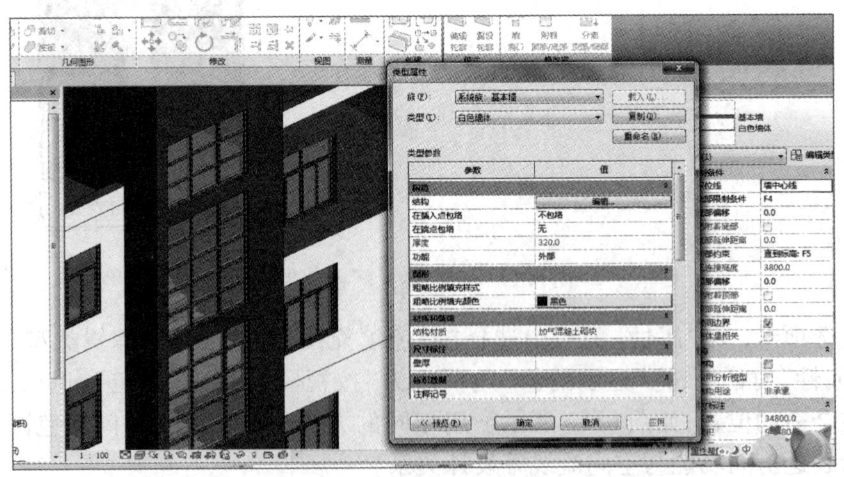

图 6.13　类型属性选项

点击“结构”后面的“编辑”按钮，打开“编辑部件”对话框，如图 6.14 所示。点击面层材质后的“[...]”按钮，弹出“材质浏览器”对话框，如图 6.15 所示。

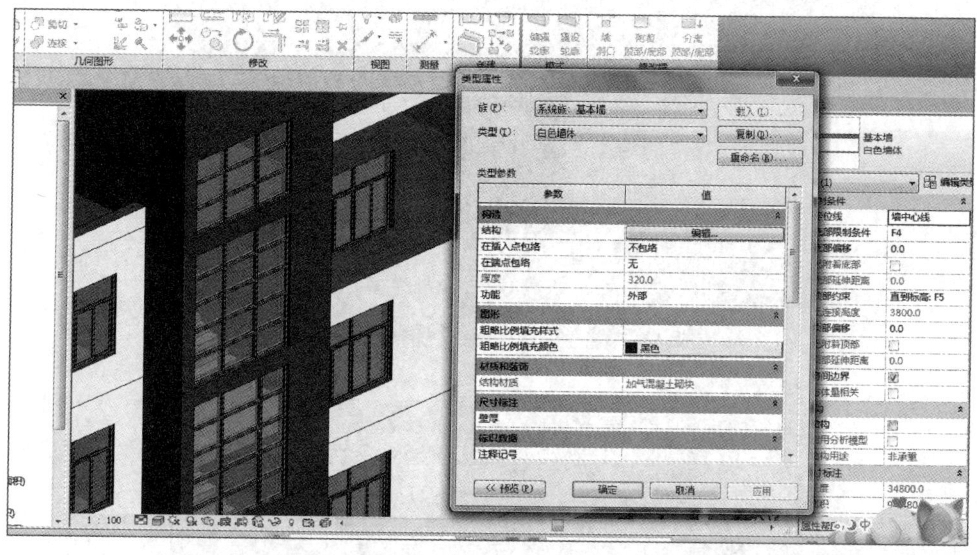

图 6.14　编辑部件选项

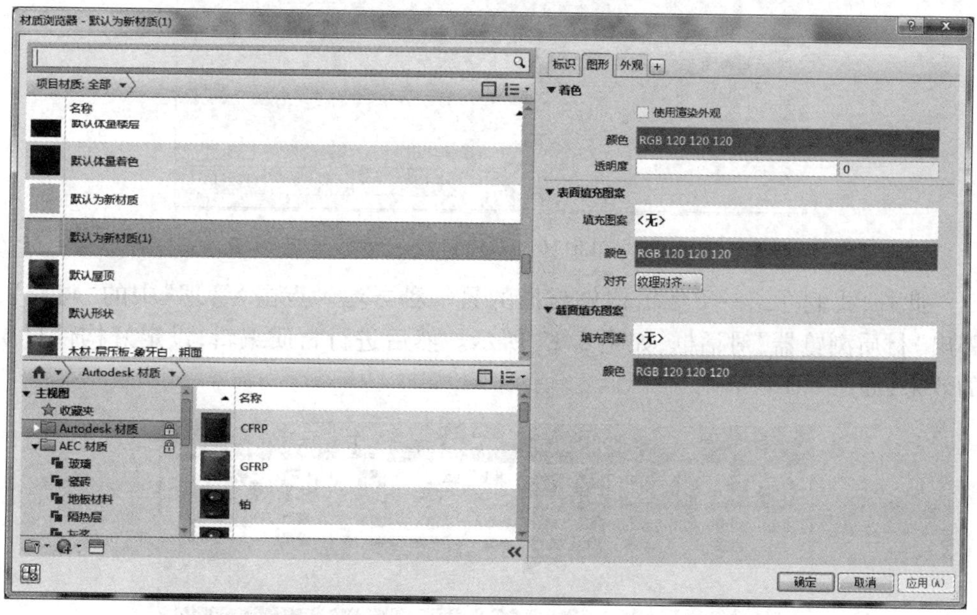

图 6.15　材质浏览器选项

而后对材质外观进行编辑，点击“材质浏览器”中的”外观”，可对其“颜色”“光泽”“反射率”“透明度”“自发光”等参数进行更改编辑。选择需要的材质特性，点击

“确定”，退出，如图6.16所示。

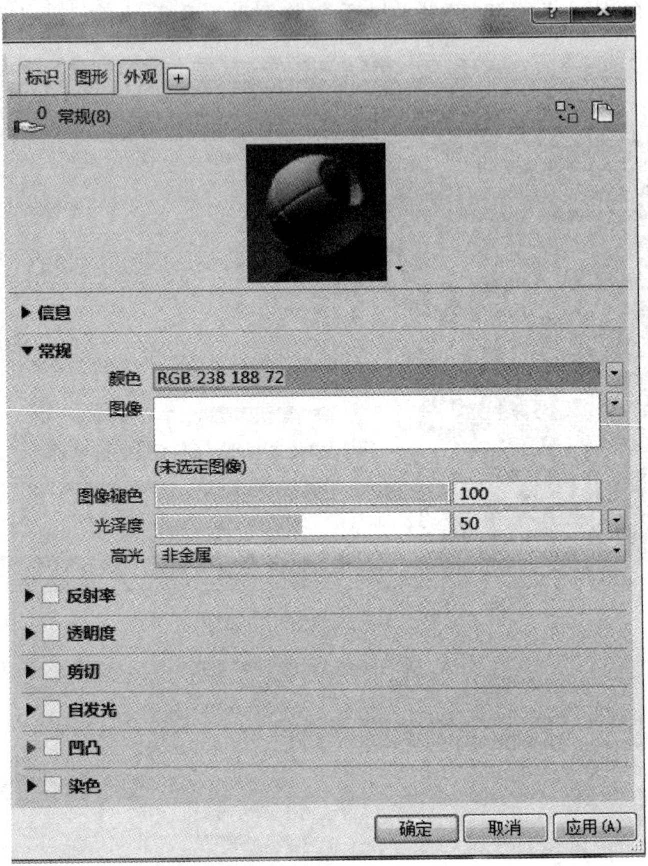

图6.16 材质特性设置

此外，我们介绍一下编辑构件材质的另一种方法。点击“管理”中的“材质”，弹出“材质浏览器”对话框，如图6.17所示。然后进行材质编辑，设定好构件材质的效果，如图6.18所示。

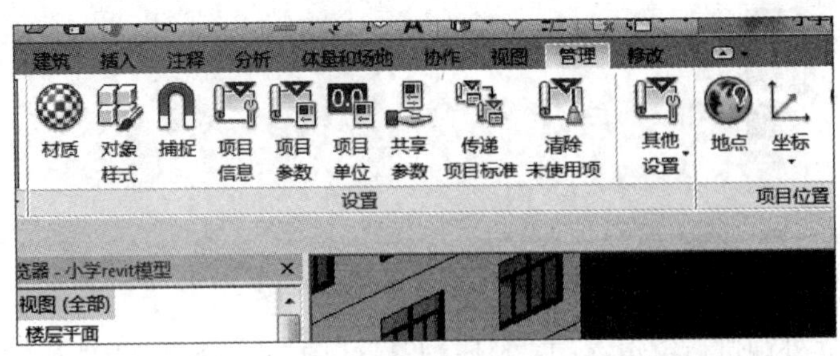

图6.17 材质浏览器选项

图6.18 构件材质效果

§6.3 三维模型渲染与效果图表现

使用Revit工具可以对三维BIM进行一定程度的渲染,给建筑模型以更好的三维展示效果。Revit可以生成使用“真实”视觉样式构件模型的实时渲染视图,也可以使用“渲染”工具创建模型的照片级真实图像。本节概要介绍如何对BIM进行三维渲染处理。包括创建建筑模型的三维视图,为建筑模型定义照明、定义渲染设置、渲染图像、保存渲染图像等内容。

6.3.1 三维视图视角设定

我们通过创建相机视图,可以得到不同的三维视图视点,为后期的渲染提供三维透视及布景。

首先切换到“F1”楼层平面视图,点击“视图”中的“三维视图”命令,进入“相机”选项。勾选“透视图”选项且“偏移量”为“1750.0”,自“F1”,如图6.19所示。

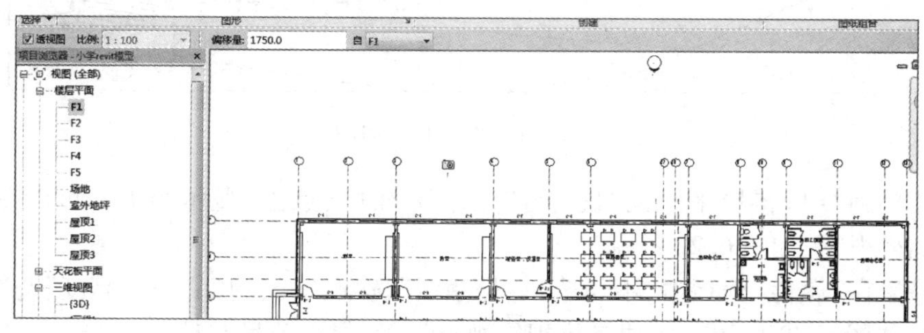

图6.19 相机视图选项

点击放置"相机"位于平面图左下角,如图 6.20 所示。向右上方拉动至合适的地方,点击"完成",进入相机视图,视图效果如图 6.21 所示。

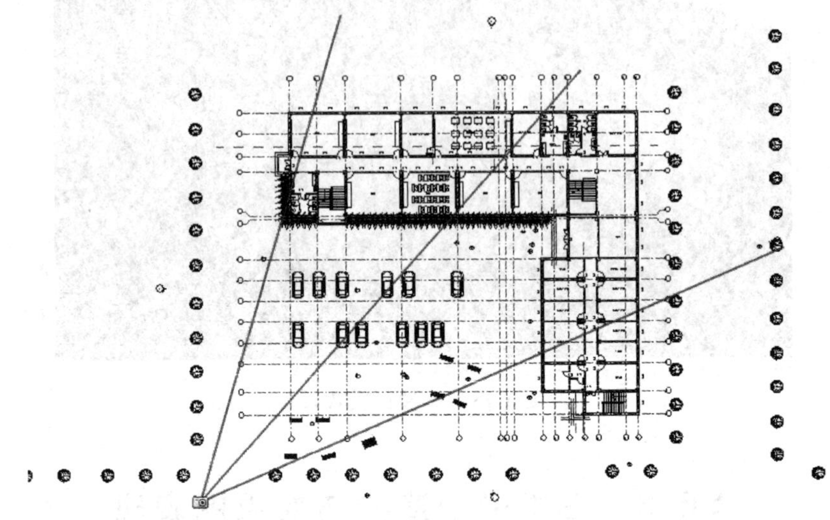

图 6.20　放置相机

图 6.21　进入相机视图

切换到"F1"楼层平面视图,右键"三维视图 1",点击"显示相机",可以在图中修改相机视图,如图 6.22 所示。

最后在"属性"面板中,不勾选"远处激活"选项,适当调整"视图高度"与"目标高度",如图 6.23 所示。完成三维视图视点设置,保存项目文件。

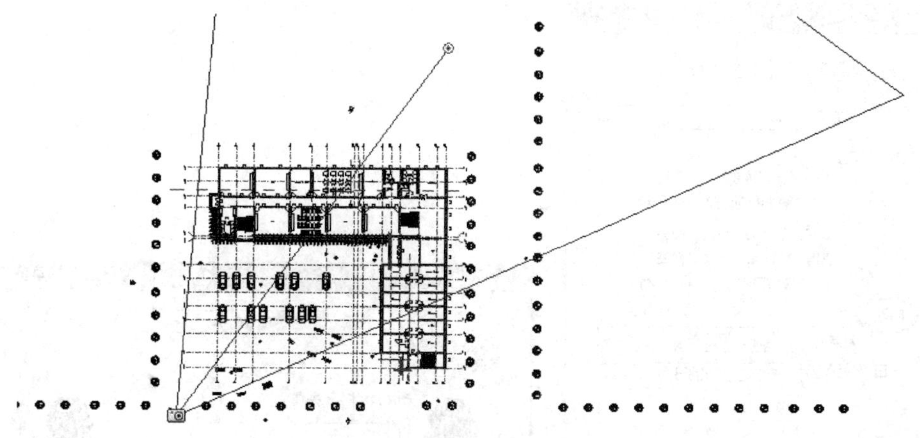

图 6.22　修改相机视图

图纸上的标题	
范围	
裁剪区域可见	☐
远剪裁激活	☐
远剪裁偏移	164628.2
裁剪视图	☑
剖面框	☐
相机	
渲染设置	编辑...
锁定的方向	☐
透视图	☑
视点高度	1750.0
目标高度	1750.0
相机位置	指定
阶段化	
阶段过滤器	全部显示

图 6.23　调整相机视图选项

6.3.2　渲染与效果图表现

在设置好相机视点后，可以调整渲染设置，打开渲染器进行渲染。切换到“三维视图 1”三维视图平面，点击视图控制栏中的“显示渲染对话框”，弹出渲染对话框，如图 6.24 所示设置渲染参数。

（1）渲染质量：指定渲染的质量，可为渲染图像指定所需的质量。质量越高，图形越精细越真实，如图 6.25 所示。还可通过编辑进入修改状态。

（2）输出设置：用来控制渲染图像的尺寸。选择打印机模式，可以设置更高的分辨率，以满足打印出图的需要。

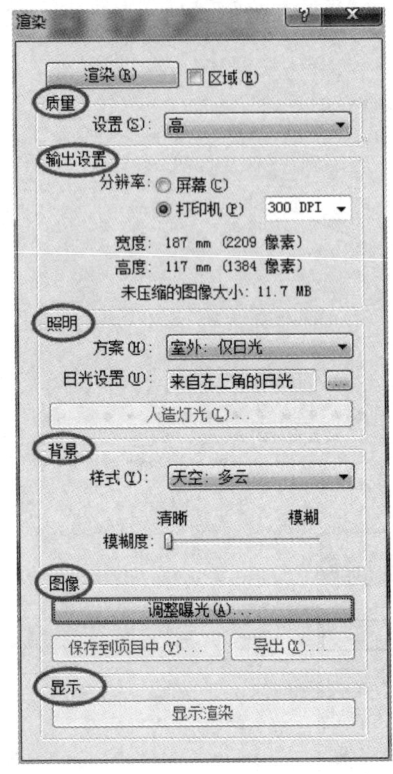

图 6.24　设置渲染参数

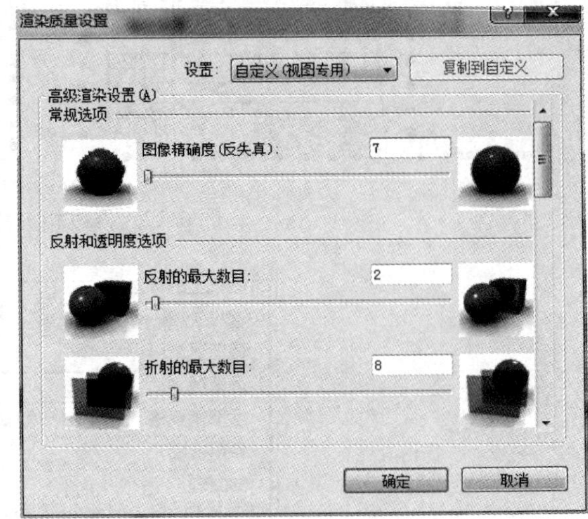

图 6.25　渲染质量设置

(3)照明:通过选择不同的方案,进入不同的照明调整模式,如图 6.26、图 6.27 所示。

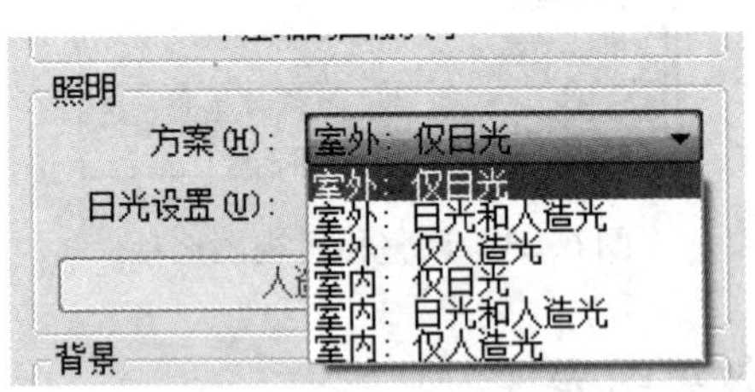

图 6.26　照明模式选择

(4)背景:在“渲染”对话框中,使用“背景”设置为渲染图像指定背景。背景可以显示单色、天空和云或者自定义图像。要获得漫射的自然光,请使用多云,如图 6.28 所示。对于“模糊度”,在“清晰”和“模糊”之间拖动滑块,如图 6.29所示。

(5)图像:对渲染后的图像进行亮度、饱和度、曝光量等方面的调节,导出图片并保存。

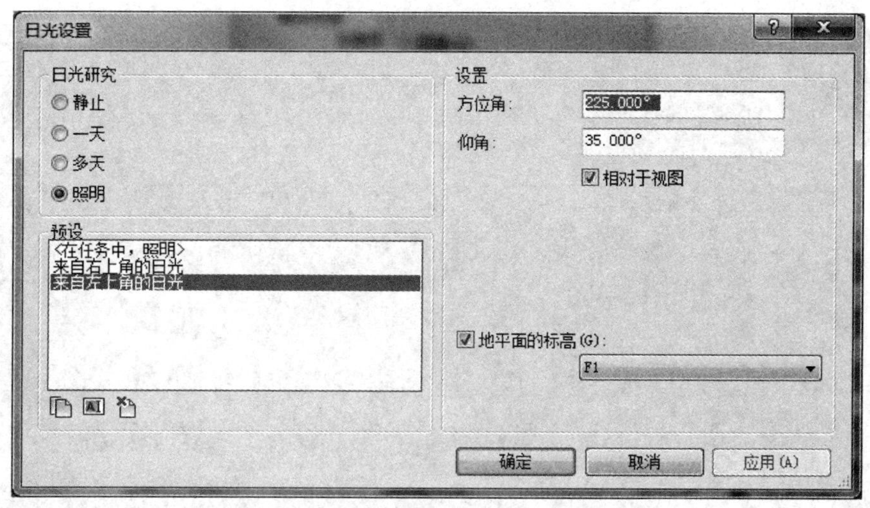

图 6.27　日光设置

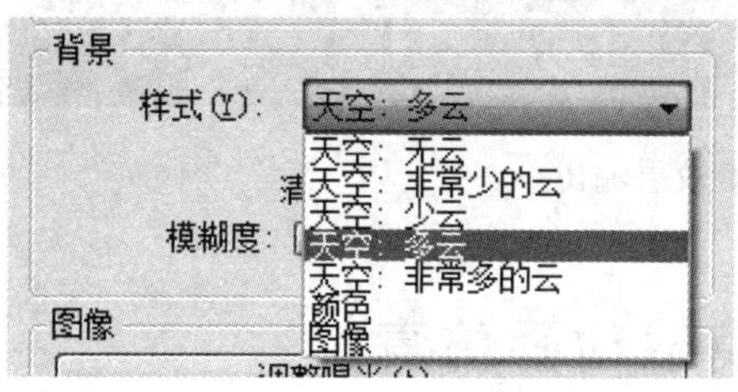

图 6.28　渲染背景设置

图 6.29　模糊度设置

(6)显示:在渲染出来的图片和模型视图间进行切换。

完成上述参数设置后,再点击左上方的“渲染”按钮,进行三维模型渲染,如图 6.30 所示。完成后点击“渲染”按钮,保存文件,完成渲染后的三维 BIM 效果如图 6.31 所示。

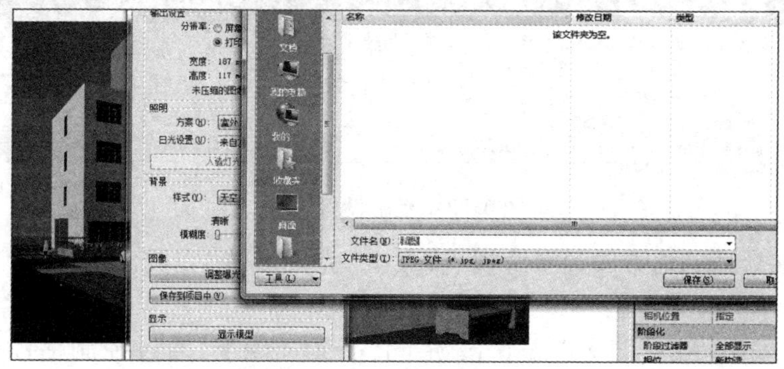

图 6.30　渲染参数设置

图6.31　渲染效果输出

§6.4　三维模型动画仿真

我们在Revit中除使用相机功能来创建BIM的三维视图外，还可以在项目中创建漫游路径实现模型的三维仿真展示。

首先切换到“F1”楼层平面视图。点击“视图”中的“三维视图”命令，点击“漫游”进入“修改|漫游”上下文选项卡，将偏移量改为自“F1”，如图6.32所示。

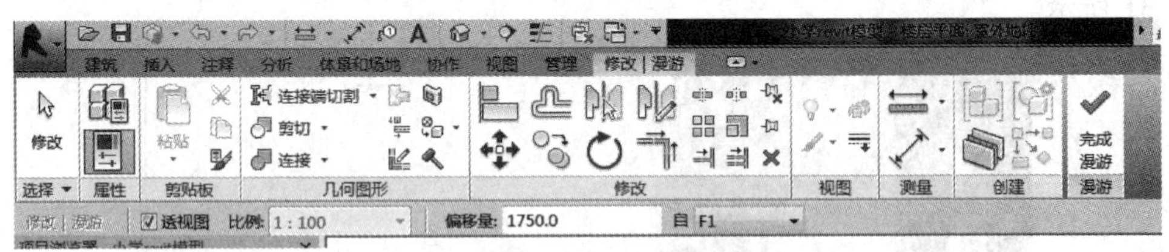

图6.32　漫游设置选项

点击在合适的地方放置漫游视点，点击“完成漫游”完成漫游状态，如图6.33所示。

点击“编辑漫游”进入“编辑漫游”上下文选项卡，通过控制活动相机按钮“ ”来控制漫游的视点、朝向等，如图6.34所示。

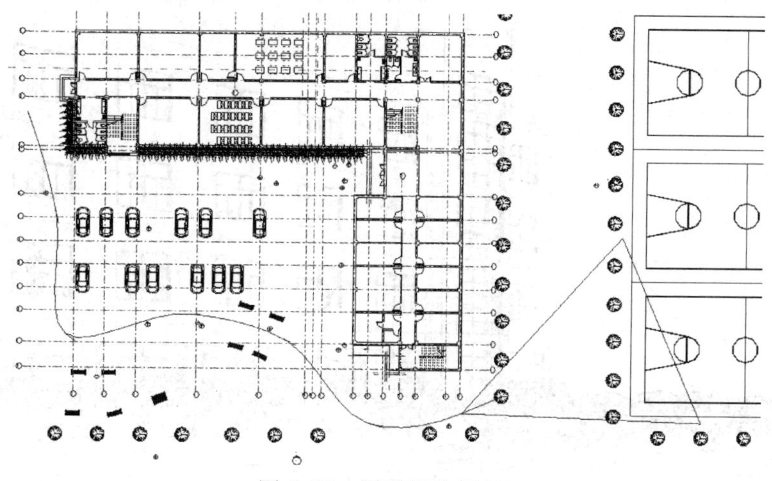

图6.33　漫游视点设置

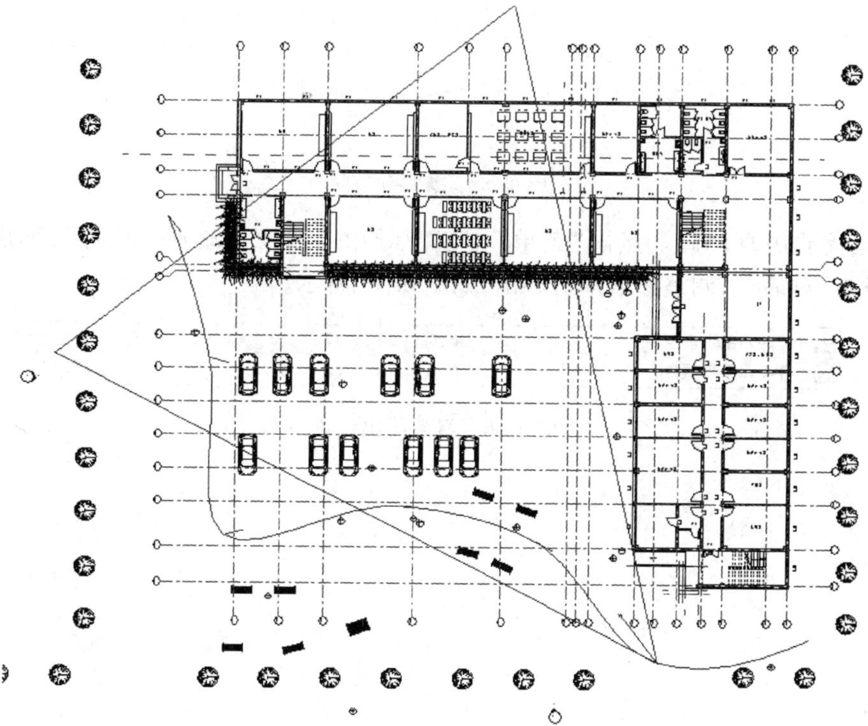

图6.34　漫游相机控制设置

而后切换到“漫游1 ”漫游视图,在“属性”面板当中点击“漫游帧”,弹出“漫游帧”对话框,可在此设置所需要的参数。点击“确定”,退出,漫游仿真效果如图6.35所示。

继续点击“编辑漫游”,进入“编辑漫游”上下文选项卡,将当前帧设为“1”,即

图 6.35　漫游帧效果

可连续播放仿真动画。点击“菜单”按钮,“导出—图像和动画—漫游”,弹出“长度/格式”对话框,调整参数即可导出,如图 6.36 所示。

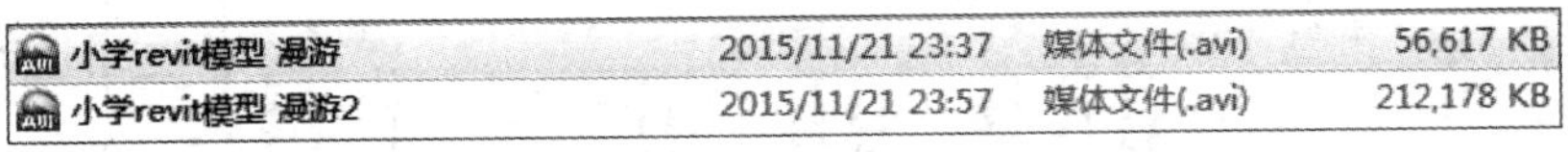

小学revit模型 漫游	2015/11/21 23:37	媒体文件(.avi)	56,617 KB
小学revit模型 漫游2	2015/11/21 23:57	媒体文件(.avi)	212,178 KB

图 6.36　漫游导出设置

第 7 章　BIM 的施工图表达

前面章节中我们介绍了如何用 Revit 软件工具的三维建模功能创建 BIM,并且完成了案例建筑教学楼的三维 BIM 构建。在本章将继续使用前面第 6 章完成的案例建筑 BIM,将该案例建筑项目模型文件命名为“教学楼 . rvt”文件备用。利用 Revit 工具的视图、注释和图纸功能完成基于 BIM 的施工图深化工作,实现案例 BIM 的施工图表达。

施工图深化过程中 BIM 可以关联所有的平面、立面、剖面图纸,从根本上避免传统二维设计中可能出现的遗漏数据、图纸缺失的错误,大大提高出图效率;所有的平面图、立面图、剖面图、详图、尺寸标注都与三维模型紧密关联,模型的任何地方发生修改,所有图纸全部自动更新,这样不仅能精准高效地表达建筑构件构造关系变化,还不用担心构件遗漏修改。

§7.1　平面视图设置与管理

使用 Revit 创建的 BIM 获得施工图输出,首先要做的便是根据施工图的内容设置各视图的属性,控制各类模型对象的显示,修改各类模型图元在视图中的截面、线型、线宽、颜色等图形信息。与传统 CAD 二维施工图不同的是,Revit 没有图层的概念,取而代之的是图元对象样式的属性设置。

7.1.1　线型与线宽设置

下面接着第 6 章所建的教学楼为例,介绍设置线型与线宽的方法,所用到的是“管理”选项卡中的工具,具体步骤如下:

(1)打开第 6 章完成的案例建筑项目模型文件“教学楼 . rvt”,切换至“F1”楼层平面图,如图 7.1 所示。

(2)以修改轴网的线型为例,点击“管理”选项卡,在“其他设置”的下拉菜单中点击“线型图案”选项,弹出“线型图案”对话框,如图 7. 2 所示。点击“新建”按钮,弹出“线型图案属性”对话框,输入新名称“轴网”,在表格中分别键入“划线”“空间”“圆点”“空间”,如图 7. 3 所示,点击“确定”按钮,成功新建了新的轴网线型。

(3)下面使用新建的轴网线型,选中任意一根轴网,打开“类型属性”对话框,如图 7. 4 所示。修改轴线末端填充图案“轴网线”为“轴网”,点击“确定”,完成修改。

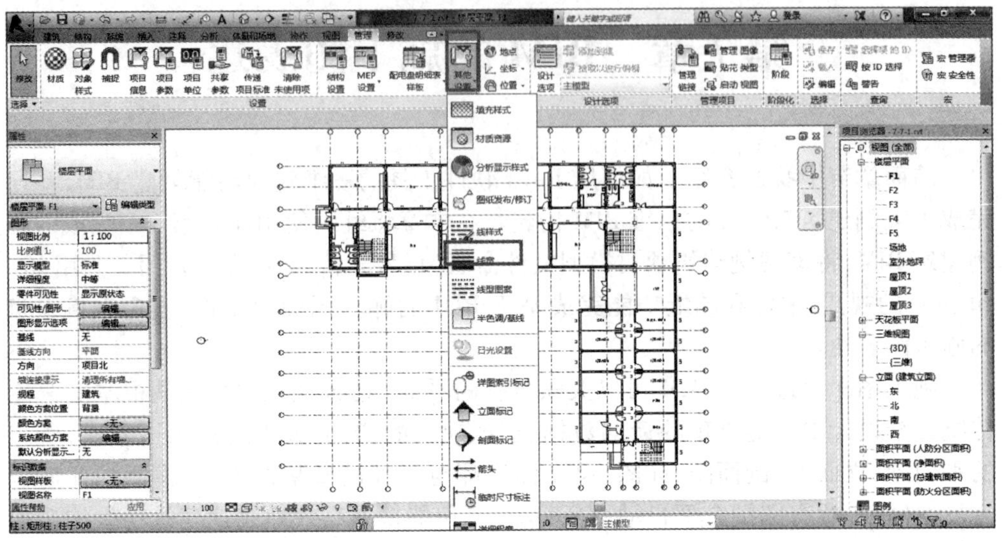

图 7.1 “F1”楼层平面图

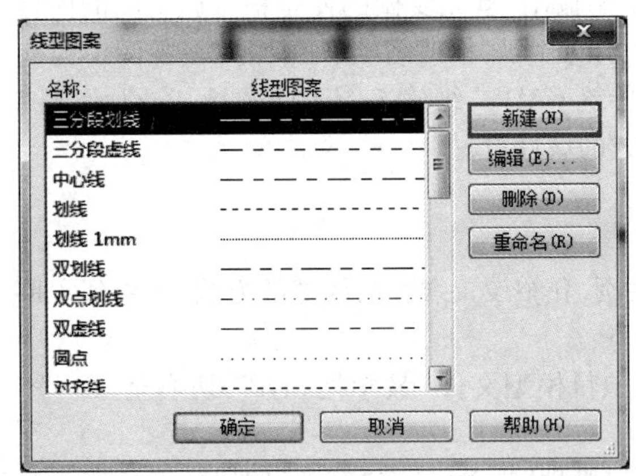

图 7.2 线型图案

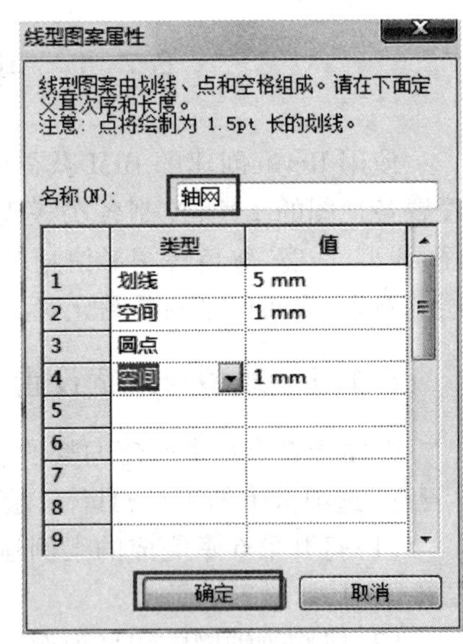

图 7.3 轴线设置

(4)点击“管理”选项卡,在“其他设置”的下拉菜单中点击“线宽”选项,弹出“线宽”对话框,如图 7.5 所示。

Revit 系统会自动根据视图比例在视图中缩放显示线型图案和线宽,以保证最终出图打印时不同比例下的线型图案和线宽完全相同。

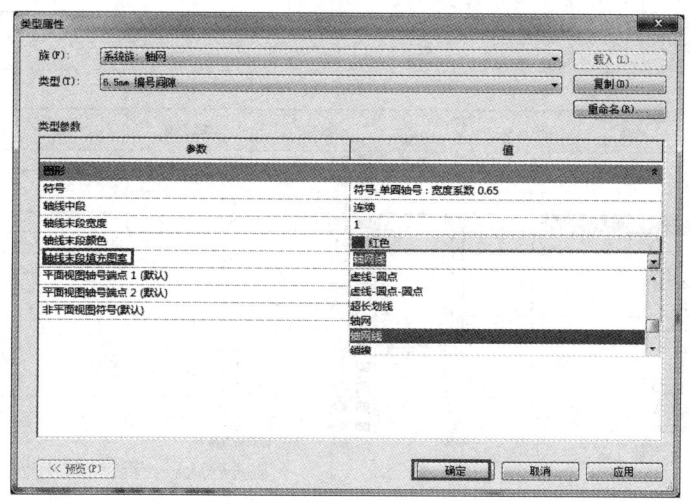

图 7.4　轴网类型属性设定

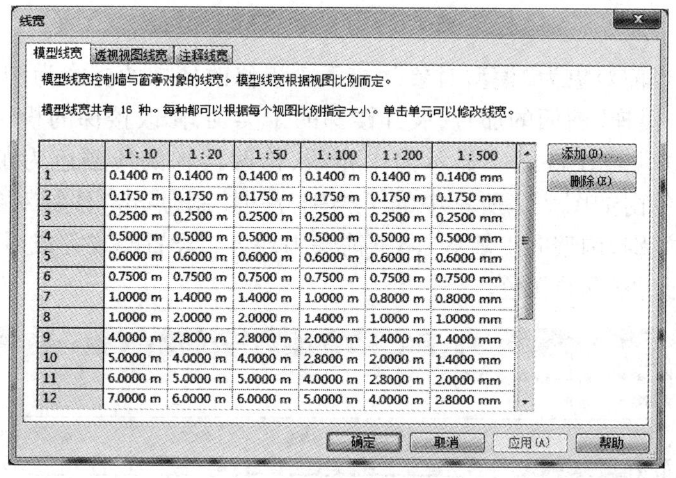

	1:10	1:20	1:50	1:100	1:200	1:500
1	0.1400 m	0.1400 m	0.1400 m	0.1400 m	0.1400 m	0.1400 mm
2	0.1750 m	0.1750 m	0.1750 m	0.1750 m	0.1750 m	0.1750 mm
3	0.2500 m	0.2500 m	0.2500 m	0.2500 m	0.2500 m	0.2500 mm
4	0.5000 m	0.5000 m	0.5000 m	0.5000 m	0.5000 m	0.5000 mm
5	0.6000 m	0.6000 m	0.6000 m	0.6000 m	0.6000 m	0.6000 mm
6	0.7500 m	0.7500 m	0.7500 m	0.7500 m	0.7500 m	0.7500 mm
7	1.0000 m	1.4000 m	1.4000 m	1.0000 m	0.8000 m	0.8000 mm
8	1.0000 m	2.0000 m	2.0000 m	1.4000 m	1.0000 m	1.0000 mm
9	4.0000 m	2.8000 m	2.8000 m	2.0000 m	1.4000 m	1.4000 mm
10	5.0000 m	4.0000 m	4.0000 m	2.8000 m	2.0000 m	1.4000 mm
11	6.0000 m	5.0000 m	5.0000 m	4.0000 m	2.8000 m	2.0000 mm
12	7.0000 m	6.0000 m	6.0000 m	5.0000 m	4.0000 m	2.8000 mm

图 7.5　线宽

7.1.2　对象样式设置

对象样式设置是针对 Revit 的对象类别及子类别，调整模型在视图中的显示样式。下面继续用教学楼项目进行操作详解。

(1)打开第 6 章完成的案例建筑项目模型文件，切换至“F1”楼层平面图，在“管理”工具下点击“对象样式”选项，弹出“对象样式”对话框，如图 7.6 所示。其中对象类别分为“模型对象”“注释对象”“分析模型对象”“导入对象”，点击“显示子类别”。调整的模型的样式分别有线宽、线颜色、线型图案和材质。此处的线宽与前面提到的线宽是相对应的，都有 16 种线宽。

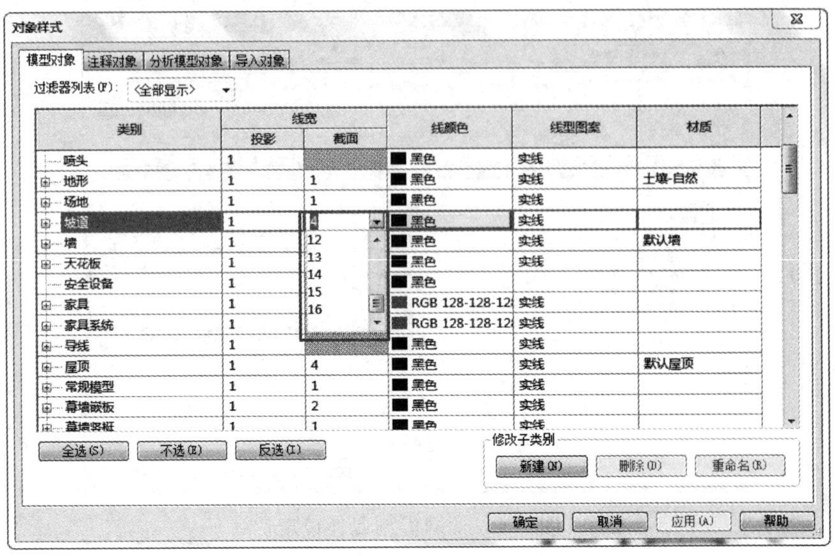

图 7.6　对象样式设置

（2）确定当前对象为“模型对象”，接下来以修改楼梯的样式为例，在类别中找到楼梯，点击“楼梯”前面的加号，展开楼梯的子类别，修改楼梯的投影和截面线宽代号为“2”，也就是在视图中显示为中粗线，修改楼梯的线颜色为黄色。在视图中，楼梯的颜色由如图 7.7 所示中的子类别分别控制，点击“注释对象”，展开“楼梯路径”的子类别，调整向上箭头、向下箭头为绿色。设置修改完成后，按照相同的方法调整门、窗、家具的颜色。

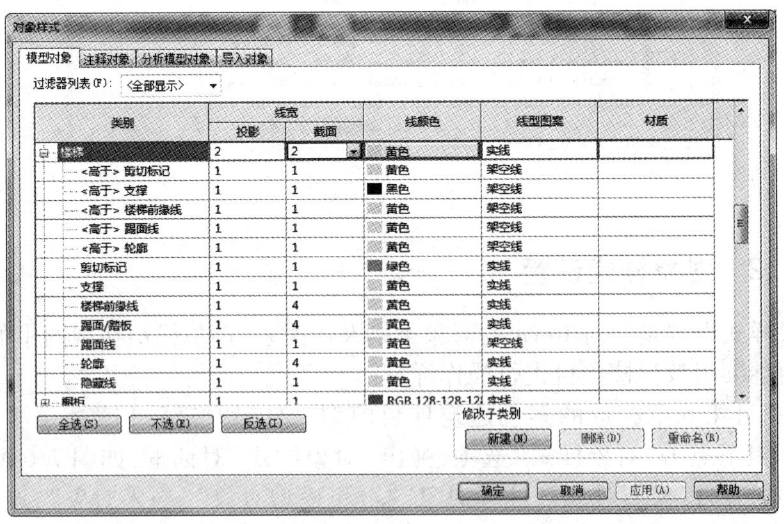

图 7.7　楼梯颜色设置

§7.2　剖切视图设置与管理

7.2.1　剖切视图位置控制

剖切视图是 Revit 系统中展示项目 BIM 的剖面构造关系和材质表达的窗口，剖切三维模型投影所看到的各建筑构件截面和轮廓的构造、材料细节表达，需要通过控制剖切位置、视点设置、视图显示比例和范围等方式控制剖视图当中建筑模型图示内容和图示效果。接下来将继续用第 6 章完成的案例建筑项目模型具体讲解。

（1）视图显示属性是整体性地控制某一视图，打开第 6 章完成的案例建筑项目模型文件“教学楼 . rvt”，打开“F1”平面视图，点击“属性”按钮，如图 7.8 所示。图中为“F1”楼层视图的显示属性，在项目中显示不到散水，并且楼梯高于剖切的梯段以虚线显示，切换到“F2”楼层平面图，一层平面的内容在二层平面中以灰色实线显示。

（2）打开“F1”平面视图，在属性栏中找到“视图范围”，点击“编辑”，弹出“视图范围”对话框，如图 7.9 所示，将视图深度的“相关标高”调整为“标高之下（室外地坪）”，观察视图，散水被显示在视图当中。

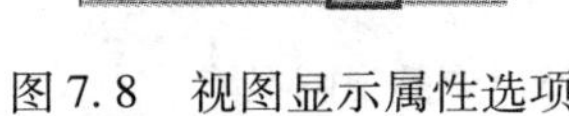

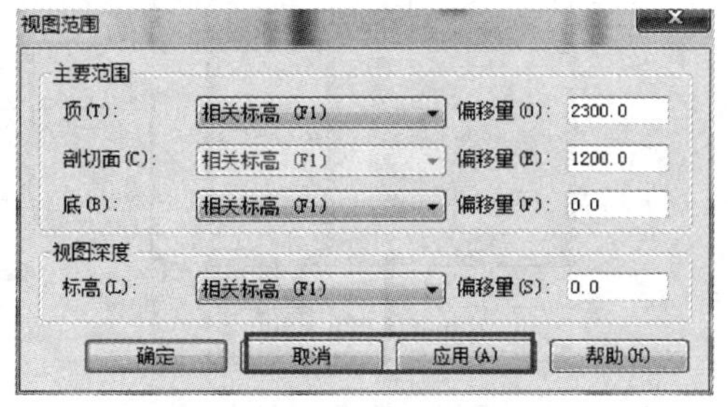

图 7.8　视图显示属性选项　　　　图 7.9　视图范围

（3）在属性栏中找到“可见性/图形替换”，点击“编辑”，弹出“楼层平面 F1 可见性/图形替换”对话框，展开“楼梯”，勾选取消带有“〈高于〉”的选项，如图 7.10 所示。同理，展开“栏杆扶手”，勾选取消带有“〈高于〉”的选项，查看视图中，楼梯显示如图 7.11 所示。

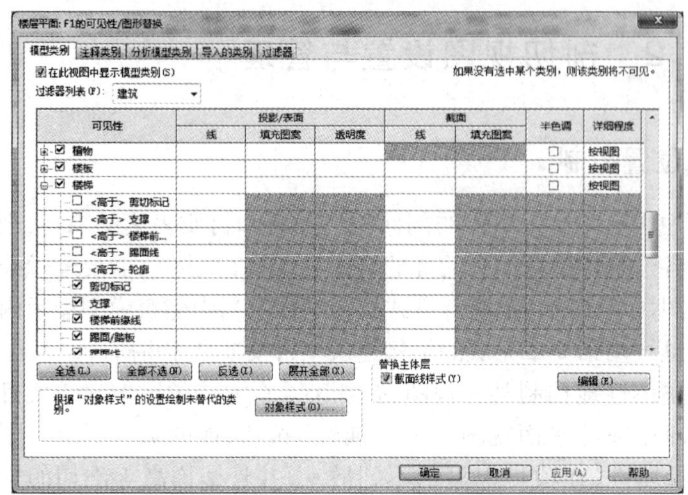

图 7.10　楼层视图属性设置

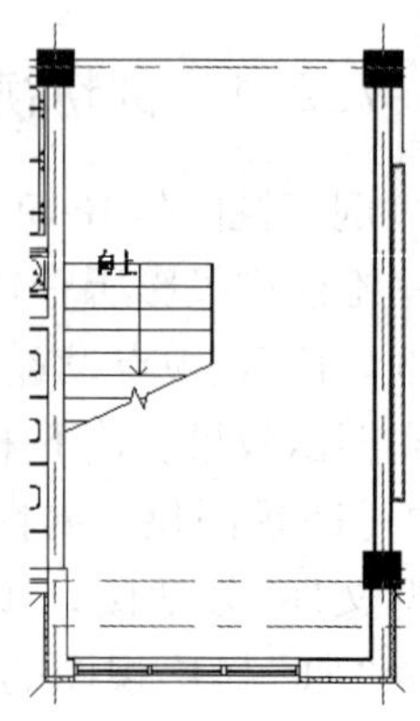

图 7.11　楼梯显示

(4)切换到“F2”平面视图,“F1”中的视图在“F2”中仍然显示,如图 7.12 所示。在视图属性栏中找到“基线”,将“F1”调整为“无”,观察视图显示,如 7.13 所示。

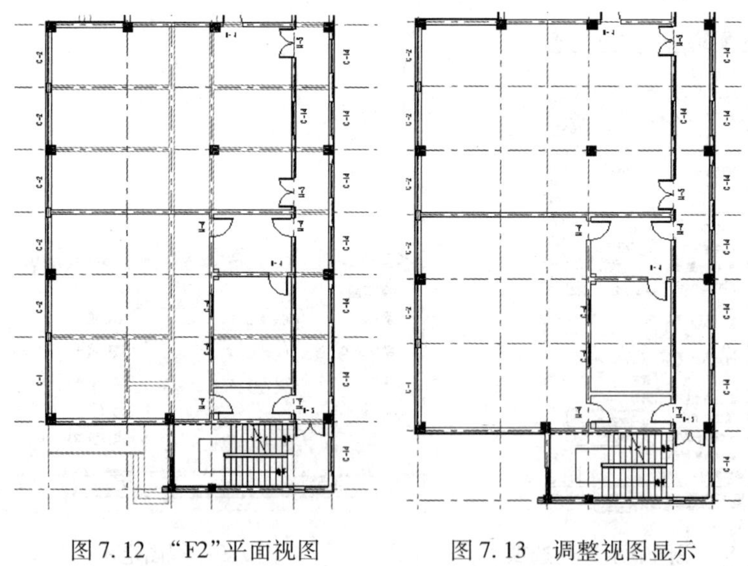

图 7.12　“F2”平面视图　　　　图 7.13　调整视图显示

7.2.2　剖切视图管理

Revit 可以根据建筑设计需要表达的构造关系,选择任何剖切位置来创建剖视图。

(1)打开“教学楼 . rvt”文件的“F1”平面视图,在视图工具栏下点击“剖面”工具,创建剖面视图,进入绘制剖切符号视图,在⑨到⑩号轴网之间由上到下绘制剖切符号,如图 7. 14 所示,这样便创建了剖面 1 视图。

(2)在“修改|视图”工具栏下点击“拆分线段”,如图 7. 15 所示,修改为转折剖切视图。

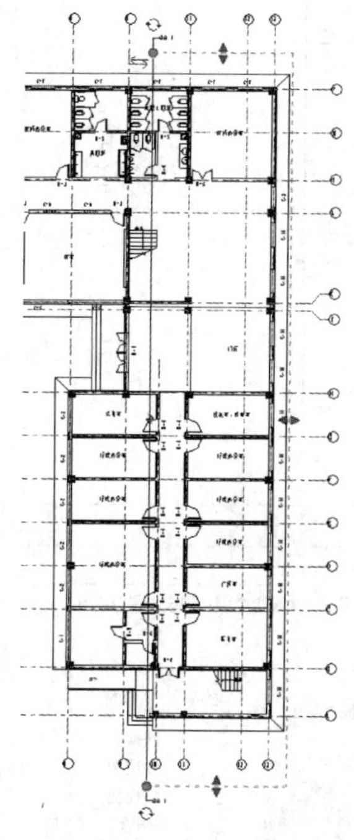

图 7. 14　剖面 1 视图

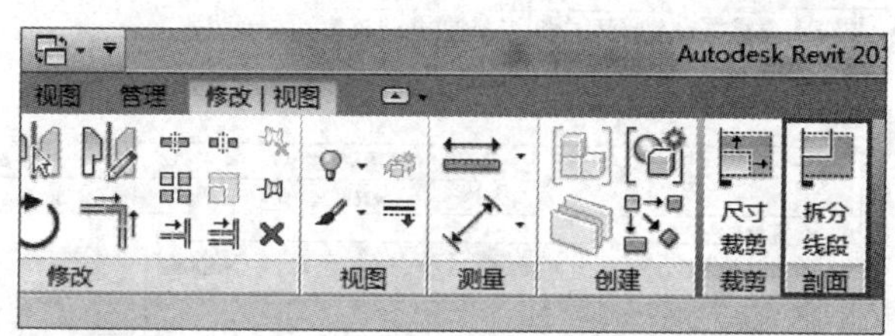

图 7. 15　修改视图选项

(3)如图 7. 16 所示,在 H 轴和 J 轴之间点击鼠标左键,向右拖动到楼梯间上方的走廊中,点击鼠标左键,转折剖切视图调整完成。

(4)双击剖切符号标头,切换到剖面 1 视图,显示“视图比例”为“1 ∶ 100”,“详细程度”为“粗略”,调整“当比例粗略度超过下列值时隐藏”为“1 ∶ 500”,取消勾选,裁剪区域可见。

(5)按照上面一小节所讲述的方法调整视图的可见性。在“可见性/图形替换”后面点击“编辑”,弹出“剖面:剖面 1 的可见性/图形替换”对话框,找到楼梯一栏,替换楼梯截面的视图形式为实体填充,如图 7. 17 所示。

(6)用相同的方法分别替换楼板、结构框架的截面填充图案为实体填充,修改完成后的剖视图如图 7. 18 所示。

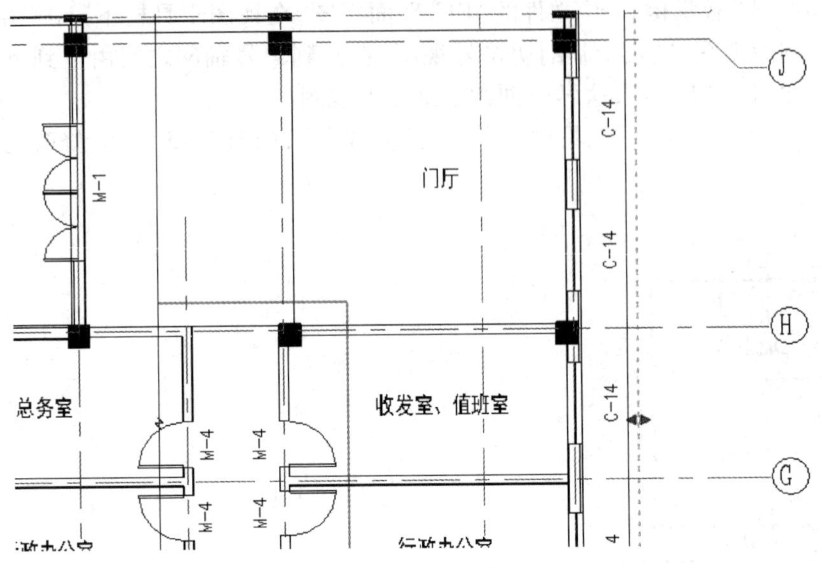

图 7.16　转折剖切视图调整

图 7.17　视图可见性调整

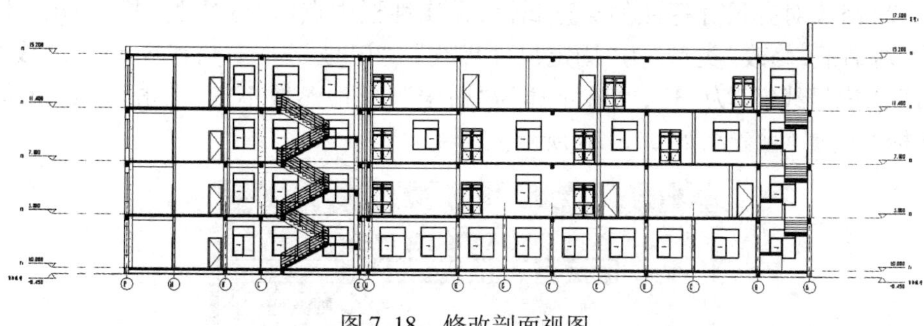

图 7.18　修改剖面视图

§7.3　图纸细部信息完善

在施工图设计当中，按图纸表达的内容分为平面图、立面图、剖面图和构造节点详图等几种类型。在上一节，我们已经完成楼层平面视图、立面视图和剖面视图显示及视图属性设置，下面结合案例教学楼项目介绍如何完善这些视图的施工图所需要的细部信息。

7.3.1　平面图细部深化

在施工图纸中，平面视图必须有详细的注释信息，其中尺寸标注有“三道尺寸线”，也就是总尺寸、轴网尺寸和定位尺寸，还有其他构件的定位尺寸、高程点（平面标高）、坡度标注、门窗标记及房间名称等注释信息。

1. 完善尺寸标注

Revit 中有对齐、线型、角度、径向、直径和弧长六大尺寸标注，与 Revit 中其他对象类似，要使用尺寸标注，都要设置类型属性，满足施工图的要求。下面继续用教学楼实例讲解。

(1)打开“教学楼 . rvt”文件，切换到“F1”楼层平面视图，注意视图比例为 1∶100，在注释工具栏的尺寸标注面板中点击“对齐尺寸标注”，如图 7.19 所示，进入放置尺寸标注上下文关联选项卡。

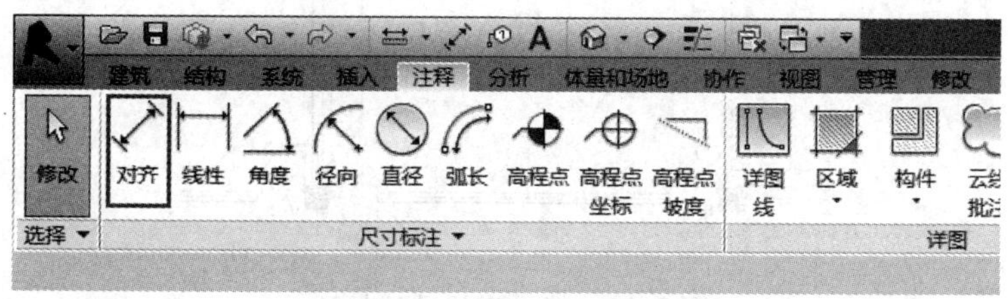

图 7.19　尺寸标注选项

(2)修改对齐尺寸标注的类型属性,在属性栏中点击“编辑类型”,弹出“类型属性”对话框,修改“类型”为“固定尺寸界线”,“记号”为“对角线 3 mm”,“线宽”为“1”,“记号线宽”为“3”,文字字体为“仿宋”,其他参数不变,点击“确定”,完成尺寸标注的属性修改,如图 7.20 所示。

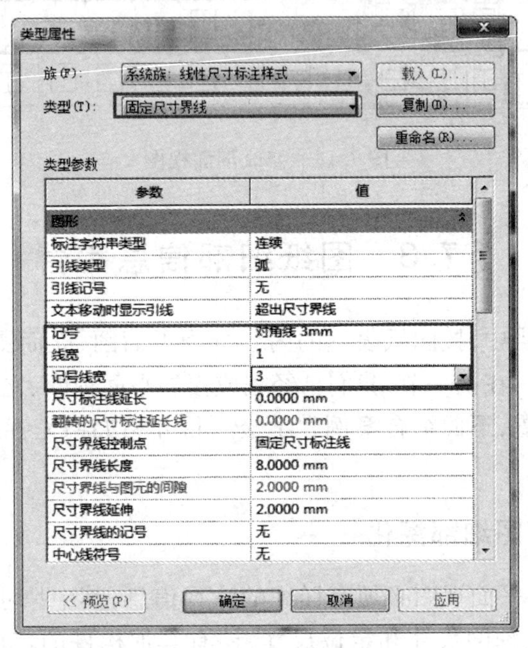

图 7.20　尺寸标注属性修改

(3)依次点击轴线和门窗洞口线拖到空白处点击鼠标,完成第一道尺寸线的标注,如图 7.21 所示。

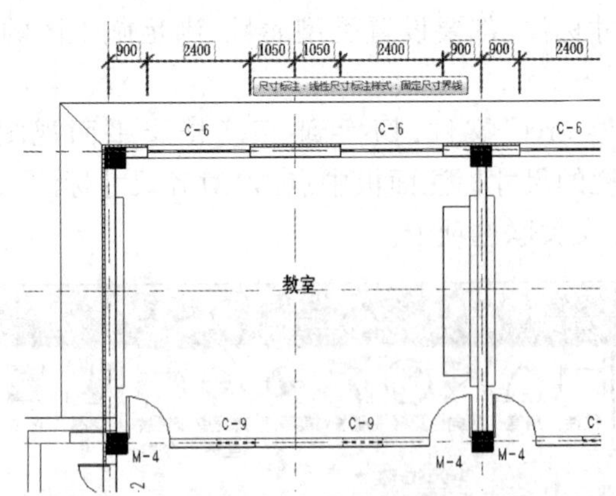

图 7.21　第一道尺寸线标注

(4)使用“对齐尺寸标注”工具依次点击 1—13 号轴线，拖动到第一道尺寸线上方，Revit 会默认第二道尺寸线的位置，用相同的方法完成第三道尺寸线，如图 7.22所示。

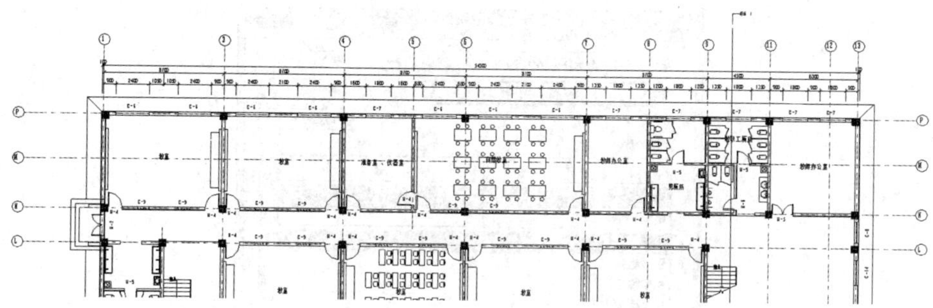

图 7.22　第三道尺寸线标注

(5)用相同的方法完成 13-1、A-P、P-A 之间的尺寸标注。

(6)使用“对齐尺寸标注”工具，接着完成“F1”楼层平面内部门窗、楼梯及卫生间和出入口处的尺寸标注，如图 7.23 所示。

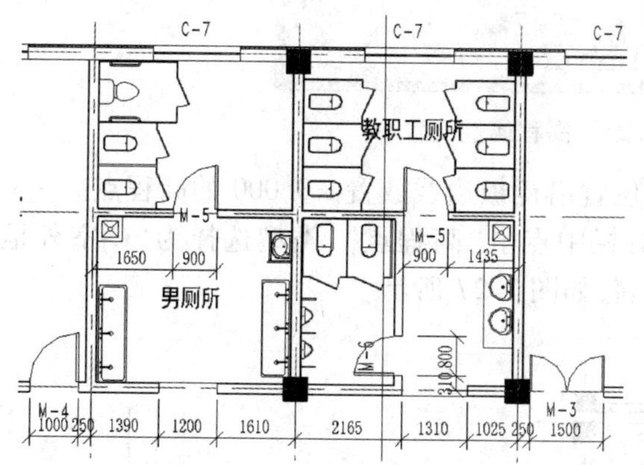

图 7.23　卫生间等位置标注

图 7.24　对齐标注选项

(7)对于各视图中存在的相同的尺寸标注，可以使用“复制至剪贴板”然后，在粘贴的下拉菜单中点选“与选定的标高对齐”进行粘贴，如图 7.24 所示。

(8)平面图细部深化处理后，结果重新存储为“7-2-1. rvt”模型文件。

2. 添加高程点和坡度

平面图深化除了要标注尺寸之外，还要标注楼层平面的标高、室内外高差及屋面排水的坡度等，下面继续用教学楼案例讲解。

(1)打开“7-2-1. rvt”模型文件，切换到“F1”楼层平面视图，与尺寸标注类似，使用高程点工具需要先进行类型属性修改。在注释工具栏的尺寸标注面板中点击“高程点”工具，打开“类型属性”对话框，选择类型为“正负零高程点(项目)”。

(2)修改“符号”为“C-高程点符号”,“文字大小”为“3.500 mm”,“文字与符号的偏移量”为“-5.000 mm”,其他参数不变,点击“确定”按钮,退出“类型属性”对话框,如图7.25所示。

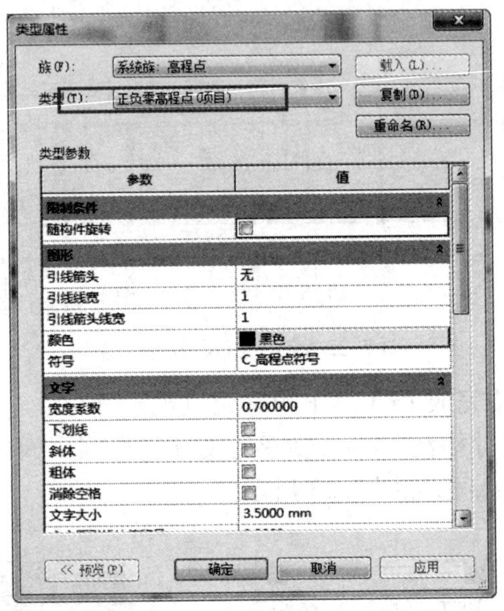

图7.25　高程属性设置

(3)如图7.26所示,在门厅的位置沿楼板边线放置±0.000的高程点。

(4)用相同的方法,在注释工具栏中点击“高程点”,类型选择为“C-室外地坪高程”,参数修改同上,添加室外标高,如图7.27所示。

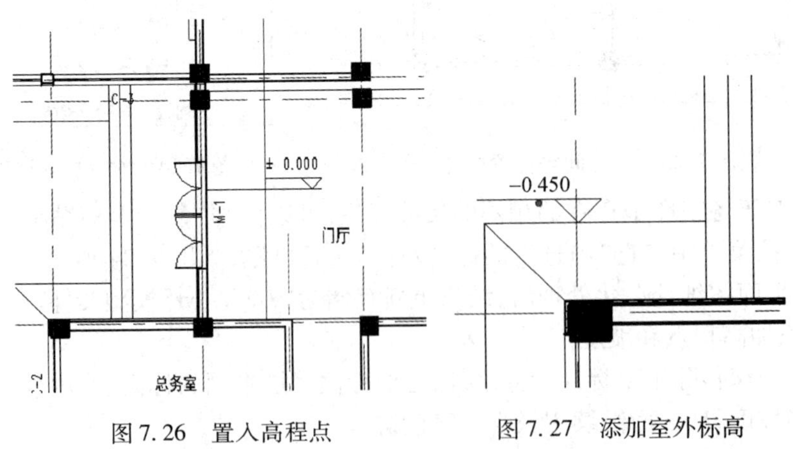

图7.26　置入高程点　　　　图7.27　添加室外标高

(5)为平面视图添加坡度标示,在注释工具栏的尺寸面板中点击“高程点坡度”命令,修改高程点坡度的属性,将“宽度系数”设置为“1”,“文字大小”为“3.5 mm”,“文字字体”为“仿宋”,如图 7.28 所示。

(6)修改单位格式,点击“单位格式”按钮,弹出“格式”对话框,修改值如图 7.29 所示。

(7)在“F1”平面视图中绘制坡度注释,如图 7.30 所示。细部深化后的模型文件重新存储为“7-2-2,rvt”文件。

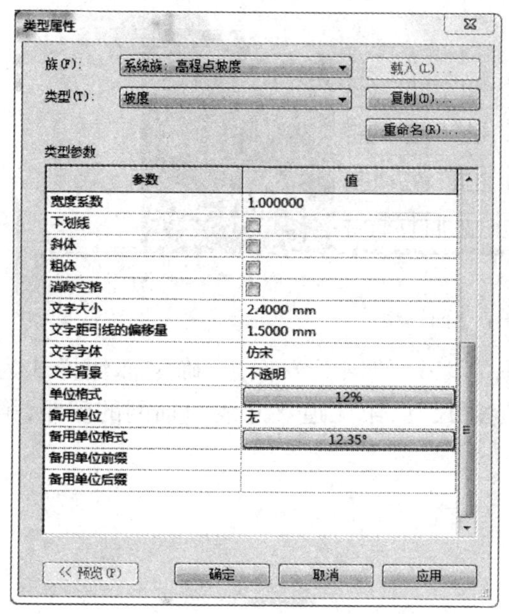

图 7.28　高程点坡度的属性设置

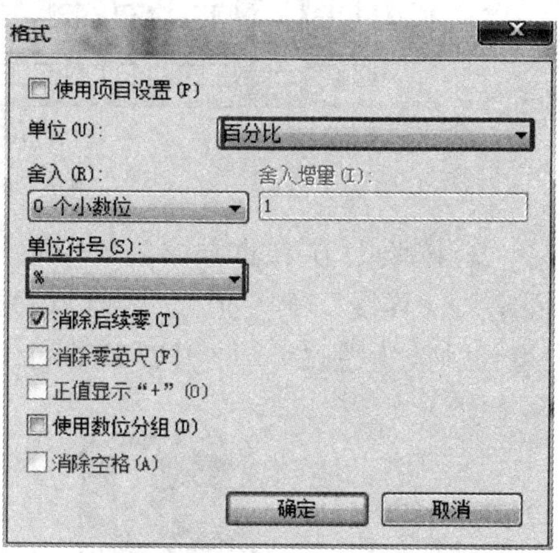

图 7.29　坡度单位格式设置

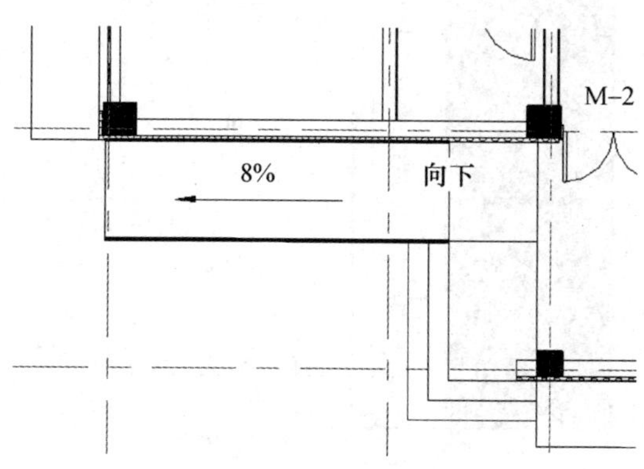

图 7.30　坡度注释

7.3.2 立面图细部深化

针对 Revit 构建的 BIM 的立面深化处理，包括立面标注标高、门窗详细尺寸、加粗立面轮廓线等内容，我们继续使用教学楼案例建筑讲解模型立面图的深化处理，具体以南立面为例介绍立面深化处理的一般步骤。

(1)打开“教学楼．rvt”文件，切换视图到南立面，调整轴线，如图 7.31 所示。

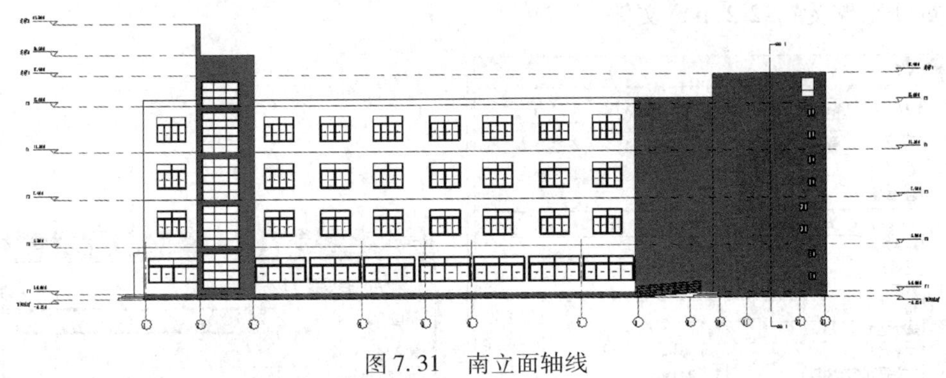

图 7.31　南立面轴线

(2)按照上节中的方法，给立面添加标注。使用对齐标注，确定标注样式为“固定尺寸界线”，第一道尺寸线为窗户定位尺寸，第二道尺寸线为轴网的间距，第三道尺寸线为总尺寸，如图 7.32 所示。

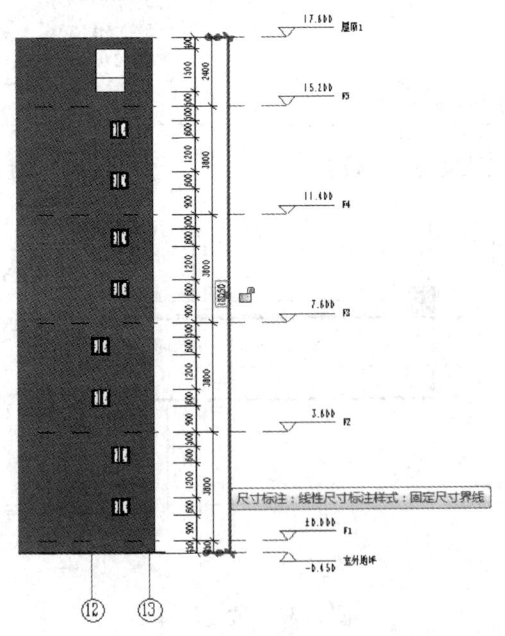

图 7.32　立面标注尺寸线

(3)为窗户、屋面添加标高。使用“高程点”工具,“类型属性”修改为“C-高程-立面 m”,其他参数设置参照上节中的平面标注设置,完成结果如图 7. 33 所示。

(4)在注释工具栏下的文字面板中,使用“文字”工具添加文字注释,选择类型属性为“3. 5 mm 仿宋”,“引线箭头”为“实心点 1. 5 mm”,如图 7. 34 所示。

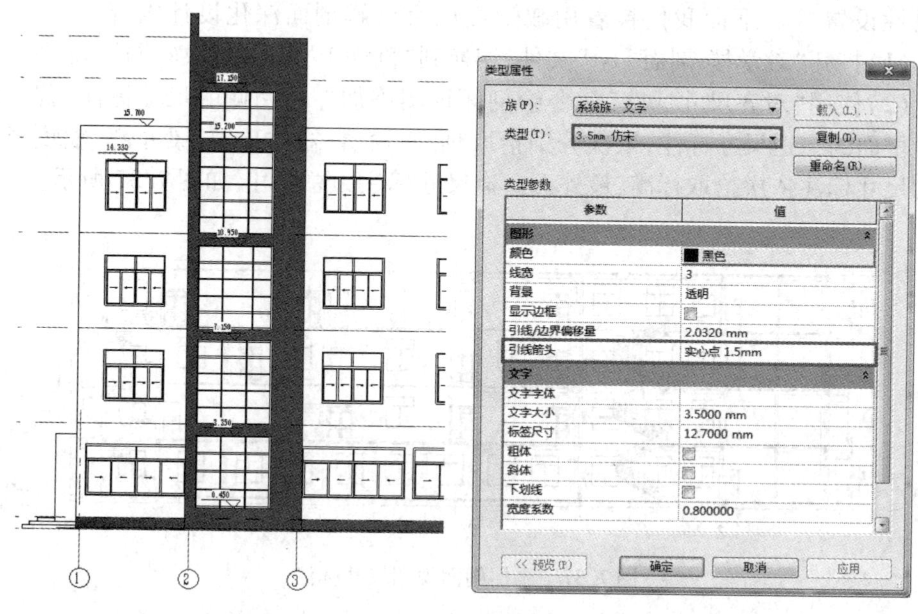

图 7. 33　标高标注

图 7. 34　文字属性

(5)在“修改/放置文字”选项卡中点选“A”图标,在立面视图中拖拽放置引线,输入“灰色面砖”,如图 7. 35 所示。

(6)在修改工具栏的视图面板中点击“线处理”命令,加粗立面的轮廓线及凸出的轮廓线,如图 7. 36 所示。结果查看“7-2-3,rvt”文件。

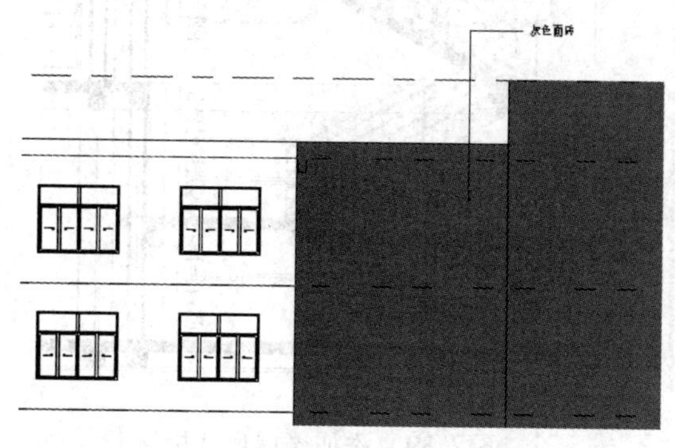

图 7. 35　放置文字注释引线

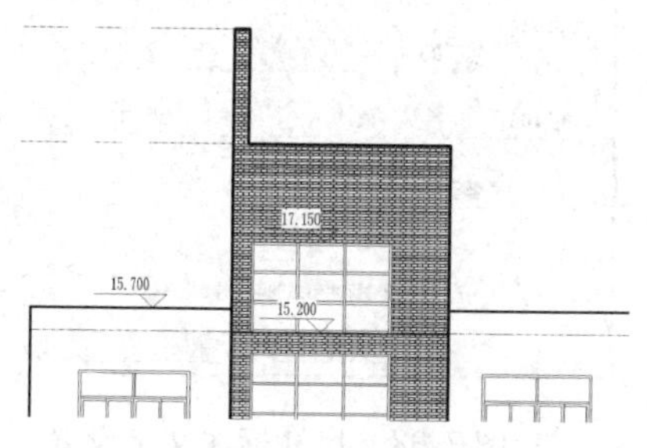

图 7. 36　加粗立面轮廓线

7.3.3 剖面图细部深化

针对 Revit 构建的 BIM 的剖面深化与立面深化步骤类似，其内容包括左右两侧的“三道尺寸线”、门窗定位尺寸标注、楼梯等构件的高程点及剖面视图的可见性设置等。下面我们接着用教学楼项目讲解剖面深化设计内容。

(1)打开“教学楼-剖面．rvt”文件，切换到“剖面 1”视图，修改轴网标高。

(2)使用“对齐尺寸标准”命令给剖面视图添加左右两侧的尺寸标注，首先标注最里面的一道尺寸标注，依次分别拾取轴线、窗台、窗户顶部、梁底部、轴线至中间的尺寸标注依次拾取标高，最外面一道尺寸标注为总尺寸，如图 7.37 所示。

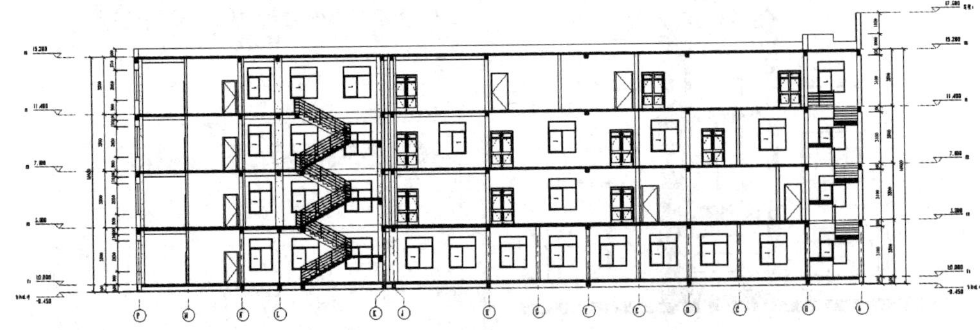

图 7.37　添加剖面视图尺寸标注

(3)使用“对齐尺寸标注”命令为楼梯添加尺寸标注，选中梯段的尺寸标注“文字”，点击“文字”，弹出如图 7.38 对话框，点选“以文字替换”，输入“165 × 11 = 1 817”，按“确定”按钮，结果如图 7.39 所示。

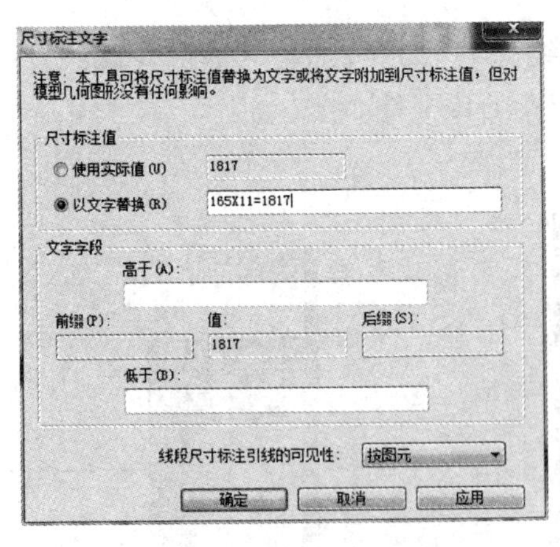

图 7.38　尺寸标注文字设置

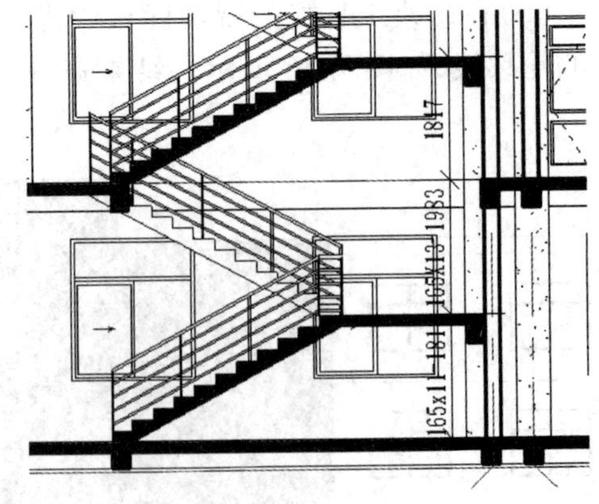

图 7.39　添加楼梯尺寸标注

(5)使用“高程点”命令为剖面视图添加楼梯、门窗标高，如图 7.40 所示。

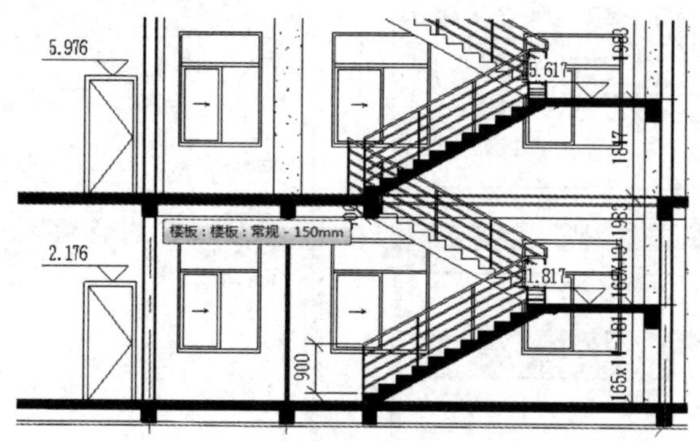

图 7.40　添加楼梯、门窗标高

§7.4　节点构造详图生成与图纸管理

虽然使用三维 BIM 可以生成绝大多数施工图中所需要的信息，但详细的节点构造详图作为三维设计在施工图设计阶段非常灵活，在指导具体施工建造时具有不可替代的地位，故而需要借助三维 BIM 生成符合建筑工程制图标准的各节点部位的构造详图。使用 Revit 软件工具提供的“详图索引”功能，结合详图构件 BIM 可以完成施工图设计时所需要的所有节点构造详图。

7.4.1　生成特护部位房间详图

Revit 软件提供了“详图索引”工具，可以根据 BIM 将视图的局部放大生成新的详图视图，在详图视图中控制视图对象样式，完成详图设计与图纸管理。下面继续以教学楼项目为例，详细介绍生成卫生间详图的步骤，其他部位的构造详图生成与管理方法与此类似。

(1) 打开“教学楼 . rvt”文件，切换到详图“F1”平面视图，放大 8 到 11 轴之间的卫生间，隐藏“剖面 1”的剖切符号。

(2) 在“视图”工具栏的创建面板中，点击“详图索引”工具，视图切换到“放置详图索引”上下文关联选项卡，打开“类型属性”对话框。

(3) 如图 7.41 所示，修改“族”为“系统族：详图视图”，点击“复制”按钮，修改“类型”为“教学楼详图视图索引”，点击“详图索引”标记后面的按钮，切换到如图 7.42 所示“类型属性”对话框，修改“转角半径”为“3.000 mm”，同理修改“剖面标记”中的“剖面标头”和“剖面线末端”都为“〈无〉”。点击“确定”按钮，完成类型属性修改。

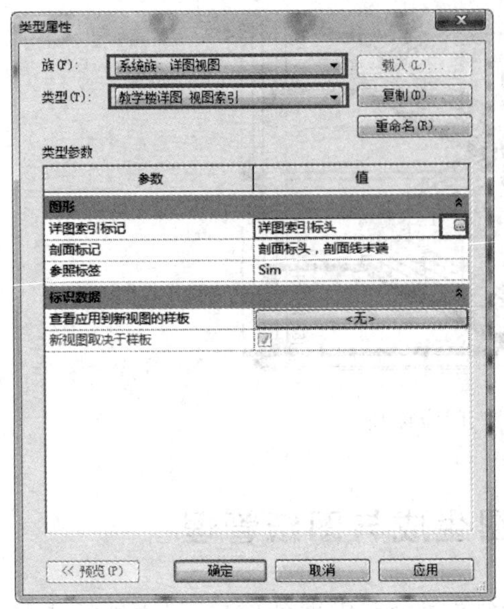

图 7.41 修改族文件

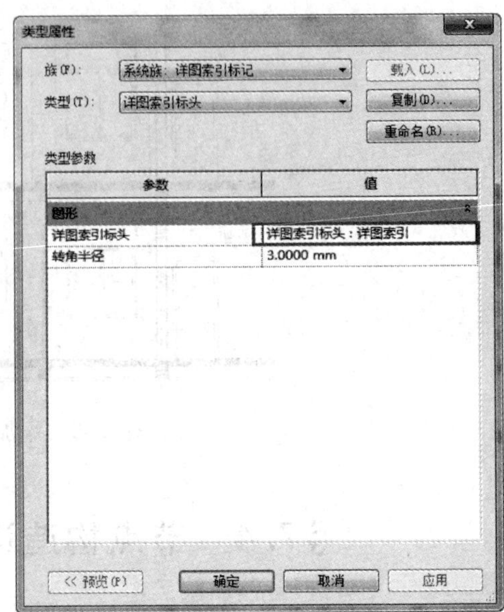

图 7.42 类型属性选项

(4)在“F1”平面视图中绘制详图索引边界，拖拽四边到合适位置，如图 7.43 所示。

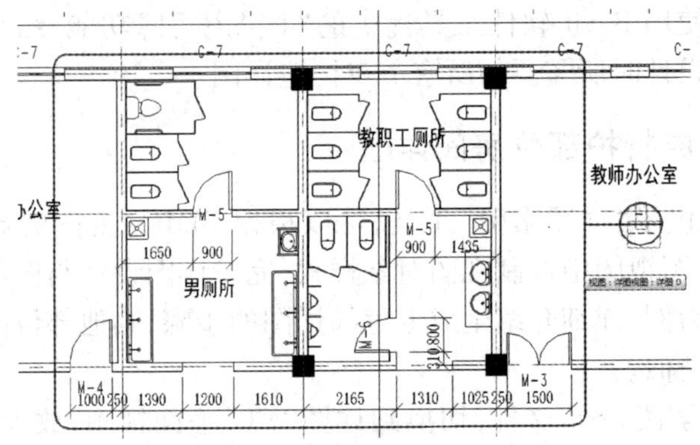

图 7.43 绘制详图索引边界

(5)在项目浏览器中打开“详图 0”视图，在视图实例属性栏中取消勾选“裁剪区域可见”，在注释工具栏的详图面板中，点击“详图构件”，打开“类型属性”对话框，如图 7.44 所示。点击“载入”按钮，打开“详图项目—Dvi01-常规”，点击“折断线—无遮挡 . RFA”文件，点击“打开”按钮，如图 7.45 所示。为截断的墙体添加破折号，如图 7.46 所示。

(6)分别用高程点、尺寸标注、类别标记工具标注该详图视图。

(7)在教学楼详图视图索引属性栏中，替换结构柱及墙体的截面显示分别为钢筋混凝土和砌块图例，结果如图 7.47 所示。

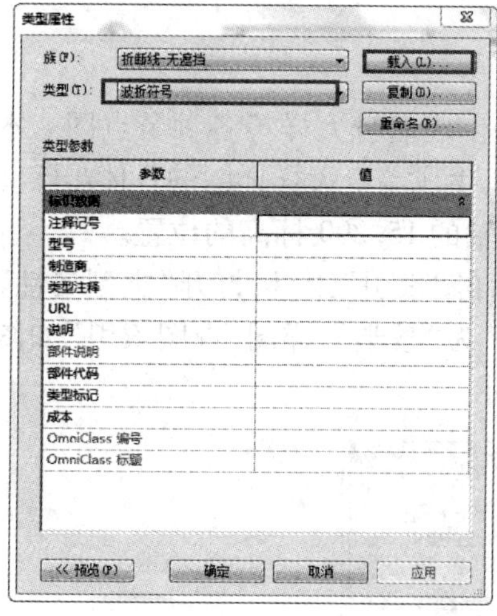

图 7.44　类型属性

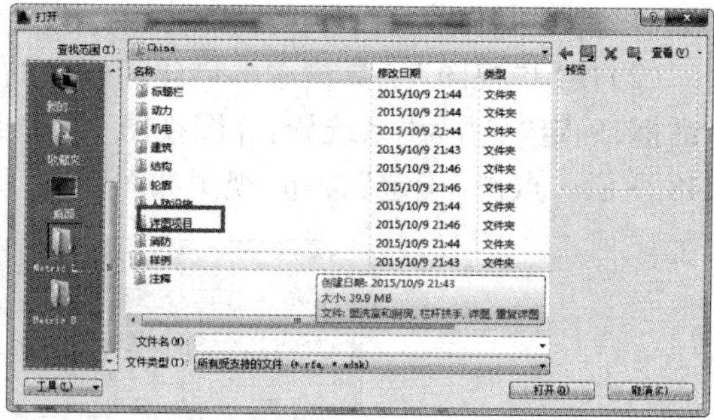

图 7.45　线型

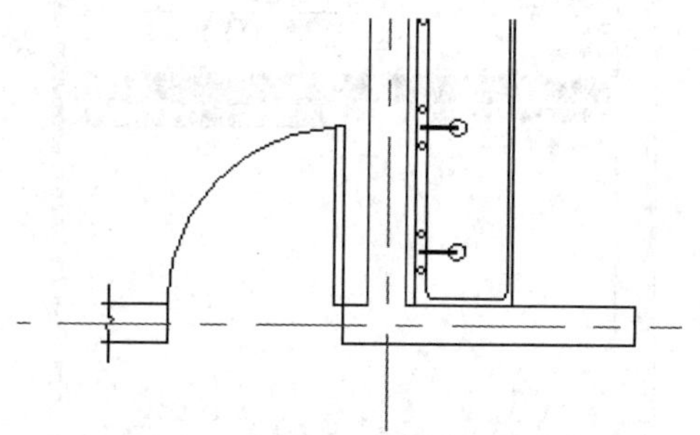

图 7.46　为截断墙体添加破折号

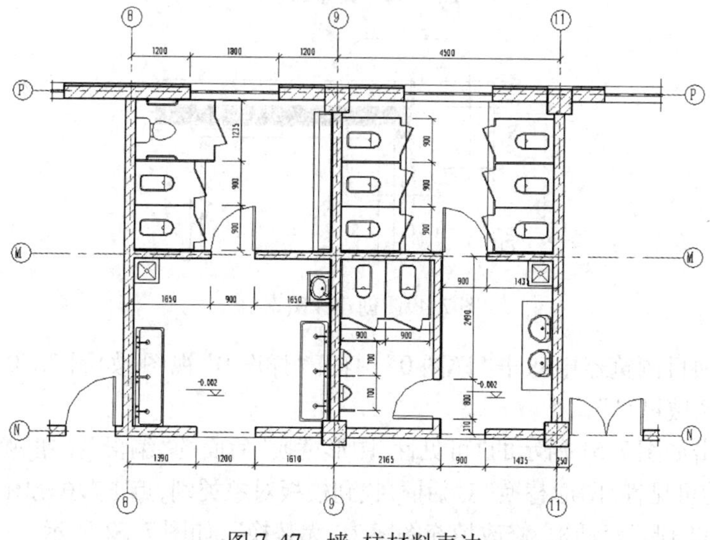

图 7.47　墙、柱材料表达

7.4.2 生成构造大样详图

使用“详图索引”工具不但能生成详图，还能生成墙身大样等各种节点图。本节当中继续用教学楼项目介绍用“详图索引”工具生成墙身大样详图的具体步骤。

(1)接着上一节，打开“剖面 1”视图，放大 P 轴的 15.200 标高的位置。

(2)使用“视图”工具栏中的创建面板中的“详图索引”工具，打开“类型属性”对话框，确定“族”为“系统族：详图视图”，“类型”为“教学楼详图 视图索引”如图 7.48 所示。点击“确定”按钮，视图如图 7.49 所示。

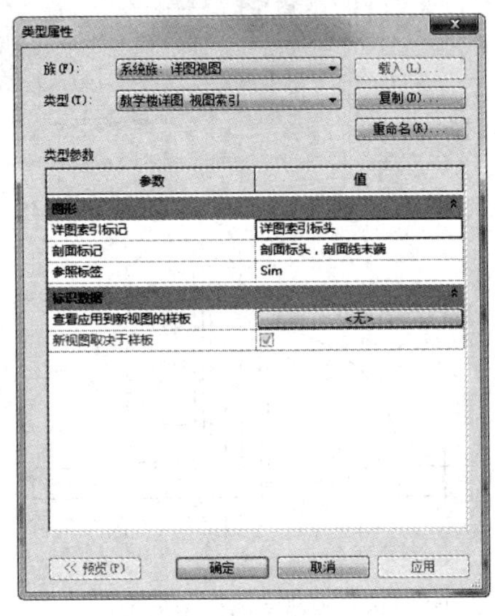

图 7.48 类型属性

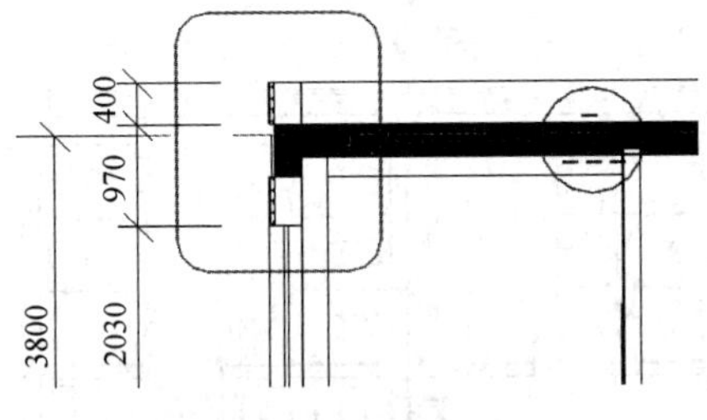

图 7.49 创建详图索引

(3)在项目浏览器中双击“详图 0”，打开“详图 0”视图，如图 7.50 所示，取消勾选“裁剪区域可见”。

(4)点击如图 7.51 所示的“可见性/图形替换”后面的“编辑”按钮，弹出“详图视图：详图 0 的可见性/图形替换”对话框，找到楼板对象类别，点击“填充图案”按钮，弹出“填充样式图形”对话框，修改填充图案为“无替换”，如图 7.52 所示。

(5)点击 Revit 视图截面下面的“详细程度”按钮,选择“详细程度”为“精细”,详图视图显示如图 7.53 所示。

(6)用相同的方法修改梁的视图显示,调整视图比例为 1 ∶ 20,结果如图 7.54 所示。

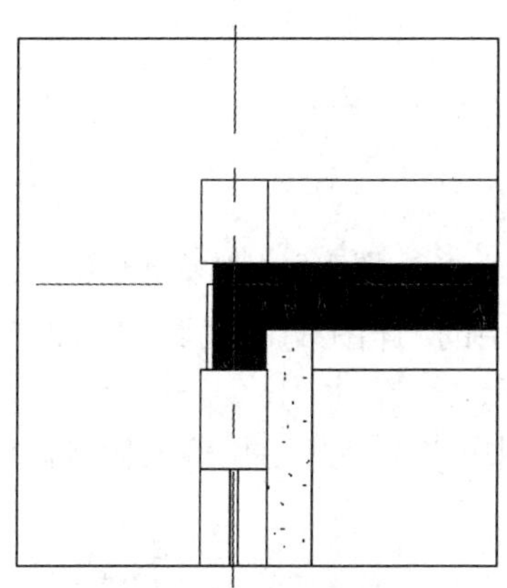

图 7.50　“详图 0”视图

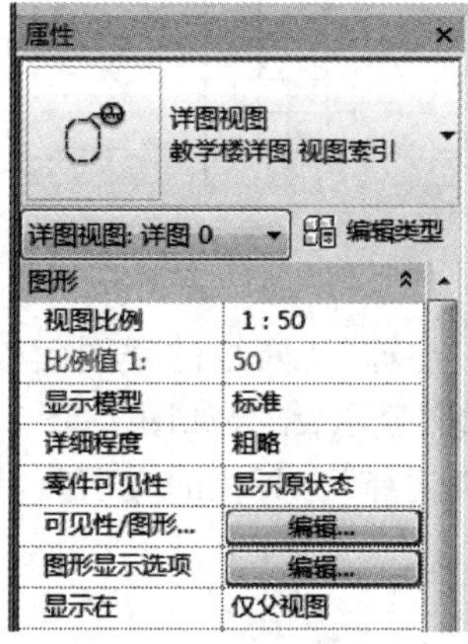

图 7.51　详图视图选项

图 7.52　详图填充图案选项

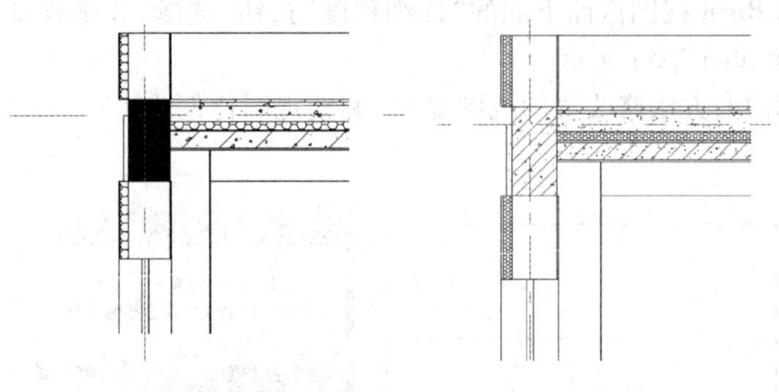

图 7.53　详图视图　　　　图 7.54　梁详图视图

(7)使用“注释”工具栏的详图面板中的“详图线”“区域”“构件”等工具完成详图的细节示图显示,结果如图 7.55 所示。

(8)使用“注释”工具栏的文字面板中的“文字”工具,输入构造做法,结果如图 7.56 所示。

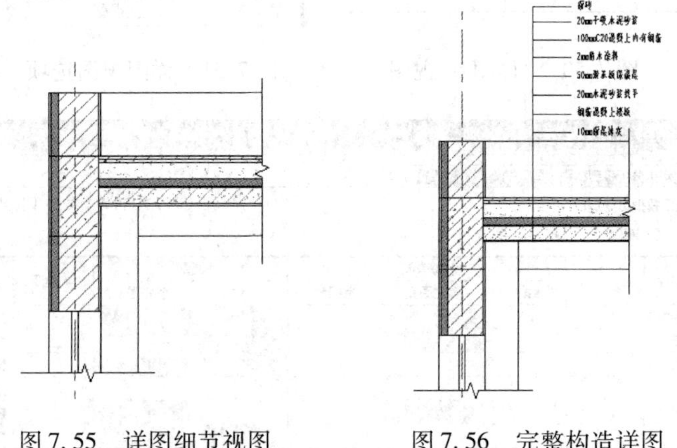

图 7.55　详图细节视图　　　　图 7.56　完整构造详图

(9)为详图视图添加尺寸标注,修改视图名称为“屋面节点大样”,结果查看系统生成的“8-2-1. rvt”文件。

7.4.3　数据统计表格生成:以门窗明细表为例

使用明细表视图统计项目中的各类图元对象,生成各种样式的明细表。Revit Architecture 可以分别统计模型图元数量、材质数量、图纸列表和注释块列表。在进行施工图设计时最常用的统计表格是门窗统计表和图纸列表,现介绍门窗明细表的生成过程。

(1)打开“教学楼-门窗表 . rvt”,新建一个门明细表视图,在“视图”工具栏的创建面板中点击“明细表”,点选“明细表/数量”,如图 7.57 所示。

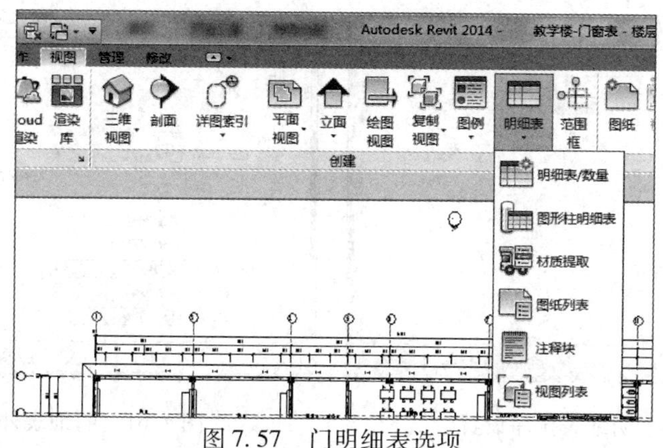

图 7.57　门明细表选项

(2)在弹出的“新建明细表”对话框中选择类别为“门”,修改名称为“教学楼门明细表”,确定为“建筑构件明细表”,如图 7.58 所示。点击“确定”按钮。

(3)弹出“明细表属性”对话框,点选“可用字段”,点击“添加”按钮,将可用的字段添加到明细表字段。依次添加“合计”“宽度”“框架类型”“类型”“注释”及“高度”,如图 7.59 所示。

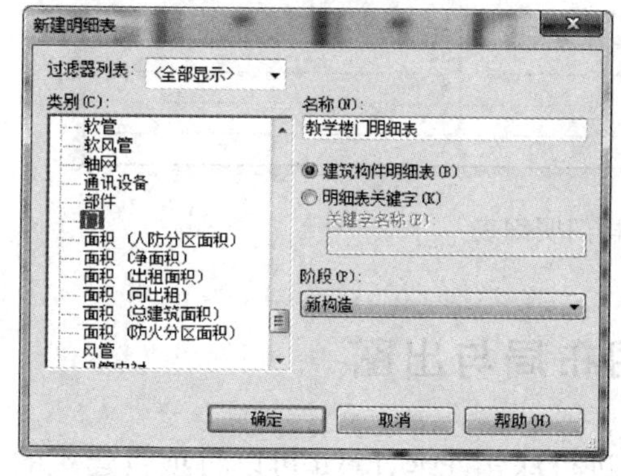

图 7.58　新建门明细表

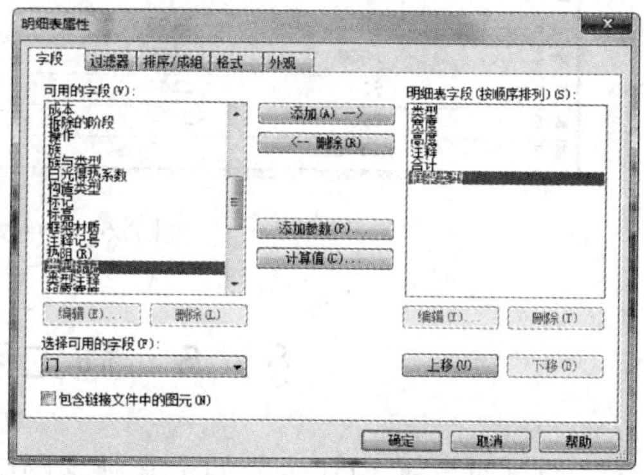

图 7.59　明细表属性选项

(4)通过“上移”和“下移”按钮调整明细表字段的顺序分别为“类型”“宽度”“高度”“注释”“合计”“框架类型”。

(5)切换到“排序/成组”选项卡,设置“排序方式”为“类型”,排序顺序为按升序排列,取消勾选“逐项列举每个实例”选项,即按照门“类型”参数在明细表中汇总显示各已选字段,如图 7.60 所示。

(6)切换到“外观”选项卡,确定勾选“网格线”线型为“细线”,“勾选轮廓”,修改线型为“中粗线”,取消勾选“数据前的空行”,确认勾选“显示标题”和“显示页眉”,如图 7.61 所示。

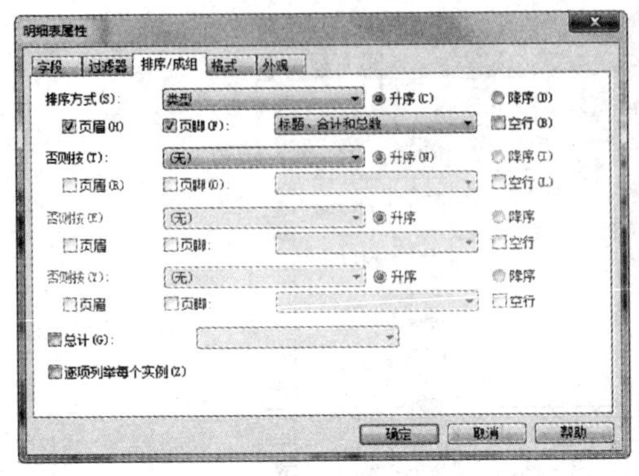

图 7.60　明细表排序设置

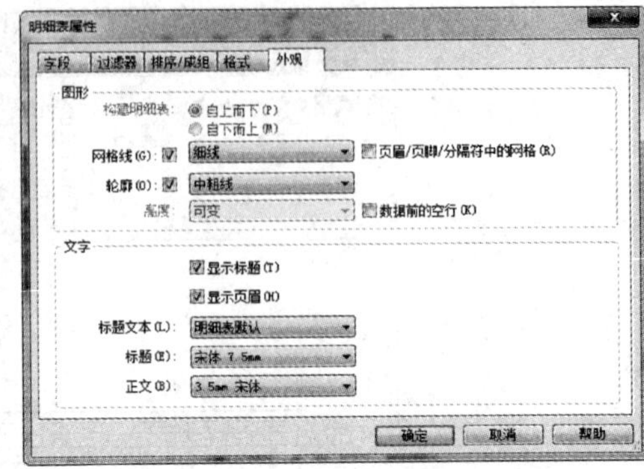

图 7.61　明细表外观设置

(7)生成的教学楼门明细表,如图 7.62 所示。

<教学楼门明细表>					
A	B	C	D	E	F
类型	宽度	高度	注释	合计	框架类型
DK-1	1000	2400		1	
M-1	1500	3080		2	
M-2	1500	2400		2	
M-3	1500	2400		18	
M-4	1000	2400		92	
M-5	900	2100		9	
M-6	800	2100		5	
M-7	1500	2100		1	

图 7.62　教学楼门明细表

§7.5　施工图布局与出图

通过对三维 BIM 生成的全套施工图纸进行深化处理,Revit 可以将项目建筑的施工图纸输出打印,或导出为 . dwg 格式文件与其他如 CAD、Ecotect 等相关软件进行数据交换。

7.5.1　创建图纸与项目信息

1. 创建图纸

点击“视图”选项卡“图纸组合”面板的“图纸”命令,弹出“新建图纸”对话框,在“新建图纸”对话框中的“选择标题栏”列表中提供了已经自定义了的图框。我们也可以通过“载入”命令来加载其他的图框族。在本案例中选择“A0 公制”,点击“确定”按钮,完成选择,如图 7.63 所示。

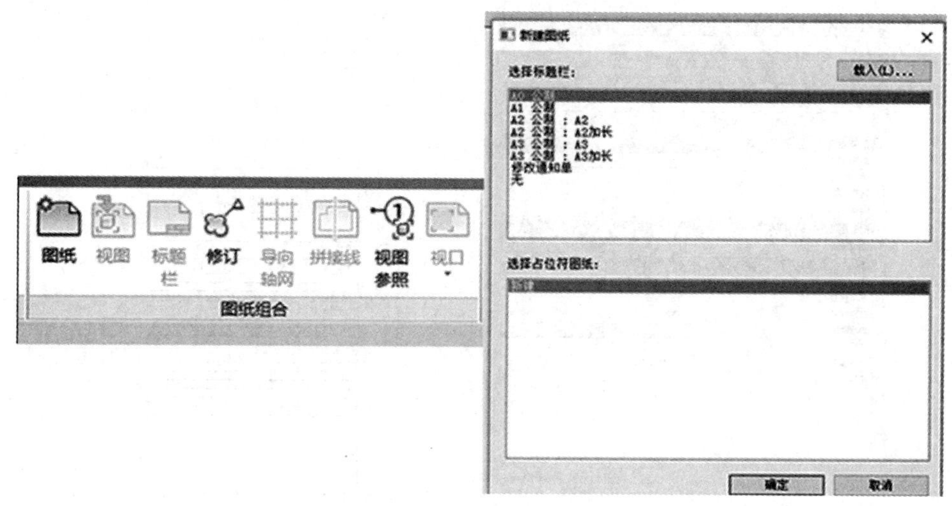

图 7.63　新建图纸选项

在绘图区域中我们可以看到已经创建好了的“A0 公制”的图纸，在项目浏览器的下拉列表中可以发现软件自动添加了一个“图纸(全部)”项，展开“图纸(全部)”项，软件自动创建了一个“J0-1-未命名”图纸，如图 7.64 所示。

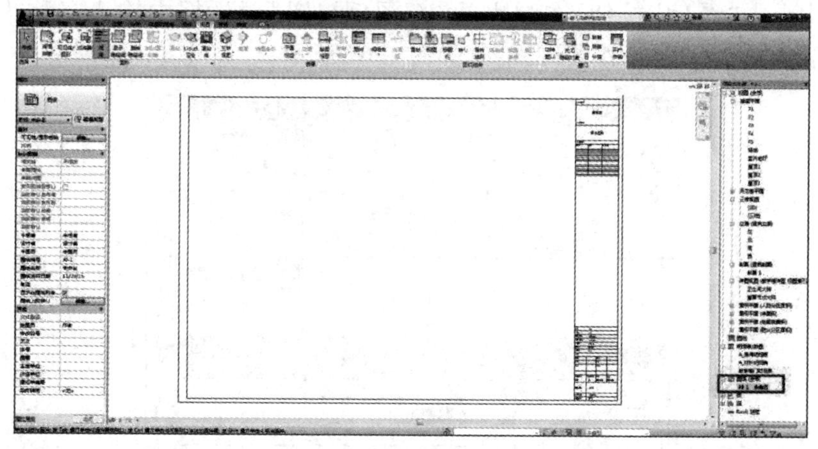

图 7.64　未命名图纸

2. 设置项目信息

在项目浏览器中展开“图纸(全部)”项，双击图纸“J0-1-未命名”，打开图纸。点击“管理”选项卡“设置”面板的“项目信息”命令，弹出“项目属性”对话框，在对话框中输入相关的项目信息，点击“确定”按钮，如图 7.65 所示。点击“确定”按钮，观察图纸标题栏部分，查看项目信息是否已自动更新，如图 7.66 所示。

此时我们已经完成了对图纸的创建与相关信息的设置，保存文件即可。

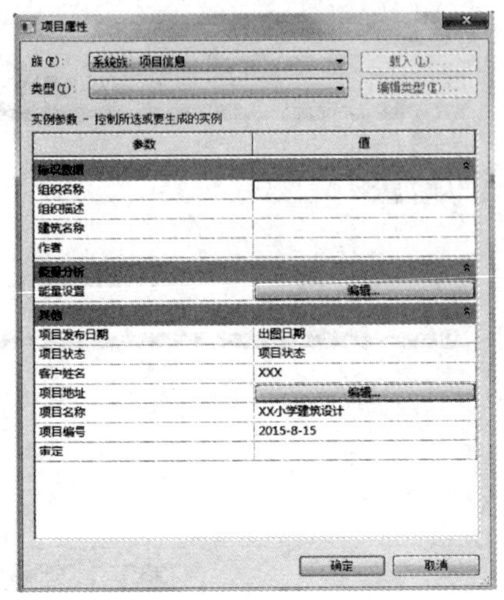

图 7.65　项目属性选项

图 7.66　项目信息自动更新

7.5.2　构造图例制作

创建图例视图，点击“视图”选项卡“创建”面板的“图例”下的三角符号，在下拉菜单中点击“图例”按钮，在弹出的“新图例视图”对话框中输入名称为“图例1”，点击“确定”按钮，新建图例视图，如图 7.67 所示。

图 7.67　新建图例选项

进入新建图例视图，点击“注释”选项卡“详图”面板的“构件”下方的“图例构件”命令，按图示内容进行选项栏设置，完成后再在视图中放置图例，如图 7.68 所示。

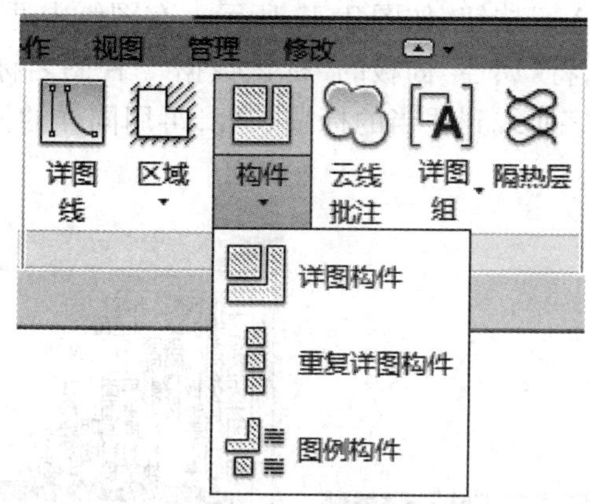

图 7.68　构件图例选项

重复以上操作,分别修改选项栏中的“族”为“墙:基本墙:白色内墙 1”“墙:基本墙:白色内墙 2”“墙:基本墙:灰色面砖墙体”在图中进行放置,如图 7.69 所示。

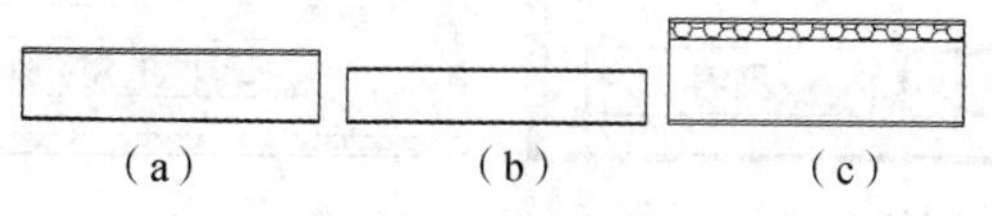

图 7.69　墙体图例设置

添加图例注释,使用文字工具,点击“注释”选项卡“文字”面板的“文字”命令,在绘图区域中分别为墙体添加注释说明,如图 7.70 所示。

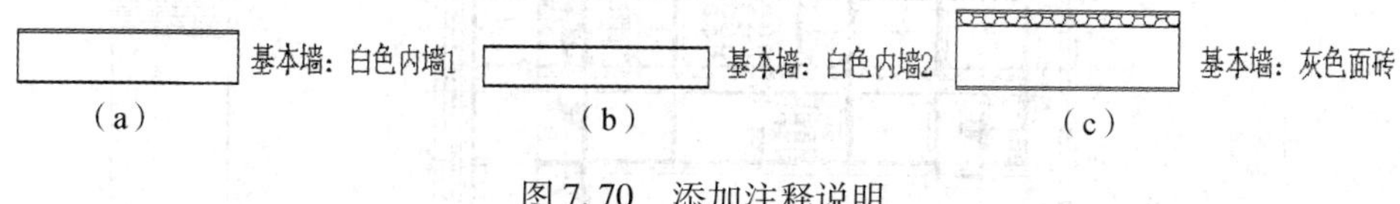

图 7.70　添加注释说明

7.5.3　图纸布局设置

创建了图纸之后,即可进行视图的布置。需要布置的视图主要包括:平面图、立面图、剖面图、三维视图、详图和渲染视图等。

1. 视图布置

在前面章节中,我们已经创建了一张“A0 公制”的图纸,在下面的操作中将布置已经创建的视图。

(1)定义图纸编号和名称:展开项目浏览器中的“图纸(全部)”列表,点击图纸“J0-1-未命名”,鼠标右键选择“重命名”,重新命名视图,如图 7.71 所示。

(2)放置视图:在项目浏览器中点击选中上一步操作中的图纸,点击鼠标右键“添加视图”命令,弹出“视图”对话框,在视图对话框中选择“楼层平面:1F”,然后点击

“在图纸中添加视图(A)”按钮,如图 7.72 所示。在图纸中适当位置放置视图,点击选择已添加的图纸,将“属性”面板的“标识数据”“视图名称”更改为“一层平面图”,同时拖拽标题文字底线到适当的标题长度,再用同样的操作完成其他视图的放置,如图 7.73 所示。

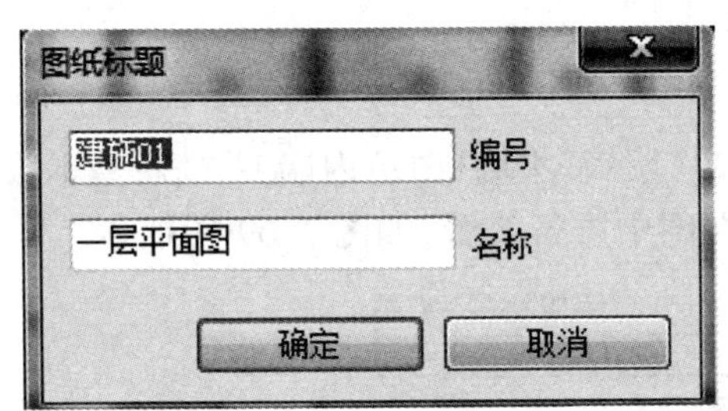

图 7.71　图纸命名

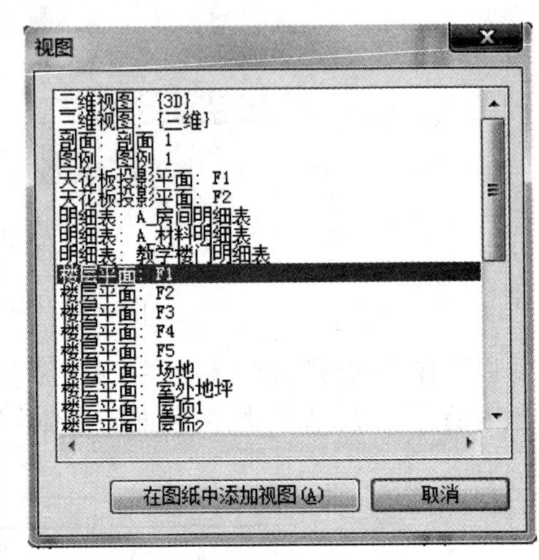

图 7.72　添加视图选项

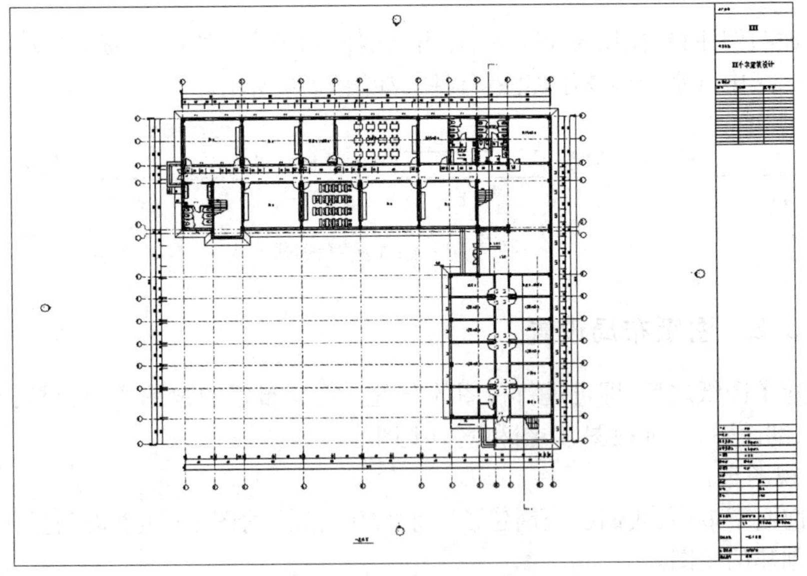

图 7.73　图纸标题设置

(3)更改图纸比例:如需要更改图中的视口比例。点击“选择视图”,然后点击鼠标右键选择“激活视图”命令或直接双击导入的视图。此时图纸标题栏灰色显示,点击绘图区域左下角的视图控制栏第一项“1 : 100”,弹出“比例列表”对话框。

可选择列表中的任意比例值,也可以点击第一项“自定义”,在弹出的“自定义比例”对话框中设置新的比例,然后点击“确定”按钮,完成设置。在完成比例的更改后,点击鼠标右键“取消激活视图”命令,完成比例的设置,保存文件。

(4)其他信息更改:点击选择绘图区域的图纸,然后在属性面板中更改“项目负责人”和“专业负责人”等相关人员信息,如图 7.74 所示。

2. 添加多个图纸和视口

(1)接上述操作,我们将使用同样的方法去添加其他的视图。

(2)同上述操作,将平面视图中的二层平面视图添加到图纸中,并调整到图纸中的适当位置,然后更改视图比例等,如图 7.75 所示。

图形	
比例	
标识数据	
图纸名称	未命名
图纸编号	J0-1
图纸发布日期	11/23/15
审图员	审图员
设计者	设计者
审核者	审核者
图纸宽度	1238.1
图纸高度	841.0
其他	
方案	方案
项目负责人	项目负责人
专业负责人	专业负责人
专业	专业
审图员	审图员
审定	审定
审核	审核
日期/时间标记	11/23/15
文件路径	
绘图员	作者

图 7.74　其他信息设置

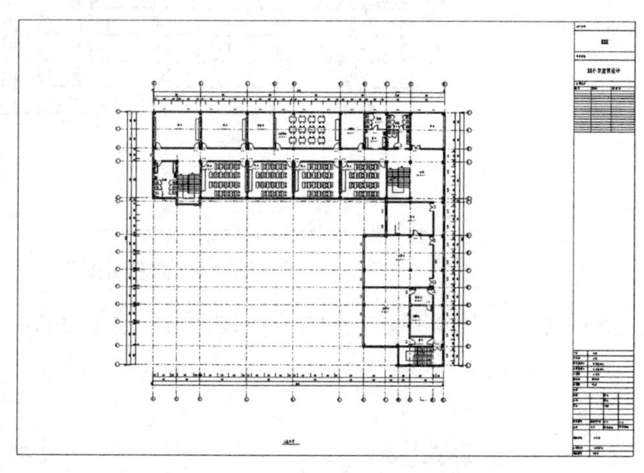

图 7.75　添加二层平面图纸

(3)同上,分别将南北立面视图放入图纸中,效果如图 7.76 所示。

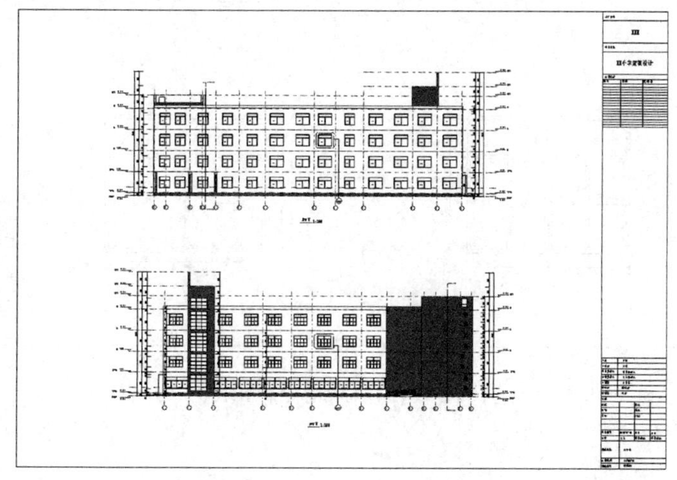

图 7.76　添加南北立面图纸

(4) 同上,分别将剖面视图放入图纸中,效果如图 7.77 所示。

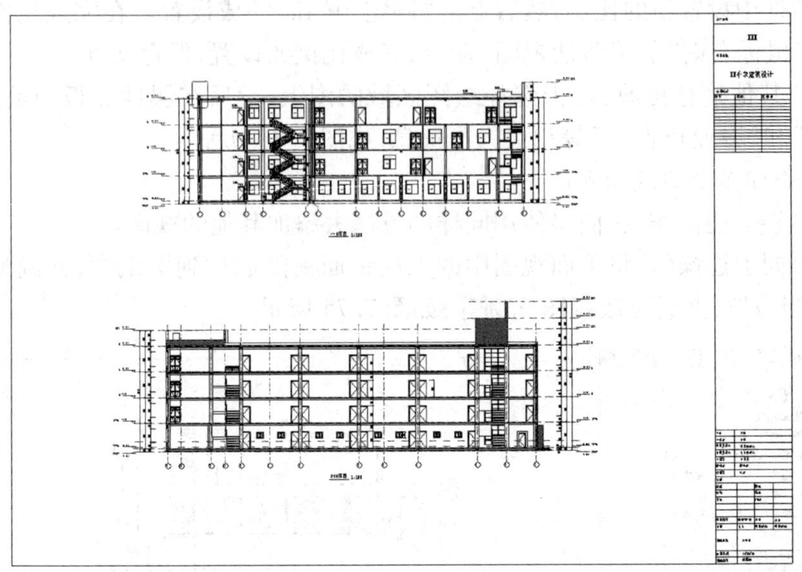

图 7.77　添加剖面图纸

(5) 同上,分别将大样视图放入图纸中,效果如图 7.78 所示。

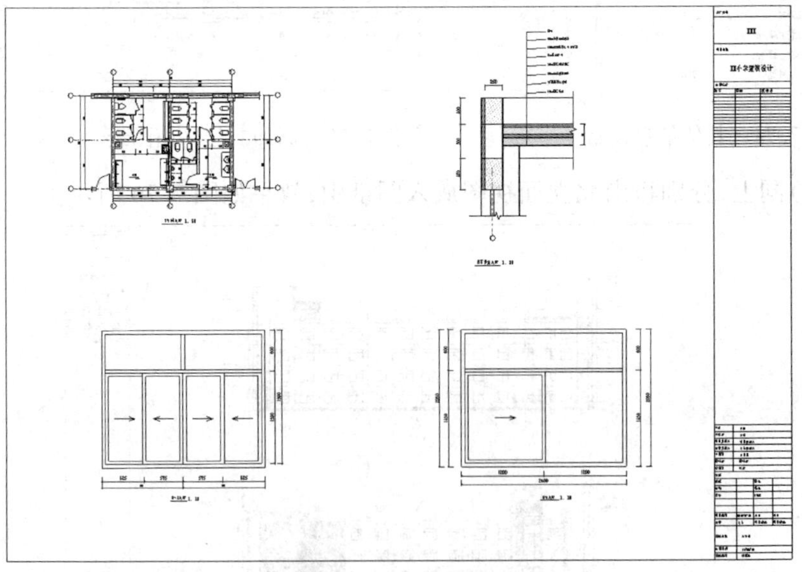

图 7.78　添加大样图纸

(6)同上,分别将三维渲染视图放入图纸中,效果如图 7.79 所示。

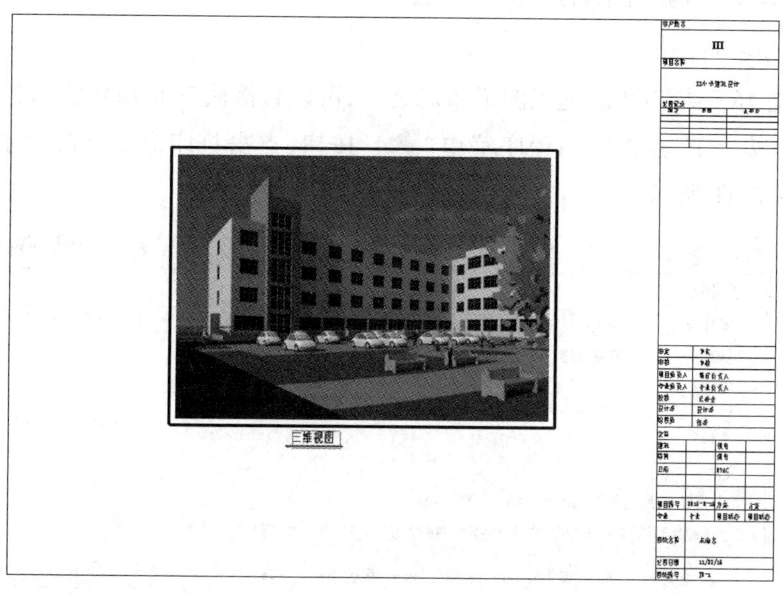

图 7.79　添加三维渲染图纸

(7)同上,分别将明细表视图放入图纸中,效果如图 7.80 所示。

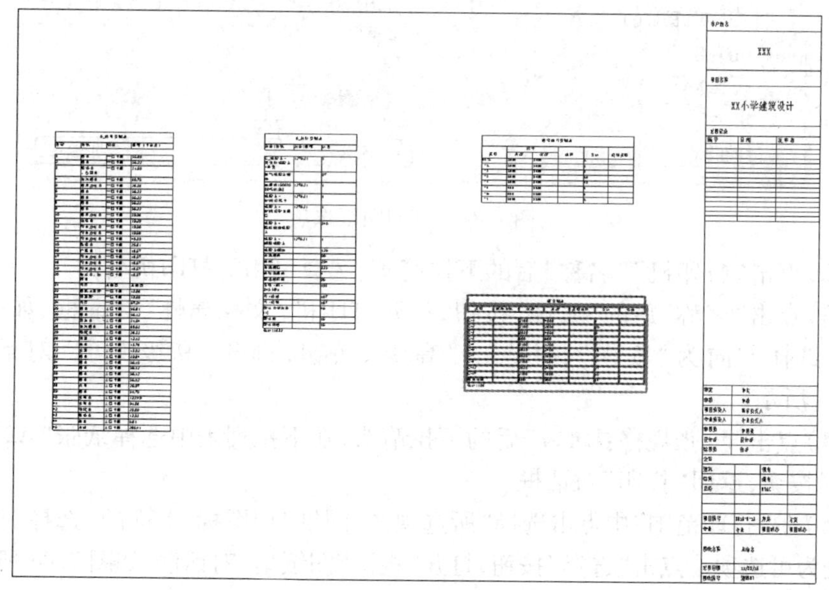

图 7.80　添加明细表图纸

7.5.4 施工图纸打印与导出

1. 图纸打印

设置好三维 BIM 的施工图纸布局之后,可以直接从三维 BIM 输出打印出图。

(1)接上节,点击应用程序菜单“ ”按钮,点击打印命令,弹出“打印”对话框,如图 7.81 所示。

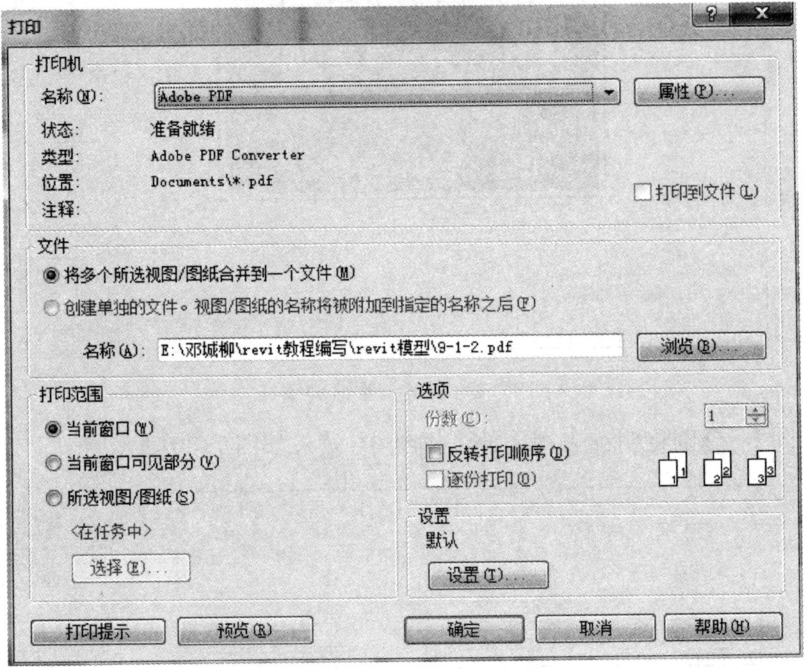

图 7.81 打印图纸选项

(2)点击“打印机”“名称”后的下拉箭头,选择可用的打印机名称。

(3)点击“名称”后的“属性”按钮,打开打印机“文档属性”对话框,如图 7.82 所示。选择方向为“横向”,并点击“高级”按钮,打开“高级选项”对话框,如图 7.83 所示。

(4)点击“纸张规格:Letter”后的下拉箭头,在下拉列表中选择纸张“A2”,点击“确定”按钮,返回“打印”对话框。

(5)在“打印范围”中点击选择“所选视图/图纸”项图标,下面的“选择”按钮,由灰色变为可选项。点击“选择”按钮,打开“视图/图纸集”对话框,如图 7.84 所示。

(6)勾选所需打印的图纸,点击“确定”按钮,如图 7.85 所示。

(7)点击“确定”按钮,开始打印图纸。

(8)如图 7.86 所示为 PDF 打印以后的图纸。

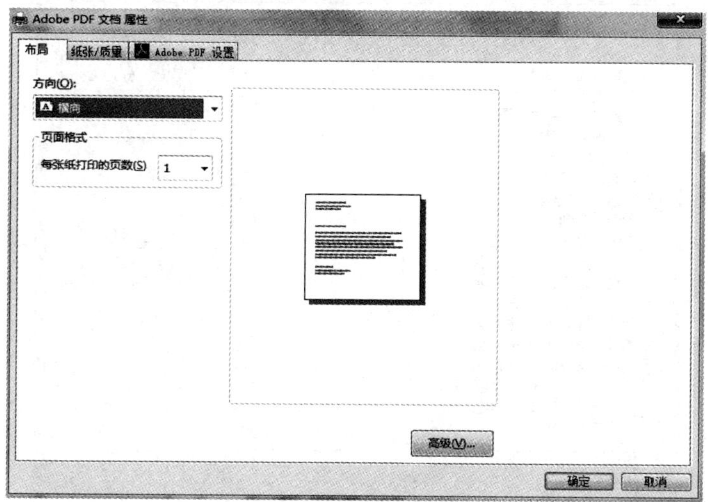

图 7.82　文档属性选项

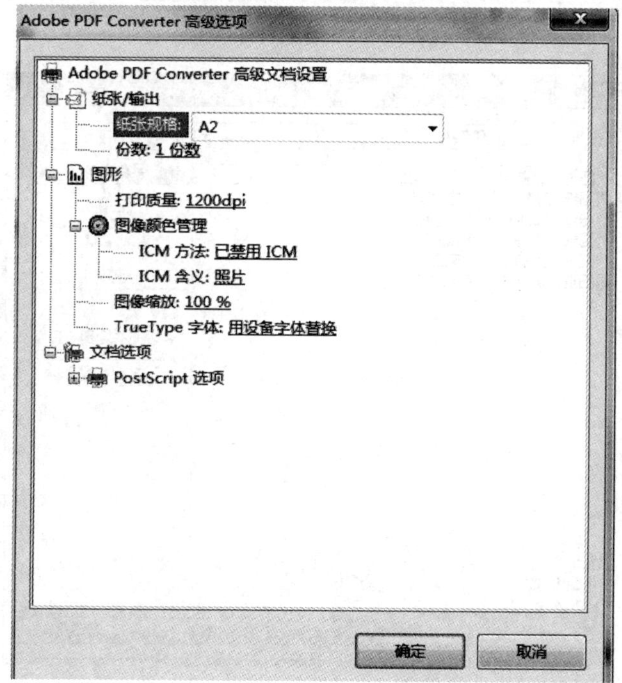

图 7.83　文档属性高级选项

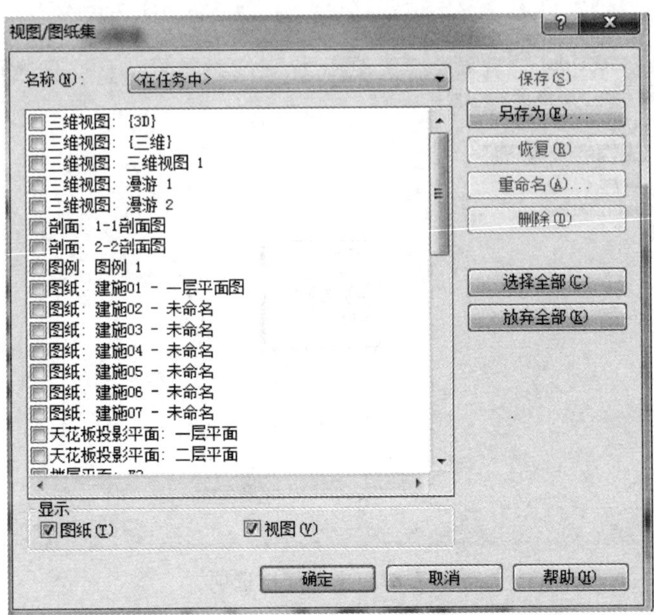

图 7.84　图纸集打印选项

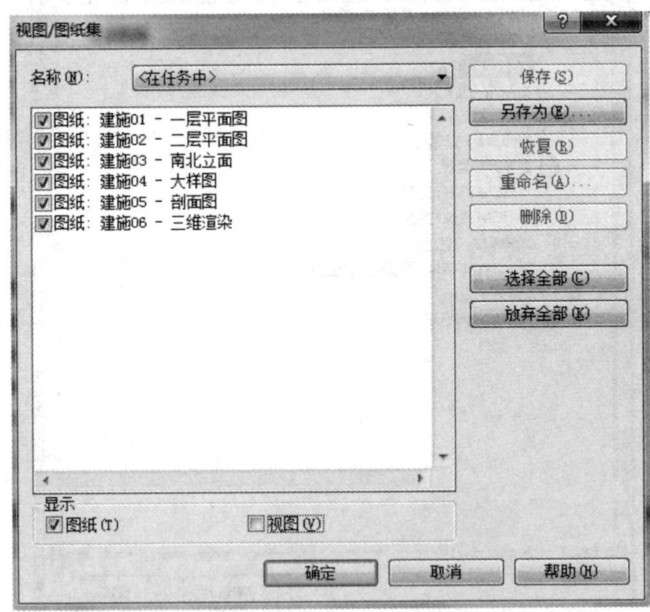

图 7.85　打印图纸勾选

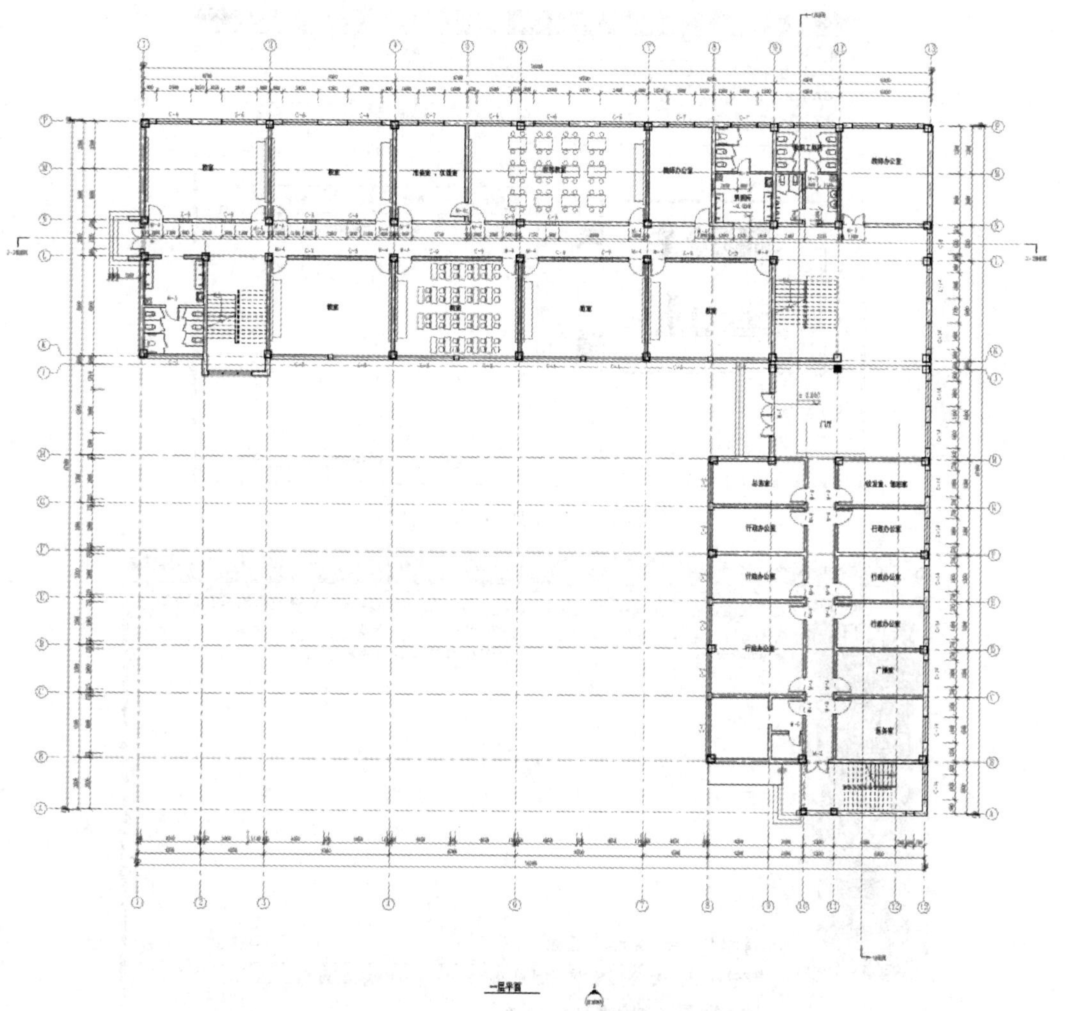

图 7.86　打印输出 PDF 图纸

2. 导出 DWG 格式文件

三维 BIM 的所有立面、平面和剖面都可以直接导出为 DWG 格式，而且导出后的图层、线型、颜色等可以根据需要在 Revit 工具中自行设置。

（1）双击项目浏览器下的“图纸（全部）”下的“建施-05-剖面图”，然后点击应用程序菜单“”下的导出“CAD 格式”下的“DWG”格式，弹出“DWG”对话框，如图 7.87 所示。

（2）点击“下一步”按钮，弹出“导出 CAD 格式-保存到目标文件夹”对话框，选择保存到的目标文件夹，设置导出的 CAD 格式版本，然后点击“确定”按钮，完成导出成果文件，如图 7.88 所示。

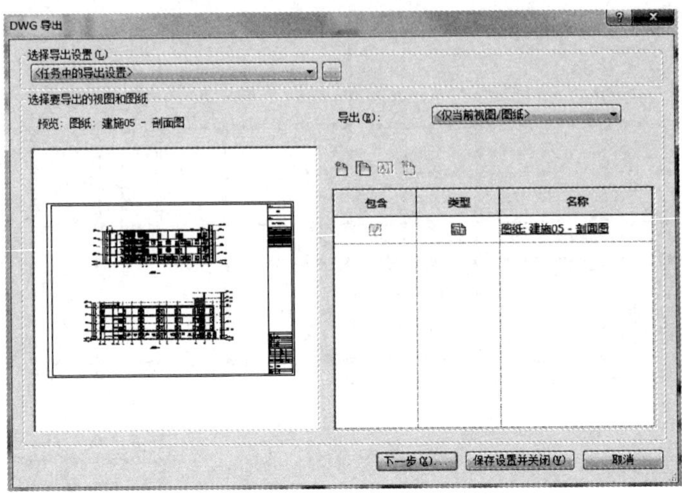

图 7.87　导出 DWG 格式选项

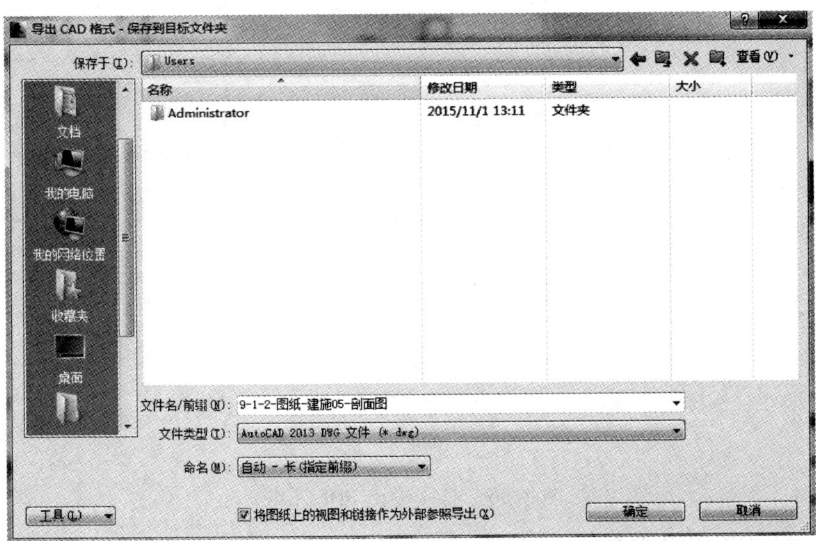

图 7.88　保存输出文件路径

第8章　基于BIM的多阶段表达与协同工作实践

Revit软件的设计选项工具使设计师可以使用同一个BIM进行多方案的比对从而方便方案的推敲、汇报演示和优选。设计选项中“阶段”概念的引入，则是把时间的概念引入BIM创建过程中。通过阶段的划分，使用户能实现四维施工模拟及分阶段统计工程量。“工作集”的应用，则为跨专业设计人员协同工作提供了一个集中统一的模型文件和工作环境，也就是说项目的各工种之间可以通过局域网的连接，同时在同一个模型即中心文件上进行设计工作，项目进度可以得到及时的更新，从而减少了各工种之间多次交流合作的时间，加快了设计的进度，节省了项目设计时间与设计成本。

§8.1　针对不同设计深度的设计选项创建

在处理建筑模型过程中，随着项目的不断推进，一般设计人员都希望探索多个设计方案。这些方案既可能仅仅是概念性设计方案，也可能是详细的工程设计方案。使用设计选项，可以在一个项目文件中创建多个设计方案，如图8.1所示。因为所有涉及选项与主模型(主模型由没有专门指定给某个设计选项的图元组成)同时存在于项目之中，所以可研究和修改各个设计选项，并向甲方展示这些设计选项，供其择优选取。

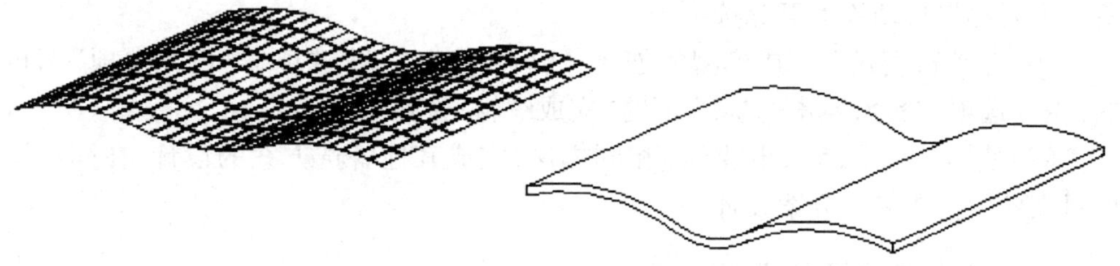

图8.1　同一项目文件中创建多个设计方案

8.1.1　创建设计选项

(1)打开要创建设计选项的主模型，点击“管理”选项卡“设计选项”面板的“设计选项”命令，弹出“设计选项”对话框，如图8.2所示。

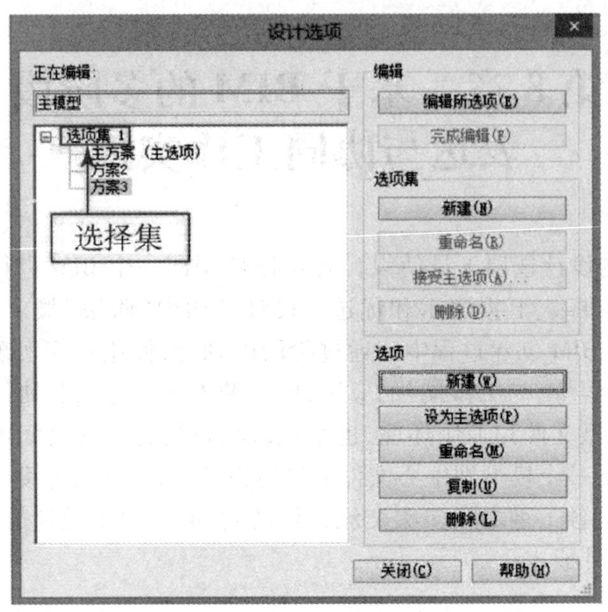

图8.2　设计选项设置

(2)点击“选项集”下的“新建”按钮,新建“选项集1”,点击新建的选项集,然后点击“选项”下的“重命名”按钮,输入名称。

(3)新建“选项集1”的同时,会自动生成一个选项“选项1(主选项)”(如图8.2中的主方案(主选项)),同步骤(2)“重命名”选项。

(4)点击“选项”下的“新建”按钮,并命名,新建的选项将作为备选方案。

(5)点击选中“主选项”,点击“编辑”下的“编辑所选项”按钮,然后点击“关闭”按钮。这时可以开始在项目中绘制本设计选项下的各项设计内容,此后新建的所有图元都将自动添加至此选项中。

(6)在编辑模式下完成模型的创建,然后点击“管理”选项卡“设计选项”面板的“设计选项”命令,点击“选项”下的“完成编辑”按钮。

(7)使用与步骤(5)、步骤(6)相同方法,完成其他备选方案的设计,在同一个项目文件中生成多个方案设计。

8.1.2　编辑设计选项

在主模型状态下,设计选项中的图元是不能选择和编辑的,要编辑设计选项内的图元,可以使用以下方法。

1. 方法一

(1)点击“管理”选项卡“设计选项”面板的“拾取以进行编辑”命令,如图8.3所示,然后选择需要编辑的选项,即可进入编辑状态,或直接在绘图区域选择需要修改编辑的图元,进入编辑状态。

(2)在完成编辑后,点击“管理”选项卡“设计选项”面板的“设计选项”命令,弹出“设计选项”对话框,此时可以看到正处于编辑状态下的设计选项名称处于加粗显示状态。如图 8.4 所示,点击“完成编辑”即可完成编辑。

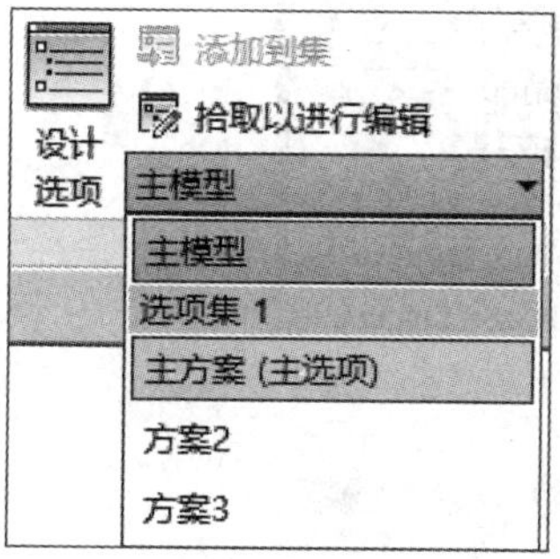

图 8.3　进入编辑状态

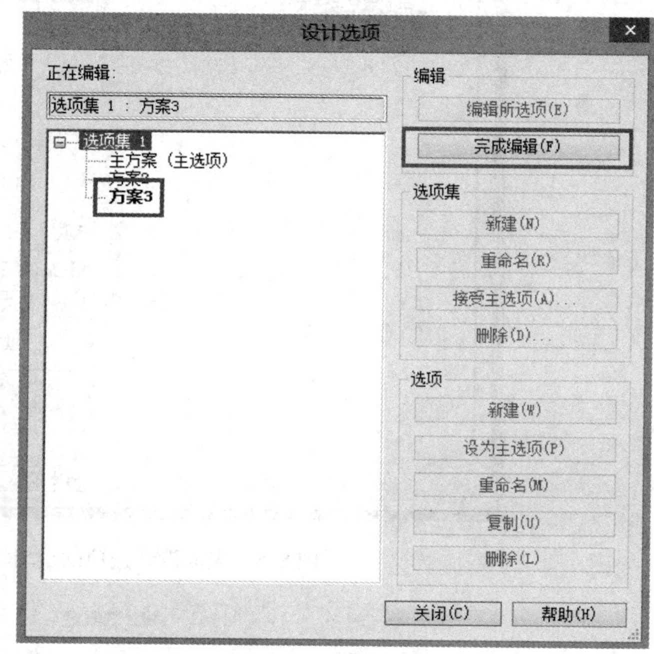

图 8.4　处于编辑状态下的设计选项

2. 方法二

(1)打开“设计选项”对话框,点击选择需要修改的设计选项,然后点击右侧的“编辑”下的“编辑所选项”,然后点击“关闭”以关闭对话框,进入绘图区,编辑所需修改的图元。

(2)在完成设计选项的编辑后,打开“设计选项”对话框,点击“完成编辑”以完成设计选项的编辑,如图 8.5 所示。

3. 优选设计方案

在经过了一系列的关于方案的对比后,需要优选设计方案,此时就需要确定最终的设计方案,此时需要做的是接受主选项。

(1) 在“设计选项”对话框中,点击选择的设计选项,然后点击“选项”下的“设为主选项”按钮,将最终确定的方案所处的选项设置为主选项。

(2) 点击“选项集”下的“接受主选项”,在弹出的对话框中,点击“是”,删除其他备选方案,如图 8.6 所示。

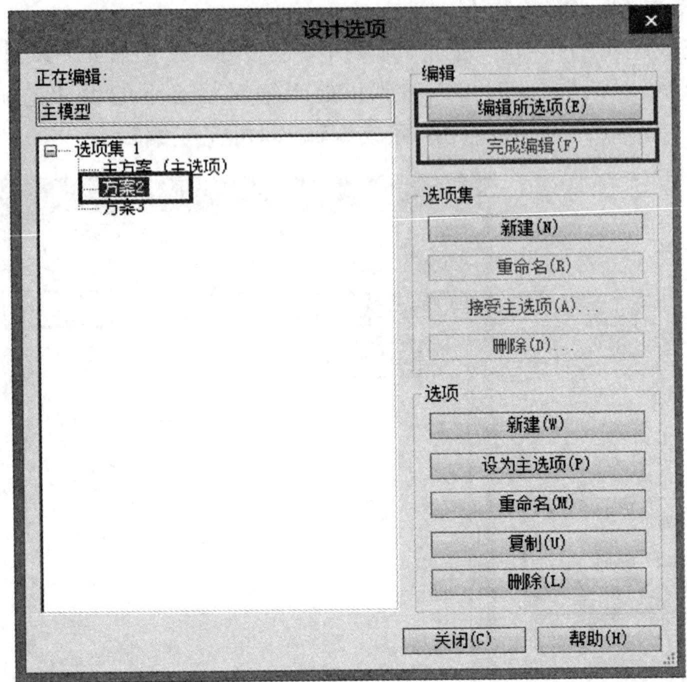

图 8.5　完成设计选项的编辑

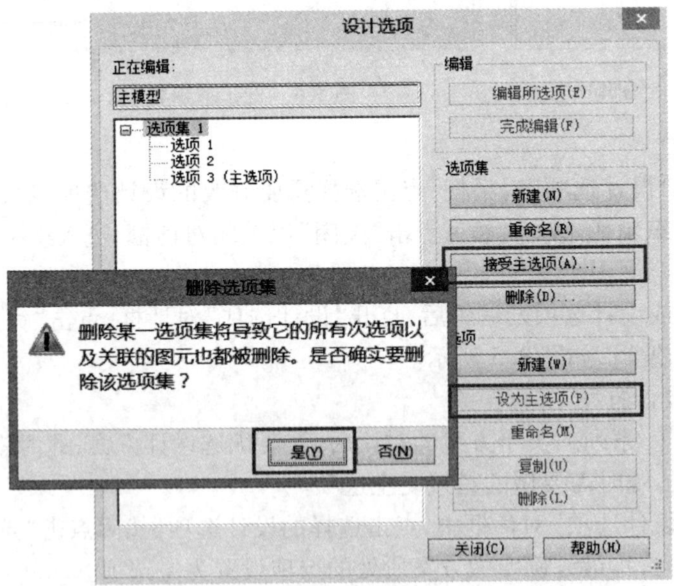

图 8.6　删除其他备选方案

§8.2　BIM 多阶段表达的设置

一个项目的设计与施工完成有多个过程，而 Revit 中阶段的设计也与这个过程相对应。Revit 软件工具中提供了视图和建模设计构建的阶段表示，当开始新项目设计时，在 Revit 系统默认的设计情况下软件会自动定义为“现有”和“新构造”两个阶段。每一个模型构件都有两个阶段属性，即创建的阶段和拆除的阶段。通过确定对象创建的阶段和可能拆除的阶段，可以定义项目如何出现在不同的工程阶段当中。

8.2.1　创建阶段

（1）点击“管理”选项卡“阶段化”面板的“阶段”命令，弹出“阶段化”选项卡，如图 8.7 所示。

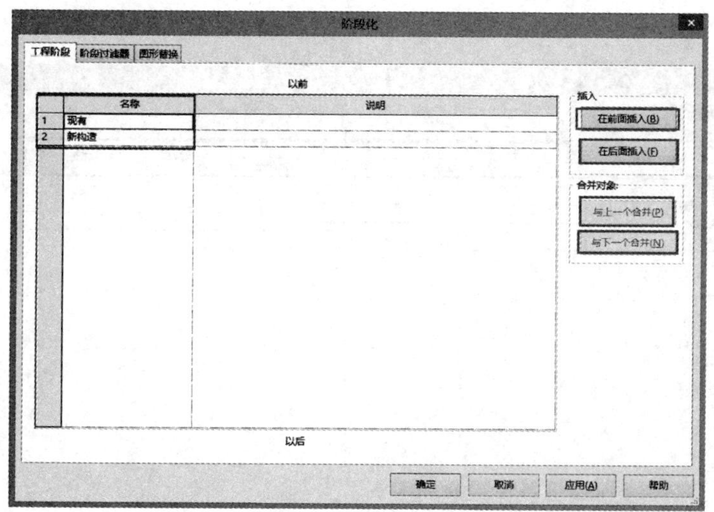

图 8.7　阶段化选项

（2）选择“阶段化”对话框中的“工程阶段”选项卡，可以新建（在前面或后面插入）、合并（与上一个或下一个合并）阶段，点击阶段的名称可以重命名阶段。

（3）选择“阶段过滤器”选项卡，分别设置“新建”“现有”“已拆除”“临时”各阶段的显示情况，如图 8.8 所示。

（4）选择“图形替换”选项卡，分别定义设置“现有”“已拆除”“新建”和“临时”选项，如图 8.9 所示。

（5）在完成上面的多个设置后，点击“确定”按钮，然后在属性面板中设置“阶段化”，如图 8.10 所示。

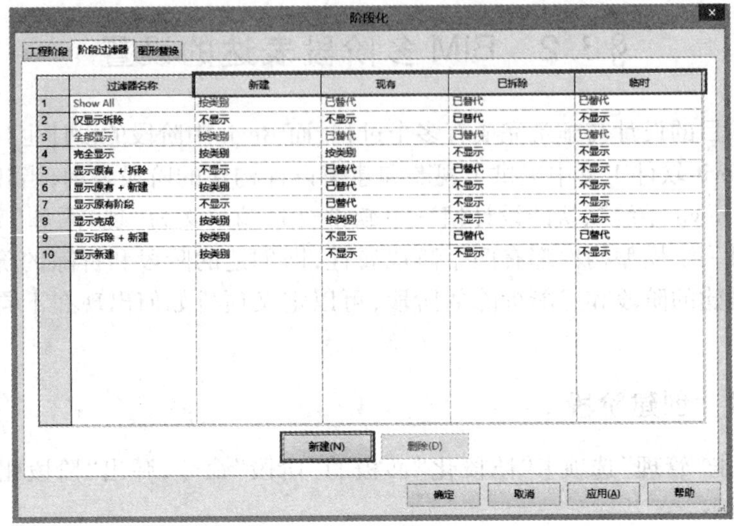

	过滤器名称	新建	现有	已拆除	临时
1	Show All	按类别	已替代	已替代	已替代
2	仅显示拆除	不显示	不显示	已替代	不显示
3	全部显示	按类别	已替代	已替代	已替代
4	完全显示	按类别	按类别	不显示	不显示
5	显示原有 + 拆除	不显示	已替代	已替代	不显示
6	显示原有 + 新建	按类别	已替代	不显示	不显示
7	显示原有阶段	不显示	已替代	不显示	不显示
8	显示完成	按类别	按类别	不显示	不显示
9	显示拆除 + 新建	按类别	不显示	已替代	已替代
10	显示新建	按类别	不显示	不显示	不显示

图 8.8　阶段过滤器选项

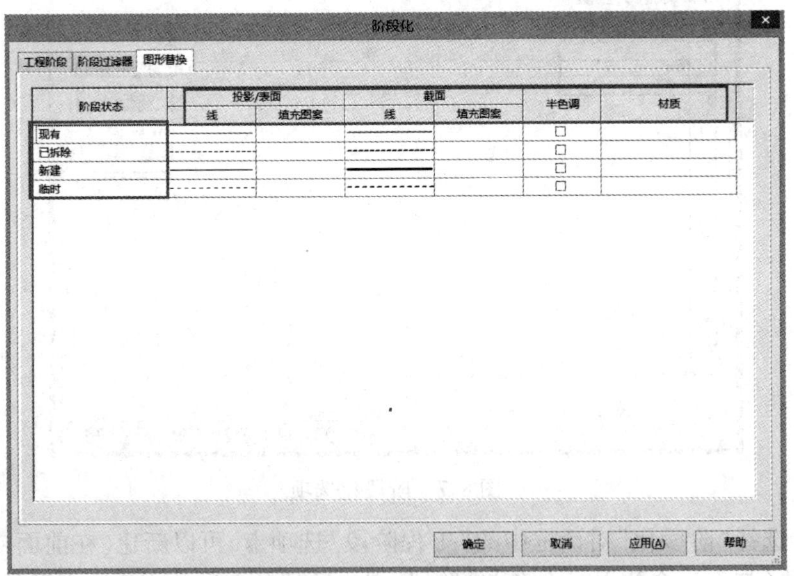

图 8.9　图形替换选项

阶段化	
阶段过滤器	全部显示
相位	新构造

图 8.10　设置阶段化选项

8.2.2　阶段拆除

当拆除一个构件后，其外观将会根据阶段过滤器中的设置改变。例如，如果在视图中应用了“显示拆除和新建”过滤器，则视图中已拆除的构件将会以蓝色虚线显示。当使用拆除锤点击此视图中的一个构件后，此构件将会以蓝色虚线显示。如果在阶段过滤器中关闭了拆除构件的显示，则当点击构件的时候，它们都将会消失。

(1)点击“管理”选项卡“阶段化”面板的“拆除”命令，拆除工具将被激活。

(2)点击视图中需要被拆除的图元，完成后按“Esc”键，退出编辑器。

§8.3　基于 BIM 的多专业协同工作原理

在 Revit 中，软件提供了使用工作共享或使用外部链接模型来实现团队的协同工作，提高设计效率。在工作共享中需要使用中心文件和局域网，通过局域网不同工种之间的跨专业设计人员可以实现对中心文件的远程访问和协同更新。在使用外部链接模型时，会将项目图元或系统分为可链接在一起的、单独管理的模型。如果项目包含不同建筑，或者是设计者与其他团队成员配合工作，可使用链接模型实现对模型的深度优化设计。

8.3.1　工作集的使用

工作集的使用一般是在使用工作项目共享时使用，此处简单介绍工作共享项目的一般流程：

(1)选择需要共享的项目。

(2)启动工作项目共享。启动工作共享时，Revit 将为项目创建一个项目的中心文件。在创建中心文件后，我们建议读者在中心文件的本地副本文件中进行新的编辑，然后使用工作集同步到中心文件，以完成对项目文件的编辑。

(3)设置工作集。工作集是图元的集合。启用工作共享时，将创建几个默认的工作集。

(4)开始工作共享。团队成员将在本地局域网上创建中心文件的副本文件，然后开始使用工作共享。

8.3.2　设置工作集

工作集是图元的集合，设置工作集后，只有一个小组成员可以编辑每个工作集。所有小组成员都可查看其他小组成员的工作集，但不同的是他们没有编辑修改的权限。可以在“工作集”对话框中修改如下信息：(01)活动工作集表示要向其中添加新图元的工作集；(02)以灰色显示非活动工作集图形；(03)名称；(04)可编辑；(05)所有者；(06)借用者；(07)已打开；(08)显示。

(1)打开将被设置为中心文件的项目文件(.rvt)。

(2)点击“协作”选项卡“工作集”面板的“工作集”命令，弹出“工作共享”对话框，如图 8.11 所示，并点击“确定”按钮以完成新建。

(3)弹出“工作集”对话框，并进行相关设置后，点击“确定”按钮，如图 8.12 所示。

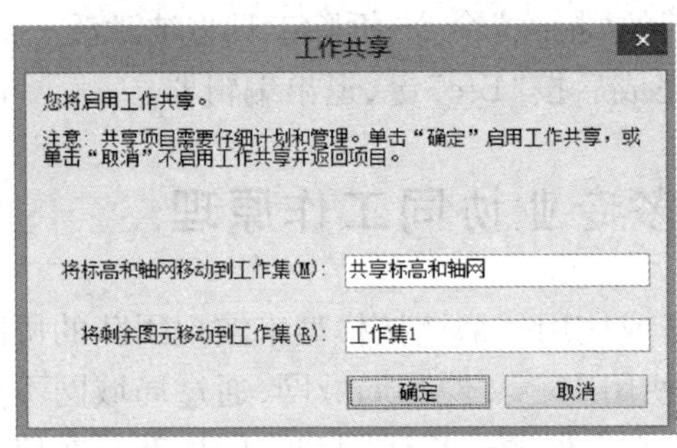

图 8.11　工作共享选项

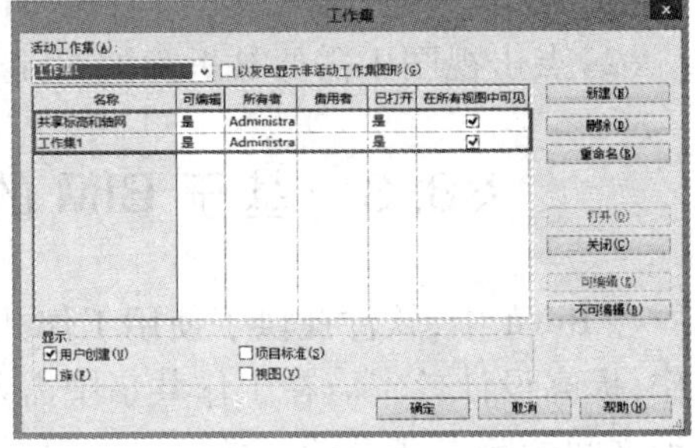

图 8.12　工作集设置

(4)点击“ ”，选择“另存为”“项目”，在“另存为”对话框中，点击“选项”按钮，勾选“保存后将此作为中心模型”。然后再“打开默认工作集”中设置“工作集”属性，此处设置为“可编辑”，如图 8.13 所示。

(5)点击“确定”按钮，完成设置，然后点击“保存”，完成中心文件的创建。

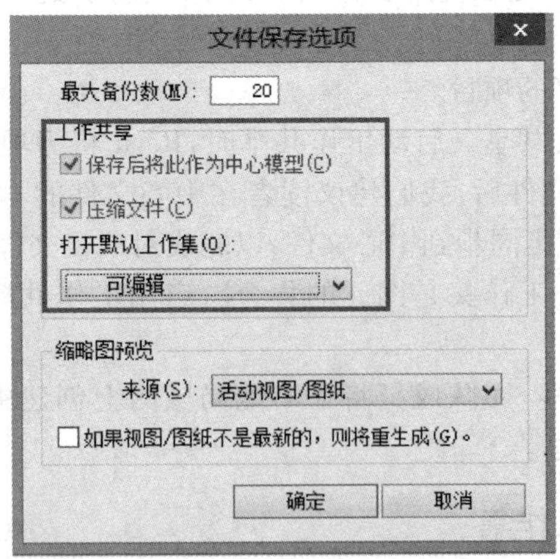

图 8.13　文件保存选项

8.3.3　使用工作共享

所谓工作共享,顾名思义就是同一个设计团队的成员可以共享同一个工作模型,各个工种之间的可以通过一个中心文件,实现实时的模型共享,从而实现整个流程上对时间和工序上的节省。进行工作共享的基本流程一般为:

(1)创建中心文件的本地副本。建议工作时每天创建一个中心文件的副本文件。创建中心文件的本地副本之后,该副本就是我们平时经常使用的文件。

(2)打开并编辑中心文件的本地副本文件,通过借用图元或使用工作集可进行编辑。

(3)将修改后的文件同步到中心文件,或者是从中心文件获取最新的修改。

(4)非现场或脱机工作。不需要连接到网络也可进行修改,这对于非现场工作和远程访问中心文件的小组成员是非常有用的。

8.3.4　模型共享的链接

1. 使用 Revit 链接模型的方法

可在 Revit 项目中链接不同的文件格式,基本包括如下的格式文件:. RVT、. DWG、. DXF、. DGN、. SAT、. SKP 和 . DWF。

在进行 Revit 模型的链接时,其常用的步骤为:

(1)点击"插入"选项卡"链接"面板"链接 Revit"命令,或者展开"项目浏览器"。点击选中"Revit 链接",点击鼠标右键,选择"新建链接"。插入链接如图 8. 14 所示,项目浏览器链接如图 8. 15 所示。

图 8. 14

图 8. 15　插入模型链接选项

(2)在"导入/链接 RVT"对话框中,选择需要链接到项目中的目标文件,并设置"定位",点击"打开",实现对已完成模型的链接,如图 8. 16 所示。

2. 链接模型适用的项目

(1)场地或校园上的独立建筑。

(2)由不同设计小组设计或对不同图纸集设计的建筑的若干部分。

(3)不同规程(如建筑专业模型和结构专业模型及 MEP 专业模型)之间的协作。

(4)城市住宅设计(当城市住宅之间的几何相互作用相对较小时)。

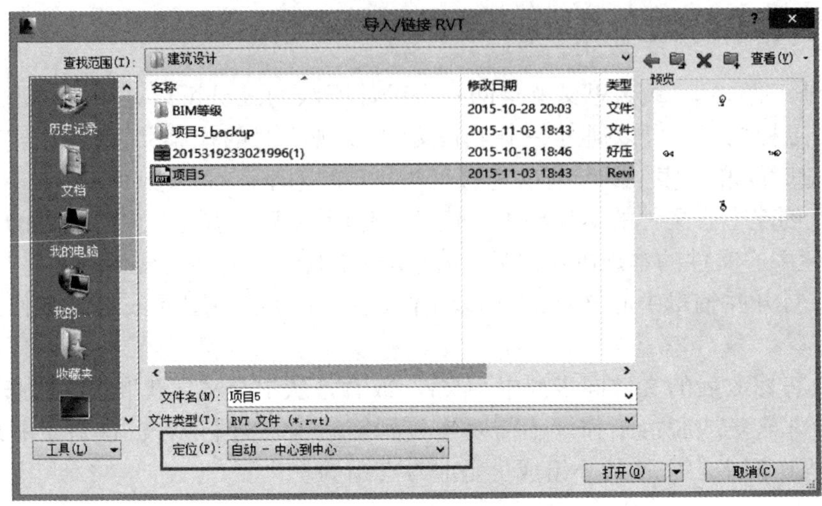

图 8.16　链接已完成模型

(5)在项目设计早期阶段的建筑重复楼层,其中增强的 Revit 模型性能(如快速修改模型)比完全的几何相互作用或完整的细节更重要。

3. 链接模型的要点

(1)在项目设计的后期阶段,通常不使用链接来进行模型的组合深化。

(2)在进行模型链接时,需要注意主体项目的项目标准与链接模型的项目标准保持一致。

(3)在进行模型链接时,主要删除两个模型在平面、立面、剖面视图中相同的标注。

8.3.5　模型文件的导入与导出

目前 Revit Architecture 支持多种文件格式的导入与导出,本节我们将主要讲解 Revit 导出文件到 3dmax(.FBX)、CAD(.DWG、.DXF)和 Ecotect(.DXF、.XML)。也支持.RVT、.DWG、.DXF、.DGN、.SAT、.SKP、.DWF 格式的导入。

1. 模型文件导入方法

在 Revit 软件工具中,提供了 Suite 工作流来将 Revit 模型直接导入 3dmax。导入方法有两种,分别为:

(1)将 Revit 视图调整为三维视图,点击"R",点击"Suite 工作流",然后选择"3ds Max Design 室外渲染",即可将 Revit 模型导入 3dmax 中,如图 8.17 所示。

(2)点击"R",选择"导出",然后点击"FBX",弹出"导出 3ds Max(FBX)"的对话框,如图 8.18 所示,设置导出到的目标文件夹,点击"确定"以完成导出。然后打开 3ds Max 软件,直接导入刚才导出的 FBX 文件。

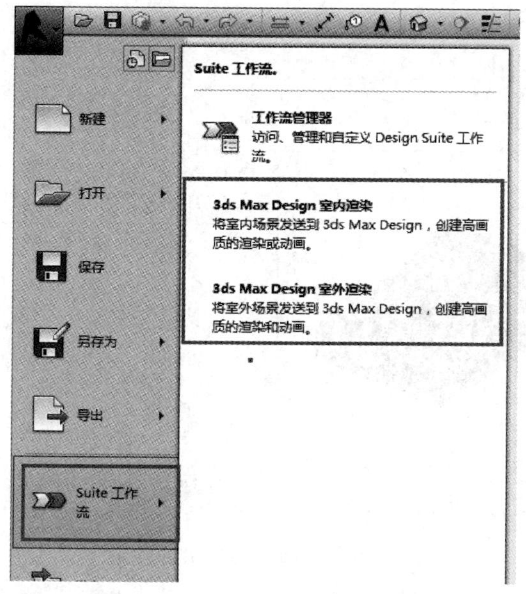

图 8.17　Revit 模型导入 3Dmax

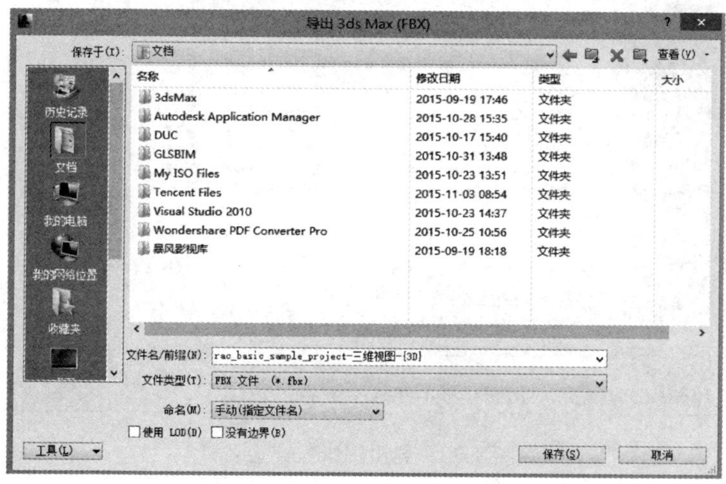

图 8.18　导出模型选项

2. 导出 CAD 文件

点击“”，再点击“导出”，选择导出 CAD 格式，选择 . DWG 或 . DXF 格式，弹出“DWG 导出”对话框，选择需要导出的图纸，然后点击“下一步”，如图 8.19 所示。选择需要保存到的目标文件夹，并设置导出的 CAD 版本高低，然后点击“确定”以完成导出，如图 8.20 所示。

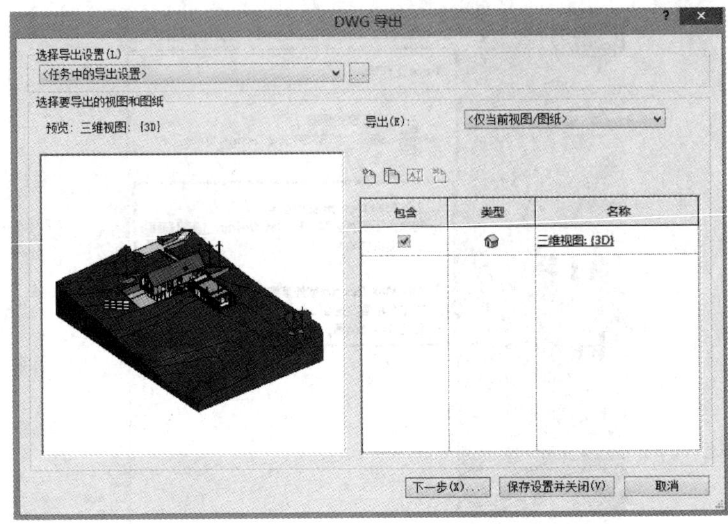

图 8. 19　选择需要导出的图纸

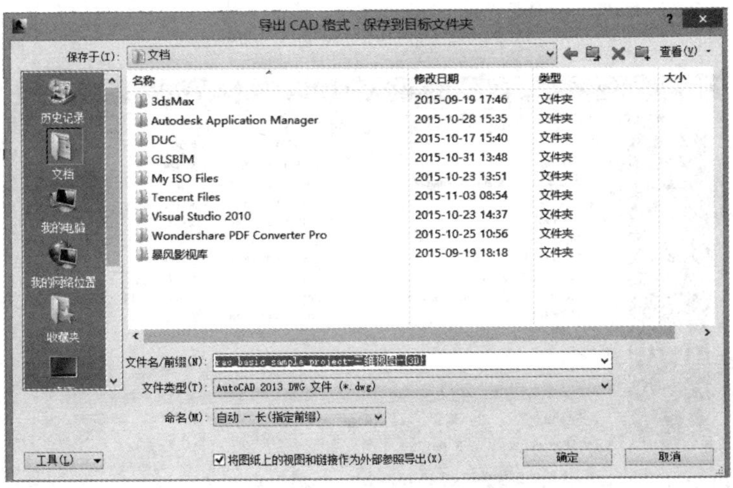

图 8. 20　导出图纸保存设置

3. 导入 Ecotect 软件

用于导入 Ecotect 软件中的导出文件可以有两种不同的格式，分别为：

(1)基本步骤同前面所述导出 . DWG 格式相同，只是将 . DWG 格式更改为 . DXF格式即可，此处不再赘述。

(2)点击“ ”，选择“导出”，选择 gbXML，然后弹出“未计算房间体积对话框”，点击“是”，转到“导出 gbXML - 设置”对话框，如图 8. 21 所示。选择“常规”选项卡，设置“建筑类型”“位置”和“地平面”等相关设置，点击“下一步”，选择模型导出的目标文件夹,点击“完成”按钮,完成 gbXML 格式的导出。

(3)打开 Ecotect 文件,在导入的文件格式中选择 . XML 格式,选择导出的模型,即可将 Revit 模型导入 Ecotect 软件系统中,具体导入方法此处不再详述。

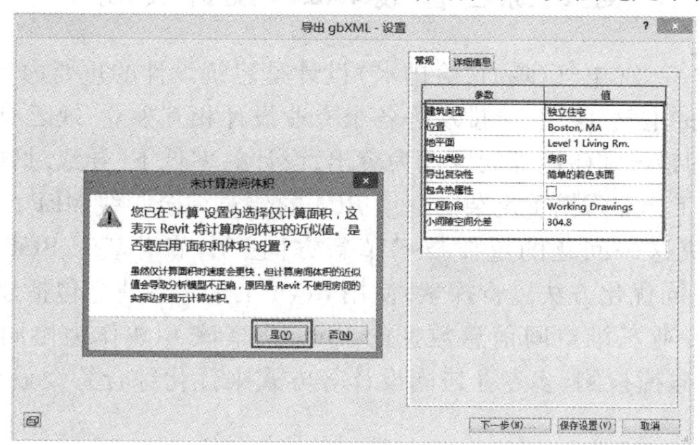

图 8. 21　导出设置选项

(4)外部文件的导入,点击“插入”选项卡“导入”面板的“导入 CAD”命令,弹出“导入 CAD 格式”对话框,选择需要导入文件的类型,然后选择目标文件夹,分别设置“颜色”“图层/标高”“导入单位”等相关设置,如图 8. 22 所示,点击“打开”以导入项目中。

图 8. 22　外部导入文件选项

§8.4 基于 BIM 的协同工作优化建筑综合管线 MEP 设计实践

建筑 MEP 专业(电气、暖通、给排水)设计是建筑设计的重要内容,由于传统二维设计阶段的电气、暖通、给排水等各个专业设计相互独立,缺乏有效的协调与互动,设计中的错误和碰撞等问题较为突出,设计效率低下,导致对管线施工图的二次优化设计工作非常繁重复杂。基于 BIM 的建筑综合管线 MEP 多专业协同优化设计,是解决这一问题的重要技术革新方向。本节对基于 BIM 共享的建筑 MEP 多专业协同优化方法进行探索,使用 Revit 工具平台建立包括建筑、结构、设备、管线等多专业三维空间信息数据的 BIM,共享该 BIM 作为协同工作中心平台,通过 MEP 碰撞检测、多专业协同设计等方式来优化综合管线设计,提高设计工作效率。

本节我们选用综合管网较复杂的中南地区某三甲医院门诊大楼作为案例,针对该医院建筑的地下四层空间综合管网系统建立包括综合管线系统在内的多专业综合 BIM。在此 BIM 基础上进行了 MEP 碰撞检测,获得碰撞冲突点的三维信息,结合人工筛查确定有效冲突点,开展该建筑综合管线 MEP 系统的优化处理工作,最后得到满意的建筑综合管线设计成果。

8.4.1 基于 BIM 共享的建筑综合管线 MEP 多专业协同优化处理工作框架

首先我们按照前几章所述建筑模型构建的方法,由建筑师建立案例建筑的 BIM。而后我们联合结构、给排水、电气、暖通等专业,通过局域网的连接同时在同一个模型即中心文件上进行协同设计工作,由此将各专业的设计数据整合进同一个综合 BIM 中。通过建立互相协调、内部一致的可运算三维 BIM,我们对建筑空间构件与设备、设备与管线间的空间关系进行三维仿真模拟和数据共享,结合图纸、图表等成果形式,开展建筑综合管线 MEP 空间碰撞优化处理工作。

针对综合管线系统复杂的公共建筑,BIM 将整个建筑项目整合到一个共享的三维建筑空间模型中虚拟仿真设计方案,建筑、结构、设备和管线间的空间关系可以在三维模型中任意视角查看。由于建筑信息模型数据的自动更新与同步共享,任何一处设计变更都同时更新到整个模型,所有模型信息被存储在同一中心文件,并通过中心文件实现各专业共享。通过在建筑师建立案例建筑的 BIM 基础上使用 Revit MEP 软件构建医院地下空间综合管网三维模型,在此基础上进行综合管网冲突分析、管件类型衔接研究等,模拟实际建造的三维场景,提供冲突分析进而修正管线空间布置、替换管件设备,以直观高效的方式实现综合管线系统碰撞检测和优化设计。我们针对管线系统复杂的医院建筑案例,建立其综合管线系统碰撞检测和优化设计的工作框架,如图 8.23 所示。

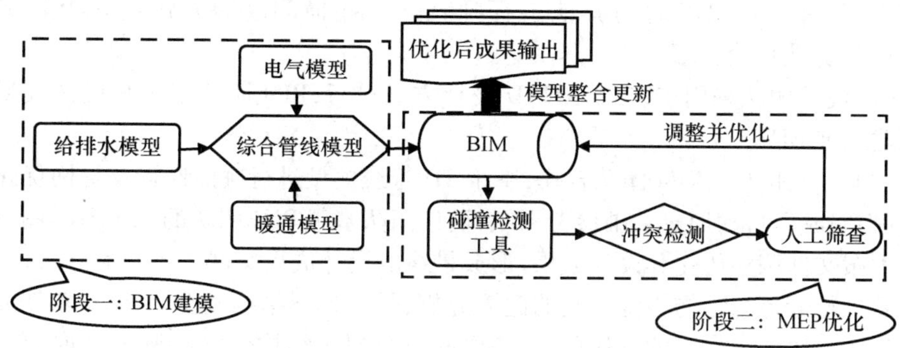

图 8.23　基于 BIM 的建筑 MEP 碰撞检测与优化流程

主要工作包括以下三方面内容:

(1)在 BIM 平台上根据二维 CAD 设计图纸分别构建电气、暖通和给排水三个专业的子系统模型组合成一个完整的综合管网模型,并做相应的专业内错误检查。

(2)调整各子系统模型,然后将调整后的各子系统模型整合到同一个建筑结构 BIM 中。在此基础上,进行管网间的碰撞检测,对各子系统模型做相应的二次调整纠错。重复模型整合、碰撞检测后,导出碰撞检测报告。

(3)对碰撞检测报告再经人工筛查,形成具有指导意义的冲突检测报告,结合 BIM 来详细反映冲突点修改前、后的三维空间具体信息,为设计人员提供二次优化设计的综合管线设计方案。

8.4.2　跨专业团队协作工作模式

案例医院建筑构造复杂,布置变化多,管线布置从地下一层到地下四层均为不同的标准层,各类风管、水管种类多且分布密集,通常的二维手段完成这个设计项目非常困难。我们使用 Revit MEP 作为综合管线系统三维设计的软件平台,通过构建某医院门诊大楼地下四层的综合管网系统 BIM,进行管线综合二次优化设计。我们通过管道与结构构件之间的碰撞分析、综合管网冲突分析、管件类型衔接分析等专项研究,按照时间进度模拟实际施工的场景,提供冲突分析列表,进而修正管线布置、替换管件设备,以直观、高效的三维方式实现该医院建筑地下建筑部分的 MEP 碰撞检测和优化设计。

针对项目创建工作中心文件,我们将该文件保存在建筑、结构、给排水、暖通、电气等各专业工程师都有读写授权的共享文件服务器上。而后各专业工程师将中心文件另存为本地文件,各自在本地文件上进行工作,本地文件即为中心文件的实时镜像。当建筑、结构、管线模型的本地文件有修改时,利用服务器系统"与中心文件同步"的功能,可以实时更新中心文件的建筑、结构、管线模型;各专业的不同工程师会同时看到各自搭建与布置内容,碰撞与错误均可即时被发现,并且可以随时与其他工程师就一个碰撞问题展开讨论。项目BIM团队协作分为两个阶段:

(1)设计团队采用传统二维CAD设计方式进行,BIM团队基于其设计成果协同创建三维BIM。

(2)设计团队与BIM团队合作,基于3D管线模型进行碰撞检查及管网优化调整,调整完成后自动形成二维参考图纸,设计团队基于BIM团队的二维参考图纸和三维发布文件调整优化其设计成果,形成最终的设计成果文件。

要进行管道与结构构件之间的碰撞分析,需要创建结构模型。Revit软件使用工作集作为协同工作下的操作单元,需要同时分层对结构建立BIM并实时更新集合模型;工作集也可作为控制各层楼板显示的工具。同时,按照构件功能,在制作结构模型时可以按照需要制作各类"族"文件,用于控制楼板、梁、柱等各构件的显示效果并方便修改。要创建一个新的MEP项目,首先需要利用Revit MEP提供的协同工作功能,将建筑模型的"中心文件"链接到MEP项目文件中,读取标高、轴网、墙等建筑信息,作为MEP设计的起点。同样,管线建模时,并不是直接在结构模型中进行,而是通过链接的方式,将结构模型链接到MEP模型中作为参照。通过中心文件的链接,可以确保结构模型修改后,MEP模型中的结构参照模型也实时自动更新。

8.4.3 MEP模型创建与共享链接

本项目建筑管线种类和数量众多,布置极其复杂,需要对建筑模型空间内各构件对象按专业进行分类,如系统送风管、系统排风管、消防栓给水管、冷冻水供水管、电缆架桥、医用气体管等,对各系统设置不同颜色以便区分,如图8.24所示。项目准备工作完成之后,进行三维MEP模型的创建。根据二维设计图绘制各子系统管线,放置风管及风管附件、水管及管道连接件及电缆架桥等。一般选择在楼层平面视图放置构件,对于平面视图不便处理的情况,特别是立面转弯的地方(如风管斜立管转弯),也可利用三维视图进行。

为便于单独绘制每一层的给排水管道,需要创建给排水的各层平面视图,以便于每一楼层的三维视图单独查看。创建各层的视图实际上是通过设置视图范围隐藏了模型的其他部分,只显示设置的可见视图范围之内的模型,并且可以通过设置过滤器单独显示给排水管道和设备,隐藏其他设备工种的管道、设备。平面视图中绘制的管道、放置的管件、设备因被赋予了标高值,便具备了三维属性,在三维视图中可以从不同角度直观地显示其空间位置,如图8.25所示。

图 8. 24　不同颜色区分的各专业管线系统

图 8. 25　管线建模的三维视图

8. 4. 4　管线碰撞检测与人工筛查综合

1. 单专业管线碰撞分析与初步调整

各专业工程师在绘制本专业管道的同时,各工程师之间可以相互观察工作进度。并且在建立模型的初期就可以观察到一些明显的碰撞情况,及时予以调整。在局部区域完成建模后,要及时使用 Revit 系统碰撞检查功能,对创建好的子系统模型进行初步检查,初步调整模型,如图 8. 26 所示。

2. 管线综合碰撞检测

对管线综合 BIM 工作完成后,使用“碰撞检查”功能,自动检查管线、设备的冲突,并生成冲突报告。碰撞检测即对建筑模型中的建筑构件、结构构件、机械设备、水暖电管线等进行检查, 以确定它们之间是否发生交叉、碰撞,并提供碰撞冲突报告。BIM 小组根据冲突报告对碰撞问题逐一进行调整并做好记录。例如,小系统送风管 XSF 与大系统排风管 DPF 相碰撞冲突详情如图 8. 27 所示,通过调整送风管 XSF 的局部标高可以避免其与排风管 DPF 的碰撞。碰撞检测通常会随着图纸的修改进行好几轮,对碰撞的管线、设备进行调整和修改后,与中心文件同步,便可实时更新管线位置。

3. 人工筛查与综合检测

软件检测出的碰撞存在部分无效或重复的冲突点,需要通过人工检测的手段来筛查。首先根据碰撞检测报告定位到每一个碰撞位置,然后将碰撞局部的三维模型与 CAD 图纸对照,依据管线布置原则筛除无效冲突点后,再分析碰撞是否由同一原因引起,筛除重复冲突点。通过系统综合检测,BIM 团队共找出该医院地下四层建筑空间内 162 处管线间冲突点,再经过人工对照三维空间综合管网模型进行筛查,最后得到有效冲突点 107 个。

图 8.26　使用 Revit 工具单进行专业管线碰撞分析

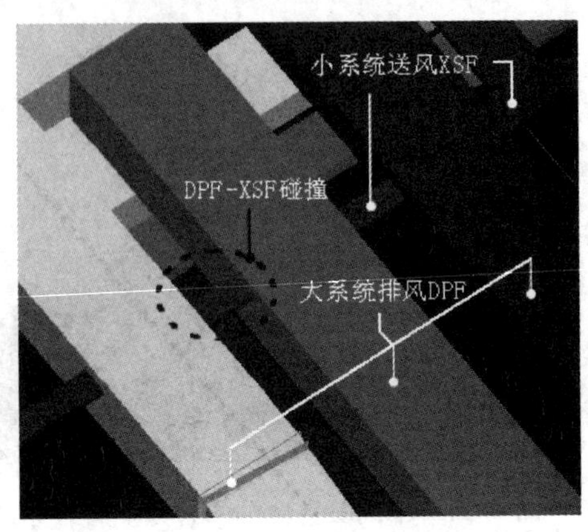

图 8.27　排风管系统和送风管系统碰撞分析

8.4.5　小结和展望

通过引入 Revit MEP 等软件工具进行基于 BIM 的建筑综合管线 MEP 优化处理,以三维虚拟现实、自动图表分析等多种手段进行设计问题分析和优化设计,较之以前的二维图纸形式,准确率和工作效率得到大幅提高。在对某医院门诊楼地下四层建筑空间的综合管网优化设计实践中,我们通过 Revit 工具建立该医院建筑的综合管网 BIM,包括电气、暖通和给排水三个专业的共计 15 个子系统模型。基于该 BIM 进行了 MEP 专业内和专业间的碰撞检查,在较短的时间内找出 107 个有效冲突点三维具体信息,为设计人员提供了二次优化设计的重要参考依据,避免了工程中的施工反复,提高了设计工作效率和设计质量。

除此之外,BIM 集成了各种设备管线的信息数据,可以对设备管线进行精确的列表统计。设计修改导致模型修改后,材料表上的数据会自动实时更新,快速准确地生成材料清单。基于这些 BIM 技术优势的三维 MEP 设计技术向建筑管线施工建造等领域的延伸应用将是其重要的发展方向,也是我们今后研究工作的重点方向。

第9章　族库管理与标准构件族文件构建

所有添加到Revit项目模型中的图元都是使用族创建的。“族”是Revit中一个功能强大的概念,每个“族”能够在其内定义多种类型,在创建时可以为数据设计各种参数,在使用时可根据特定需要调整具体的参数。

“族”是一个包含着通用属性集和相关图形表示的图元组。属于一个“族”的不同图元的部分或全部参数可能有不用的数值,但参数的集合是相同的。其中,“族”中的这些参数可以用来定义“族类型”。例如,家具族中包含可用于创建不同家具(如桌椅和衣橱等)的“族”和“族类型”。尽管这些族具有不同的用途且由不同的材质构成,但是其用法却是相同的。族中的每一类型都具有相关的图形和一组相同的参数,称为“族参数”。

§9.1　常用族文件类型

在Revit中,针对BIM构建共提供了三种类型的族文件,分别是:系统族、标准构件族和内嵌族。下面将对其进行一一讲解。

(1)系统族:包含基本的建筑图元,如在Revit项目模型中使用的墙、屋顶、楼板及轴网和标高等基本构件都属于系统族。

(2)标准构件族:用于创建建筑构件和一些注释图元的族,如门窗、RPC(remote procedure calls,远程过程调用)族、场地构件及家具等一些常规的基础族,它们具有高度的可自定义的特征,用户可根据自己的需要进行创建,然后直接载入Revit项目中使用。

(3)内嵌族:在当前项目为部分特殊构件所创建的特殊族,不需要重复利用。

9.1.1　系统族

1. 系统族的概念和设置

系统族可以创建基本建筑图元,如墙体、屋顶、楼板、天花板及其他要在施工场地使用的图元,能够影响项目环境且包含标高、轴网、图纸和视口类型的系统设置也属于系统族。系统族是在Revit系统中预定义的,并且不允许将其用于从外部文件中载入的项目,也不能将系统族保存到项目之外。一般系统族中至少应包含一个系统族类型。

打开项目文件,可在项目浏览器中展开“族”,可以看到其子文件下有很多族类型,可随意选择其中一个族类型,此处以屋顶为例进行讲解。选择屋顶族类型,此时可以在看到 5 个子类型,分别是基本屋顶、封檐带、屋檐底板、檐沟和玻璃天窗。然后可以展开基本屋顶,此时基本屋顶列表将显示在项目浏览器中,如图 9.1 所示。

2. 系统族类型的创建与修改

1)创建墙体的族类型

点击墙体,选择"属性"选项卡中的"编辑类型",打开"类型属性"对话框。复制一个新的墙体类型,点击"复制"按钮并重命名(可根据习惯命名),如图 9.2 所示。

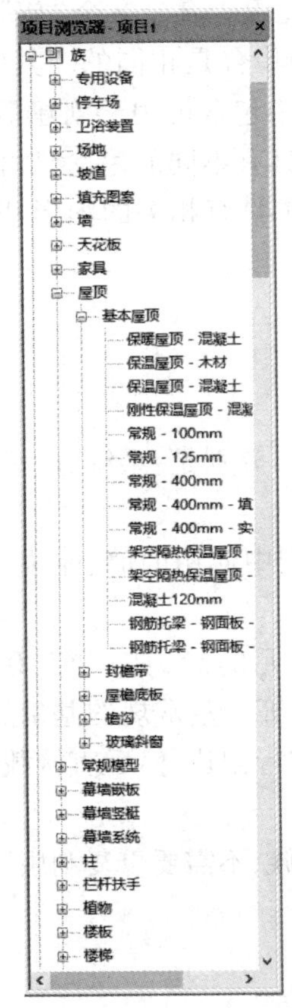

图 9.1 项目浏览器

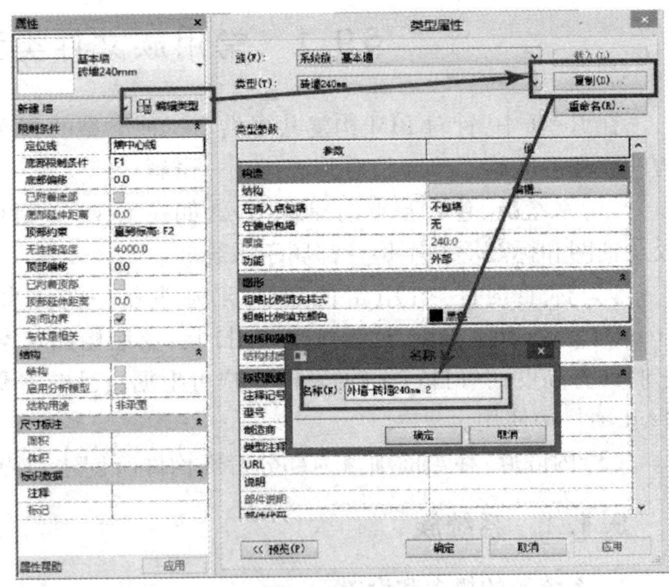

图 9.2 类型属性选项

2)墙体构造层的编辑

在完成了墙体类型的复制和重命名后,一个新的基本墙体就创建了,然后点击"类型参数"下的"构造"层中的"结构""编辑",进入结构层的设置,此处可根据自己的需求进行具体的设置,点击"插入"按钮,更改"功能"选项卡为具体的构造层,同时为其添加"材质"和"厚度",如图 9.3 所示。

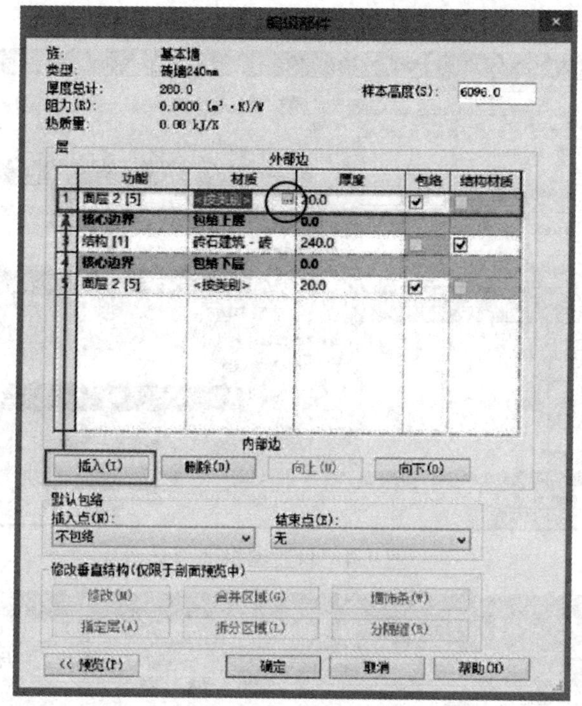

图 9.3　结构层设置

3）材料材质设置

点击“材质”，“按类别”被高亮显示，然后点击“按类别”后的矩形“…”按钮，进入材质编辑面板，如图 9.4 所示。

点击“新建材质”并重命名为自己所需的材质名称，然后打开材质浏览器，选择自己所需要的材质，然后再进行相关设置与编辑。如图 9.5 所示为材质浏览器。此处选择砖石材质，双击具体的材质即可为其添加砖石材质。

选择了具体的材质后还需要对材质进行相关的编辑。首先对材质的显示颜色进行相关设置，点击“图形—着色—颜色”，进入颜色选择面板，可根据具体需求具体选择，如图 9.6 所示。

然后对表面填充图案进行设置，点击“填充图案”右侧的“无”，进入图案选择面板，可根据具体的需要选择具体的图案。此处选择“Crosshatch”，如图 9.7 所示。

3. 系统族在不同项目样板中的传递

系统族可以在不同项目样板中进行传递。打开“管理”选项卡，然后点击“传递项目标准”，弹出“项目样板选择器”，如图 9.8 所示。然后可根据需要选择要传递的项目和类型到目标样板中，如图 9.9 所示。

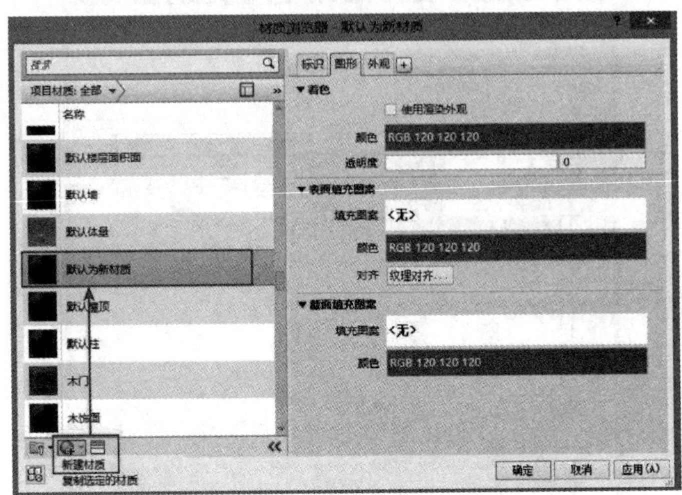

图 9.4　材质编辑选项

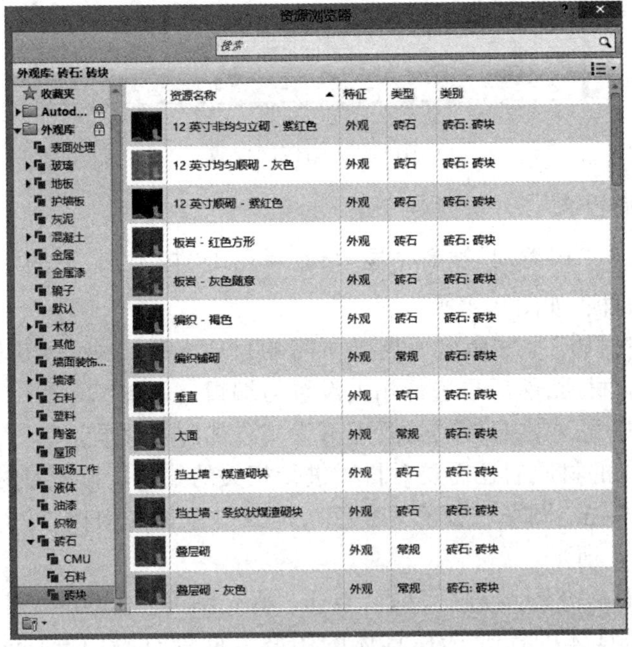

图 9.5　材质浏览器

4. 系统族文件的删除

当样板中族文件达到一定数量时,会降低软件使用的流畅度,此时可将一些不需要使用的系统族文件进行适当的删除。

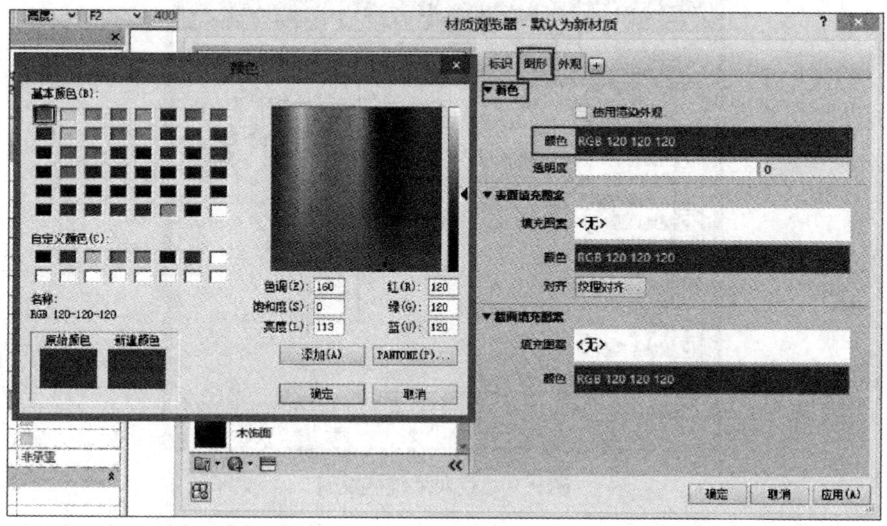

图 9.6　颜色选择

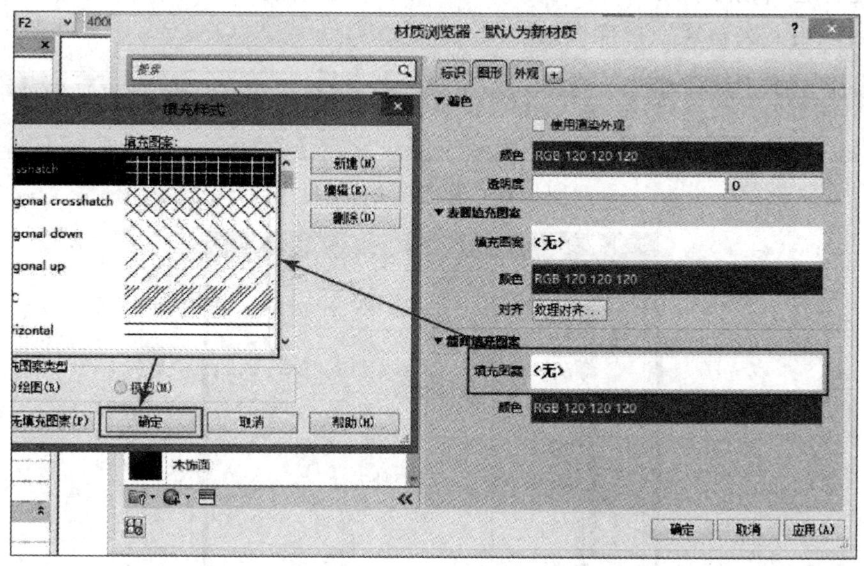

图 9.7　材质图案选择

图 9.8　项目样板选择器

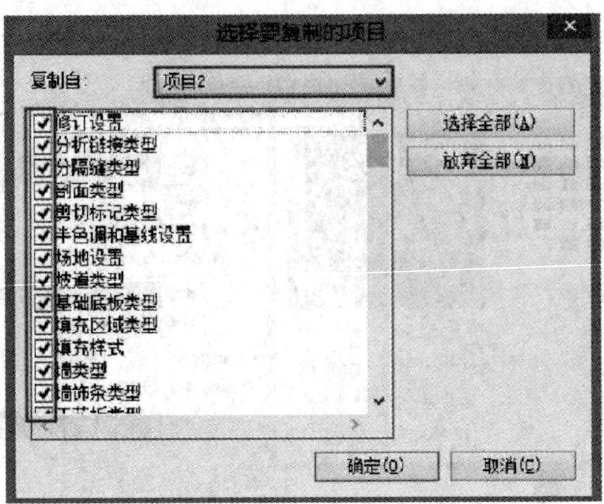

图 9.9　载入系统族文件

点击管理面板中的“清除未使用项”，弹出“未使用项”选择面板，可根据具体情况进行适当删除，如图 9.10 和图 9.11 所示。在当前项目样板中进行清除未使用项会影响下次新建项目样板的使用。

图 9.10　管理族文件选项

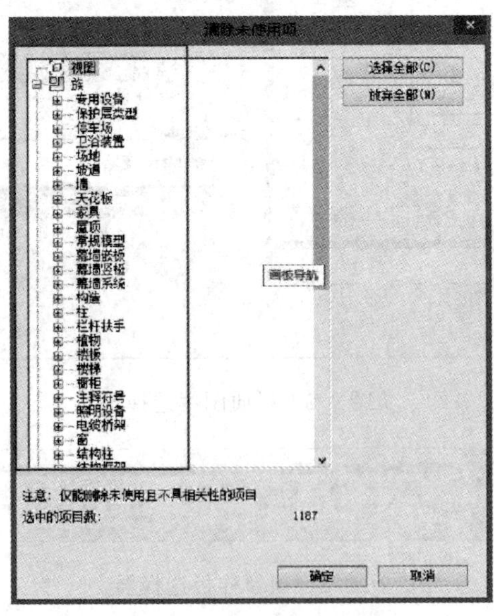

图 9.11　清除未使用族文件选项

9.1.2 标准构件族

标准构件族是用于创建建筑构件和一些注释图元的族。构件族包括在建筑内和建筑周围安装的建筑构件,如门窗、家具和 RPC 族等,其都具有高度定义的特征。构件族的后缀为 .rfa,并可导入或载入项目中使用。标准构件族常用的插件有型兔、族库大师、鸿业等,如图 9.12 所示。

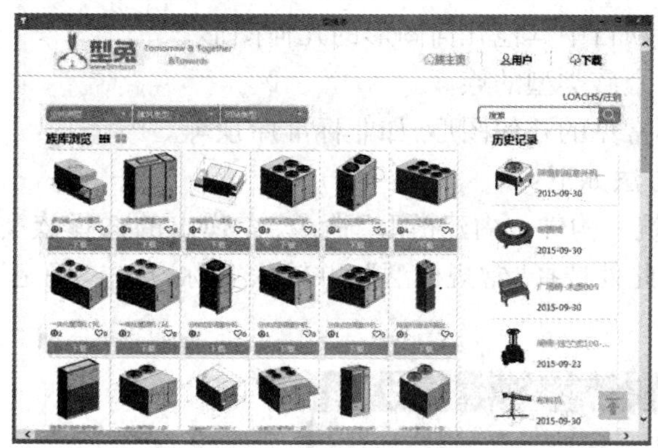

图 9.12 常用标准构件族

1. 在项目中插入现有的构建族

Revit 中包含大量的预定义族库,也可以选择"插入—从库中载入—载入族"命令,如图 9.13 所示。

2. 在项目中查看已载入的族

点击"项目浏览器"中的族,然后直接点击所载入的族的类型,可以找到已经载入项目中的族文件,点击族,但后点击鼠标右键,选择"创建实例",即可在项目中创建族,如图 9.14 所示。

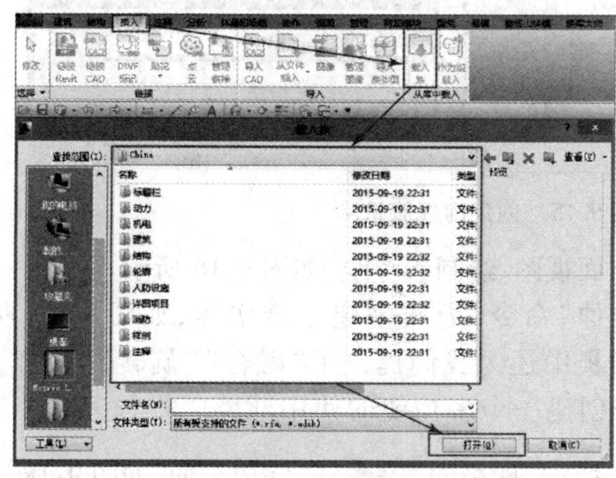

图 9.13 载入构件族文件

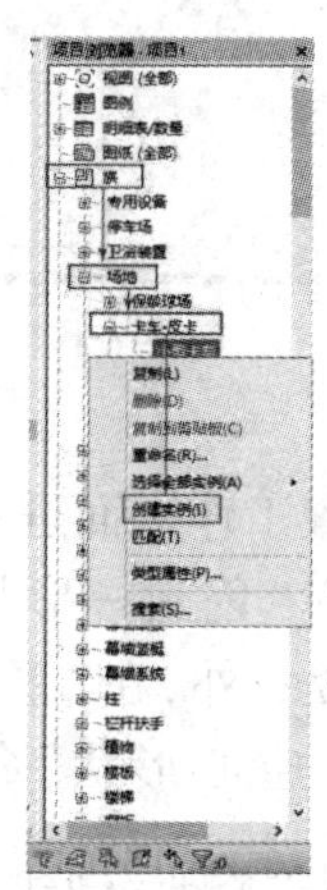

图 9.14 在项目中创建族

关于构件族的创建最后将作为重点讲解,此处不再赘述。

9.1.3 内嵌族

内嵌族的应用范围主要有以下几个方面:

(1)斜面墙或锥形墙。

(2)不需要重复使用的自定义构件。

(3)必须参考项目中其他几何图形的几何图形。

(4)不需要多个族类型的族。

(5)独特或不常见的几何图形,如非标准屋顶等。

创建内嵌族方法如下:

(1)选择"建筑—构件—内建模型"命令,在弹出的选择族类别选择器中选择所需要的族类别,此处选择"常规模型",并输入名称,点击"确定",进入编辑模式,如图9.15所示。

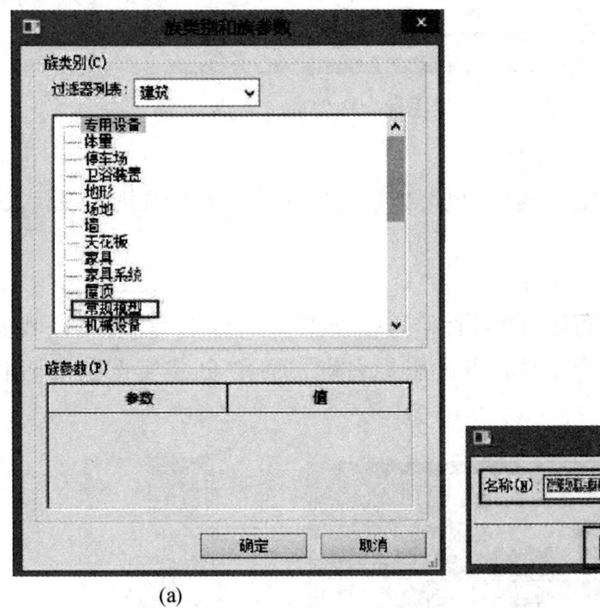

(a)

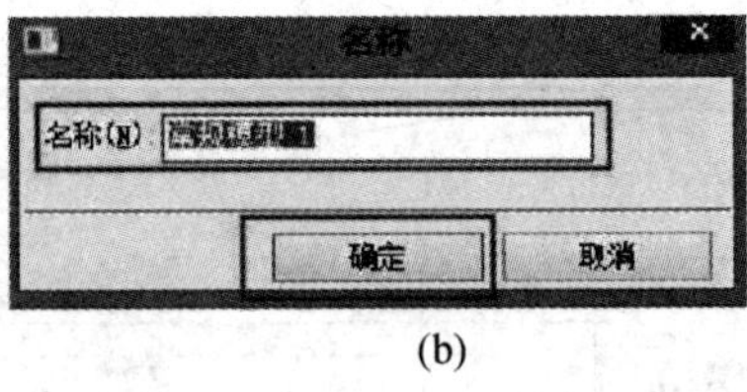

(b)

图9.15　创建内建族选项

(2)设置工作平面进入北立面视图,绘制参考线,如图9.16所示。

(3)选择"创建—形状—拉伸"命令,为族创建三维实体,如图9.17所示。除"拉伸"命令外,在"形状"面板中还为我们提供了"融合""旋转""放样""放样融合"及"空心形状"命令来创建一个多功能的使用环境。

(4)点击"修改/创建拉伸—模式"面板的"　",完成拉伸,如图9.18所示。

图 9.16　绘制立面视图参考线

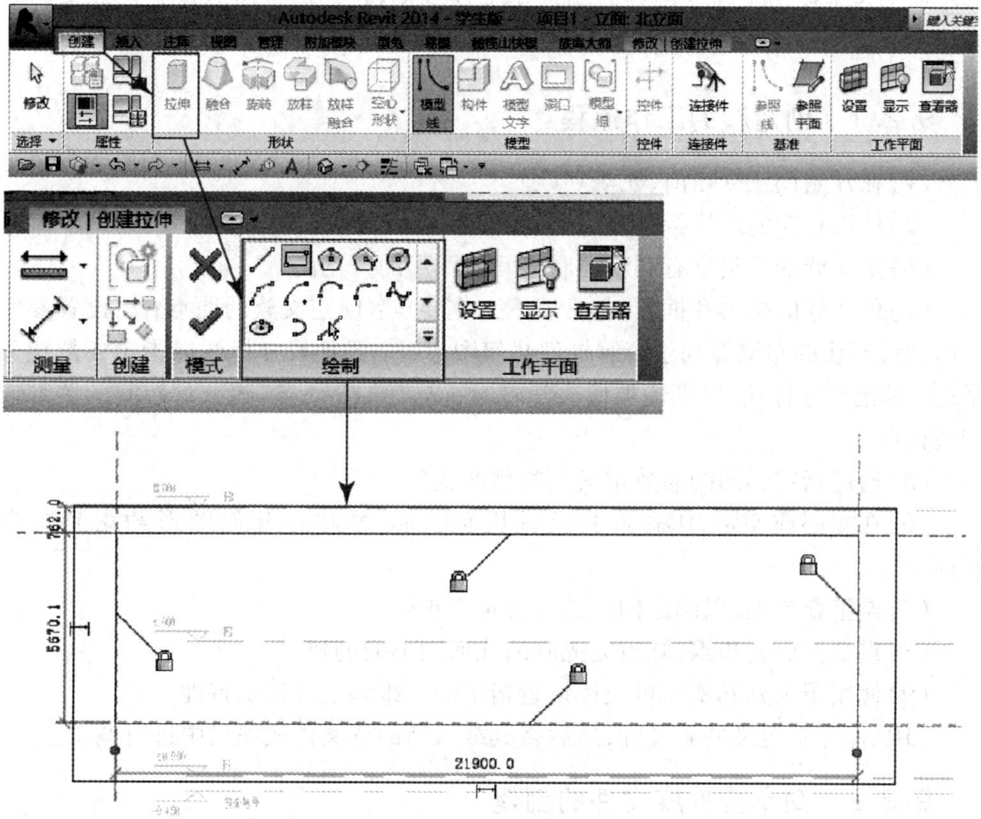

图 9.17　创建三维实体族

图9.18　拉伸实体

§9.2　常用简单构件族文件的构建

族库的使用和管理首先通过创建族文件来开始学习，本节主要将通过几个实例族的创建来深入讲解常用简单构件族文件的创建，使读者能对族文件的创建有深入的了解。

9.2.1　创建族的工作流程

(1)在开始创建族之前，先规划族。

(2)使用相应的组样板创建一个新的族文件(.rfa)。

(3)定义族的子类别有利于控制族几何图形的可见性。

(4)创建族的构架和框架，包括以下工作要点：① 定义族的原点；② 设置参照平面和参照线的布局有利于绘制构件几何图形；③ 添加尺寸标注以指定参数化关系；④ 标记尺寸标注，以创建类型/实例参数或二维表示；⑤ 测试参数间的关系或调整构件。

(5)通过指定不同的参数定义族类型的变化。

(6)在实心或空心中添加单标高几何图形，并将该几何图形约束到参考平面。

(7)调整新模型，以确定构件的行为是否正确。

(8)重复上面的步骤，知道完成族的几何图形的创建。

(9)使用子类别和实体可见性设置指定的二维和三维显示特性。

(10)保存新定义的族文件，然后将其载入新的族文件或项目中进行调试。

9.2.2　简单构件族文件的创建

1. 创建窗族

(1)点击“族—新建族”，选择“样板文件—公制窗.rfa”。双击“立面：外部”视图。显示了两个带有标签的尺寸标注字符串：“高度”和“默认窗台高度”，如

图 9. 19 所示。作为窗属性之一的标签名称也是类型参数之一。如果向尺寸标注添加标签,则当窗载入项目或新族中使用时,在窗族中定义的这些参数将可以进行调整。

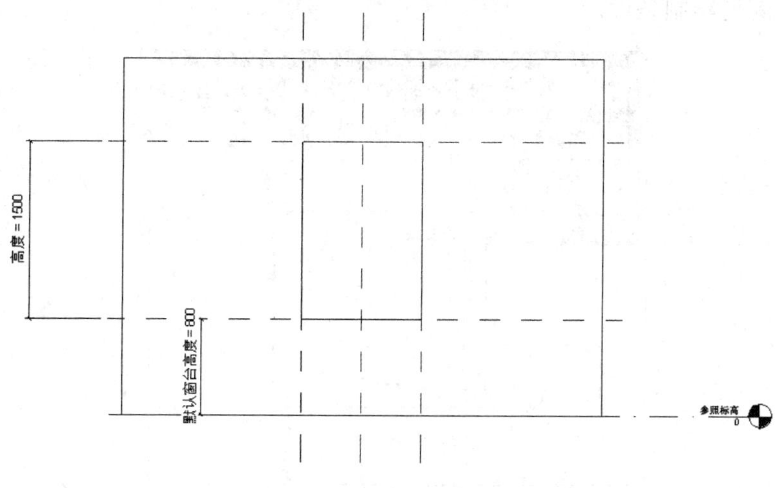

图 9. 19　尺寸标注显示

(2)点击“创建—族属性—族类型”,打开“族类型”对话框。在“族类型”对话框中,“尺寸标注/高度”中输入“900”,“宽度”中输入“1 800”,然后点击“确定”按钮,完成编辑,再点击“ ”,点击“另存为”,保存窗族文件。

(3)在项目浏览器中,点击“视图—楼层平面—参照标高”,然后设置工作平面,将工作平面设置为“立面—外部”,如图 9. 20 所示。

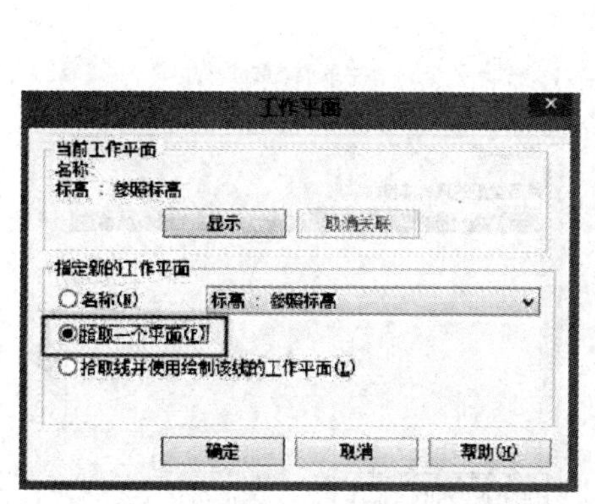

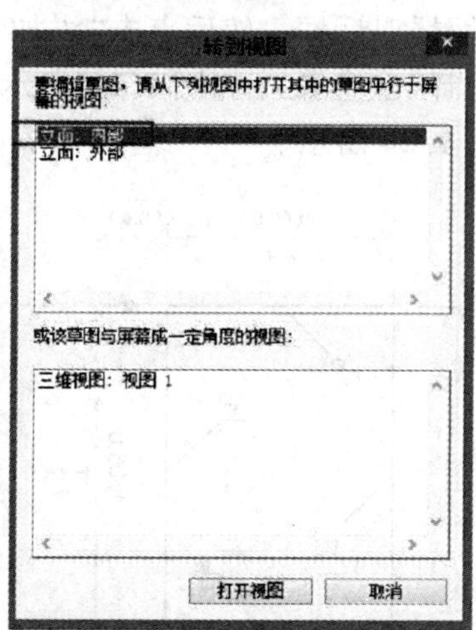

图 9. 20　设置工作平面

(4)在“立面—内部”视图中,点击“创建—形状—拉伸”命令,然后再绘图区域的墙体的洞口上绘制两个矩形轮廓，如图 9. 21 所示。同时将两个矩形之间的距离设置为 50 mm。此处可以使用偏移命令，也可以将四条参照线分别向内移动 50 mm，以满足绘制条件。

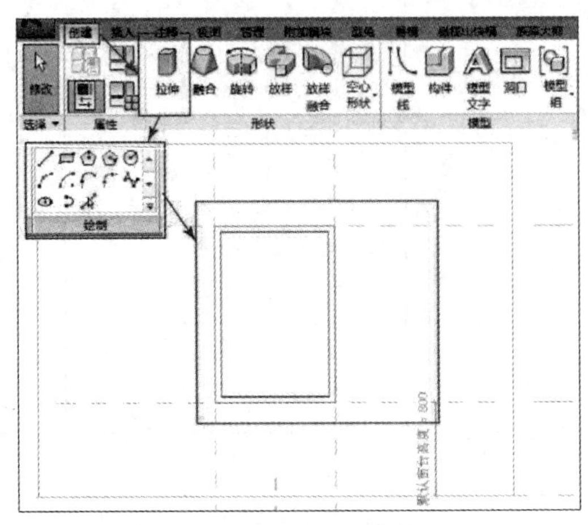

图 9. 21　墙体洞口上绘制矩形轮廓

画完轮廓会出现如图 9. 22 所示的“ ”图标，此时应该将其点击一下，使其变为“ ”图标。图标“ ”的作用是使所绘制的轮廓线与参考线相关联，当参考线发生变化时，形体的轮廓也可以随之变化，从而达到参数的驱动。

(5)点击“修改/拉伸—编辑拉伸”，完成拉伸操作。

(6)点击选中所创建的窗框，然后点击“属性—材质和装饰—材质”，弹出“材质参数设置”对话框。然后点击“添加参数”，弹出“参数属性”对话框，在“参数类型”下，选择“族参数”，如图 9. 23 所示。在“参数数据”下，输入“名称”，点击“确定”，如图 9. 24 所示。

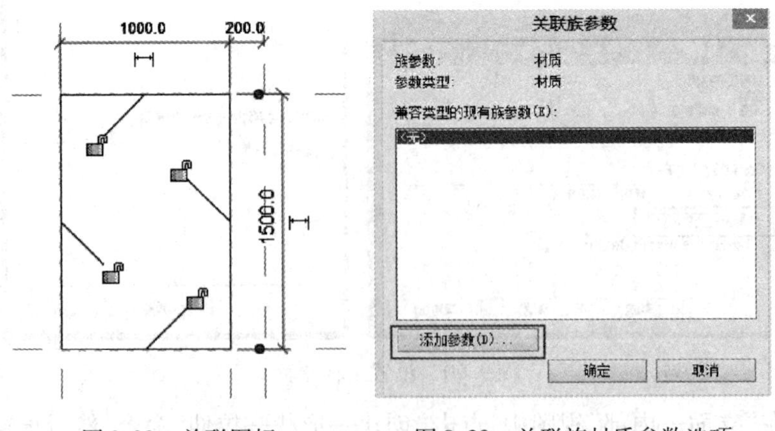

图 9. 22　关联图标　　　图 9. 23　关联族材质参数选项

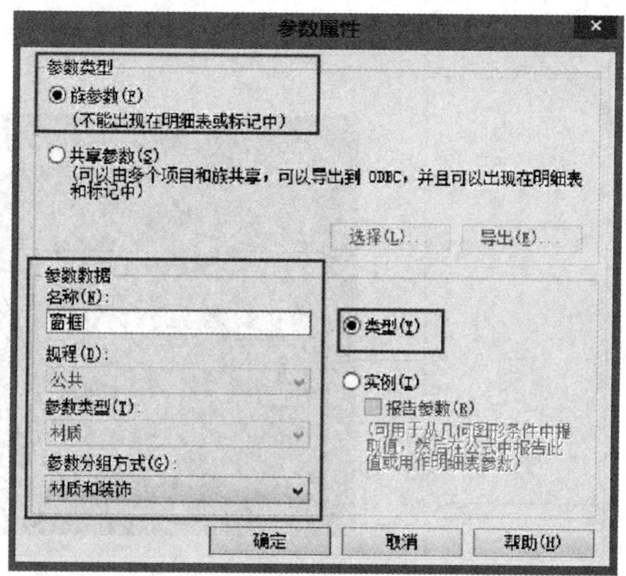

图 9.24　组参数设置选项

(7)在“创建—族类型—材质和装饰—窗框”，点击“ ”按钮，具体的设置方法同前所述的墙体材质的设置方式，可以参考上面的设置方式。点击“视图—参照平面”，点击窗框，在属性面板中设置“拉伸起点”和“拉伸终点”。

(8)参照第(3)步，设置工作平面。在“视图—立面—内部”，绘制玻璃实体。点击“创建—拉伸”。选择“拾取线”工具。在选项栏上设置：“深度”为 -45 mm，勾选“锁定”。从外部立面来看，现在的工作平面上在“参照平面：窗框是”上，深度为负值表示窗扇将向窗的内部拉伸。

(9)在 Tab 键的帮助选择下，选择整个窗扇轮廓，并且每条轮廓线上都会显示“ ”图形，如图 9.25 所示。

(10)在“绘制”面板选择“矩形”工具。“创建拉伸”选项栏上设置：“深度”为 -50 mm，“偏移量”为 -50 mm。指定了负偏移量值以表示偏移方向为窗框内部。绘制矩形，选择窗框左上外部角，得到的内部矩形是按特定距离偏移的，最后点击“ ”，完成拉伸，如图 9.26 所示。

材质参数的设置方式同窗框的设置方式，读者可自行参考，此处不再赘述。

2. 创建 RPC 族

(1)选择族样板文件。点击 Revit 软件左上角的“应用程序菜单”按钮，点击“新建—族”。然后在“新族-选择样板文件”中选择“公制 RPC 族 . rft”，然后点击“打开”按钮，新建族文件，如图 9.27 所示。

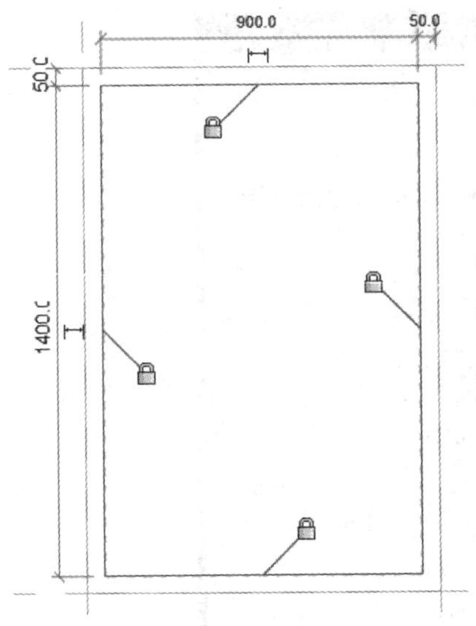

图 9. 25　选取窗扇轮廓

图 9. 26　完成拉伸效果

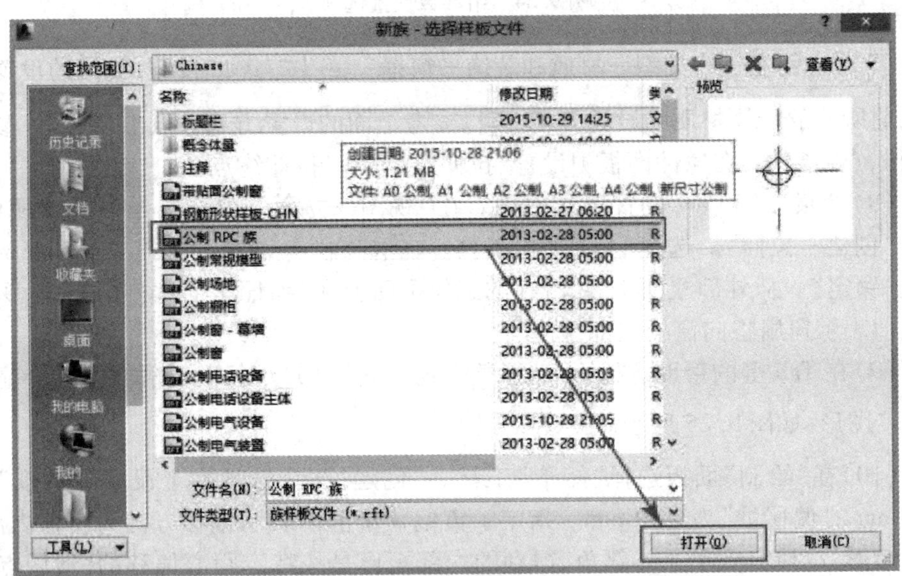

图 9. 27　新建族文件

(2)调节渲染外观图。在参照平面上点击选择族文件,点击左侧"实例属性—标识数据—渲染外观属性—编辑"后面的"▯"按钮,进入"关联族参数"面板,点击"无",点击"确定",如图 9. 28 所示。

(3)点击"实例属性—标识数据—渲染外观—Alex",弹出"渲染外观库"对话框,选择所需要的"类别",然后根据自己的需求选择合适的渲染外观即可。在本

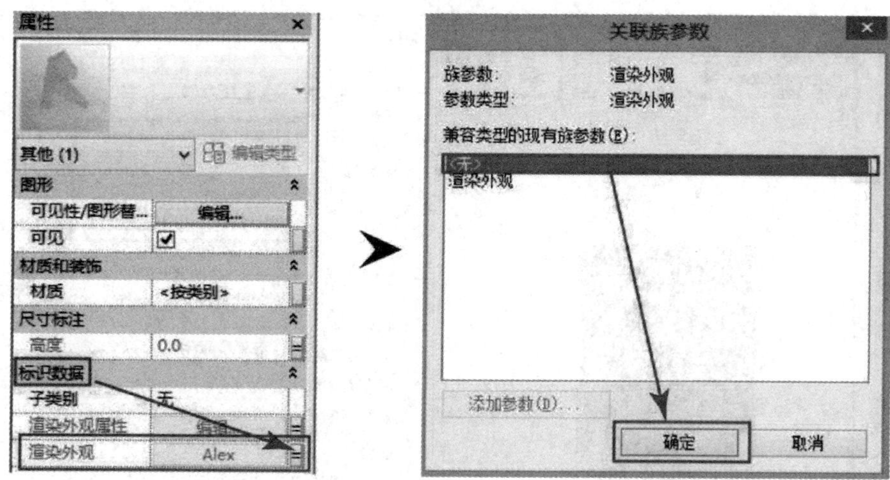

图 9.28　关联族参数设置

次族文件的创建中,在“类别”中选择“People[Business-Asia]—Jay”选项,然后点击“确定”按钮,如图 9.29 所示。

(4)可见性设置。转到参照标高视图,点击“RPC 图”,在“属性”对话框中勾选“可见”,如图 9.30 所示。

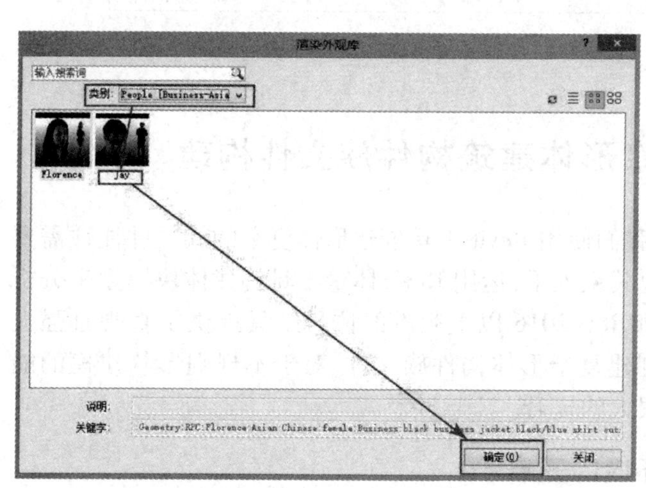

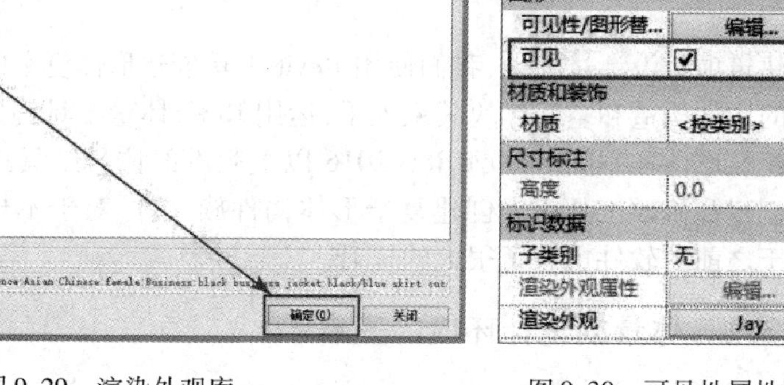

图 9.29　渲染外观库　　　　图 9.30　可见性属性设置

(5)载入项目中测试。将创建好的族另存为“人物”,点击“族编辑器—载入项目中”命令,将创建好的人物族载入项目中。

(6)点击“视图—图形—渲染”命令,质量设置为“高”,点击“渲染”,完成效果,如图 9.31 所示。

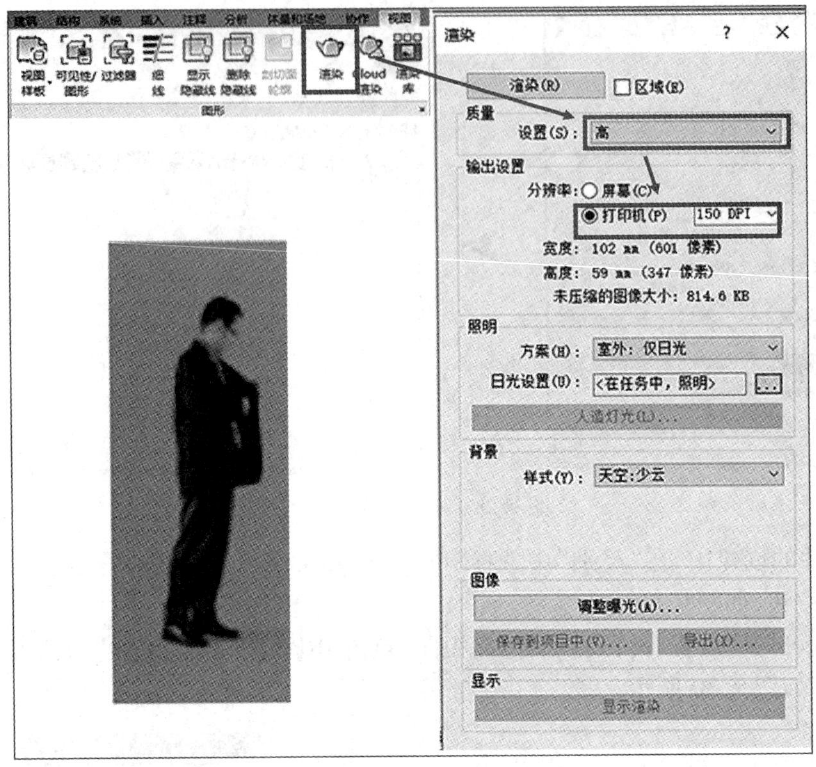

图 9.31　渲染效果设置

§9.3　复杂形体建筑构件族文件构建

在建筑项目设计过程中，我们使用 Revit 工具创建形体复杂的族文件往往需要从建筑的构件构造和空间体块关系入手，运用 Revit 体量工具构建体块模型来分析和推敲建筑形体和空间。目前 Revit2016 以上版本的体量工具提供了直观且强大的体量创建和修改工具用于创建复杂形体构件族文件，对于不规则形状建模的能力相较于之前的软件也有了很大的提升。

9.3.1　体量族设计环境的开启

通常可以通过以下两种方式进入概念体量的设计环境：

(1)创建外部概念体量族。如图 9.32 所示，点击“新建—概念体量”，选择“公制体量 . rft”，然后点击“打开”，完成概念体量的新建。如图 9.33 所示为新建概念体量打开后的界面，在默认的环境中，通常有三维参考平面和相应的标高，方便用户进行参照与定位。通过这种方式创建的概念体量通常作为外部族文件单独保存，在使用时可以单独直接载入项目文件中使用。

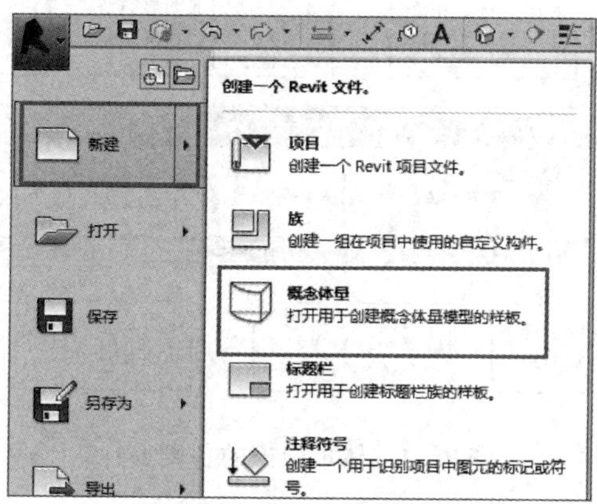

图 9.32　新建概念体量

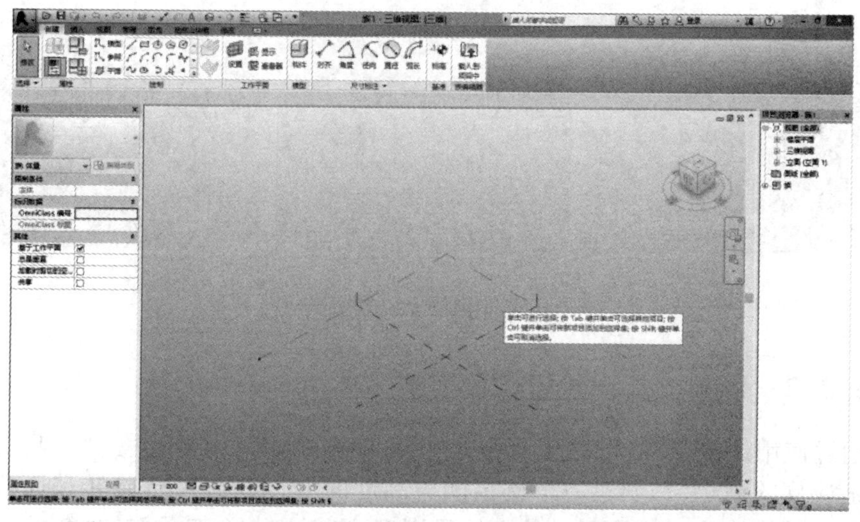

图 9.33　新建概念体量操作界面

（2）内建体量。顾名思义，就是在项目文件中新建一个体量文件，直接在项目文件中使用而不需要外部载入体量族文件。在项目文件中点击“体量与场地—概念体量—内建体量”命令，并为新建的体量赋予一个名称，然后在绘图区域内绘制所需的体量模型，在完成绘制后点击“完成体量”按钮。在后面的章节中将详细讲解内建体量的创建与使用，此处仅做简单的介绍。

通过新建体量族的方式进入概念设计环境界面，如图 9.34 所示为体量编辑界面的创建选项卡内的各类工具。

在默认的绘图区域中有一个“三维标高”和两个相互垂直的“三维参照平面”。

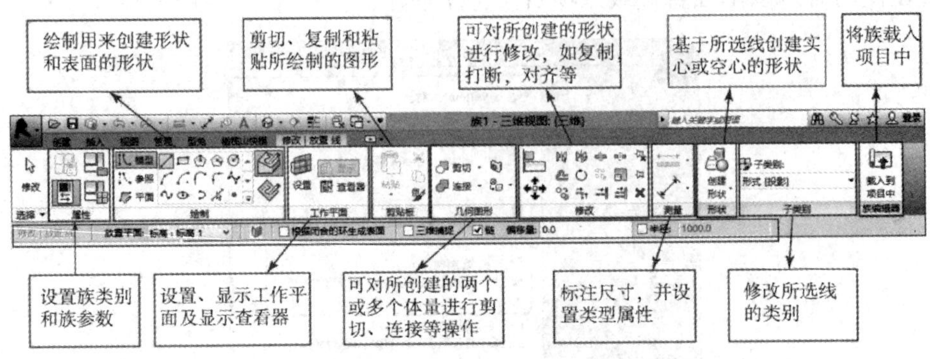

图 9.34　体量建模的各类工具

如图 9.35 所示，这些都在绘制图形时用于辅助定位。

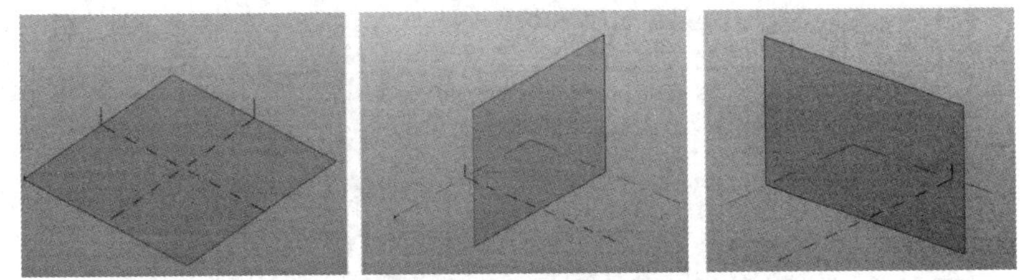

图 9.35　辅助定位参照平面

9.3.2　体量工具创建扭转体模型

通过使用体量工具，可以创建多种复杂曲面体空间构件族文件。我们将通过自适应族的创建，来创建一个楼板随着高度的变化同时进行旋转和面积变化的曲面扭转体构件。然后通过载入体量模型，来创建一个扭曲旋转的大楼体量。

1. 新建族文件

在 Revit 文件中点击“族—新建”，弹出“新族-选择样板文件”对话框，选择“自适应公制常规模型”，点击“打开”按钮，进入自适应族的编辑界面，如图 9.36 所示。保存文件并将备份数量设置为 1（便于以后调取使用），如图 9.37 所示。

2. 标高与标注参数设置

点击“创建—工作平面—设置”命令和“显示”命令，点击绘图区域中的“标高：标高：参照标高：参照”，如图 9.38 所示。

点击“创建—绘制—模型点”，在参考平面中创建两个“模型点”，并使“模型点”自适应，如图 9.39 所示。点击“创建—尺寸标注—对齐”命令，标注自适应点 1、2 的距离，如图 9.40 所示。

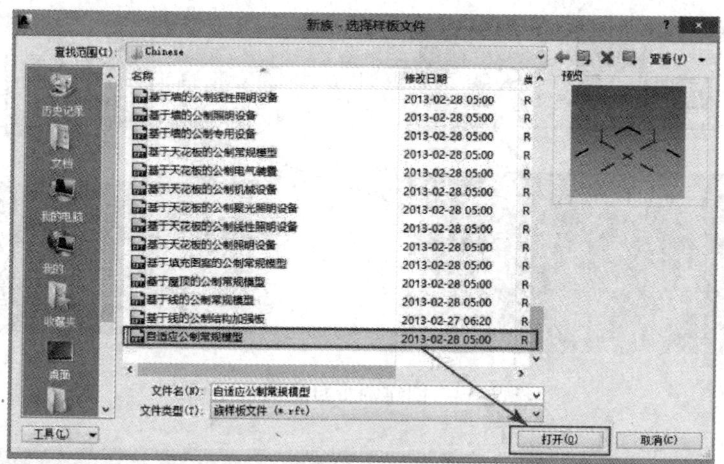

图 9.36　新建自适应族文件选项

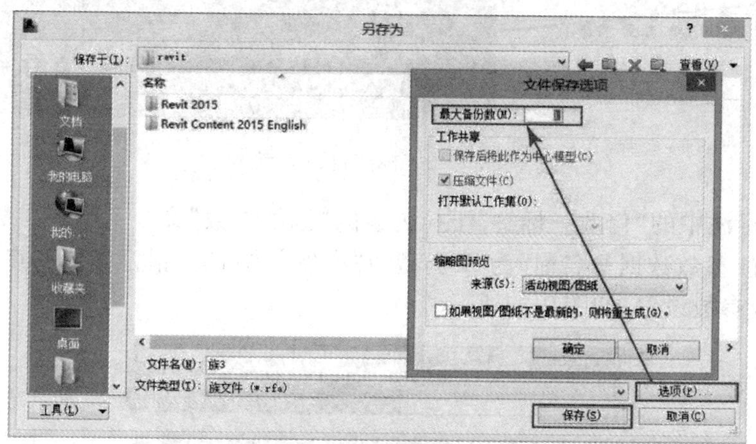

图 9.37　保存族文件

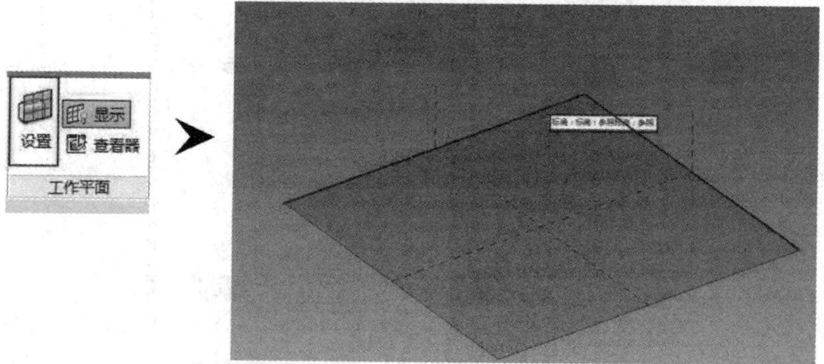

图 9.38　设置工作平面标高

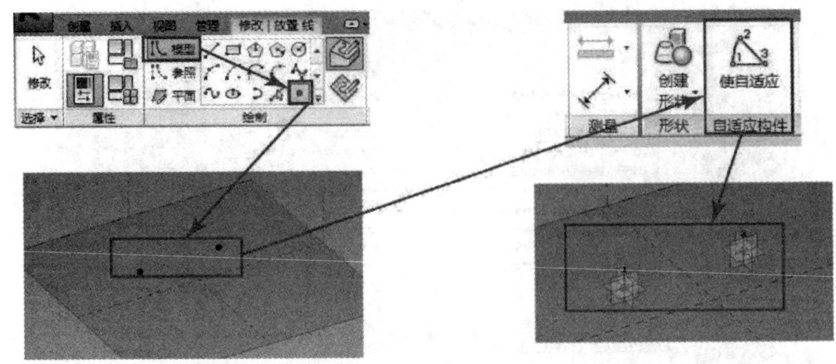

图 9.39　创建两个自适应模型点

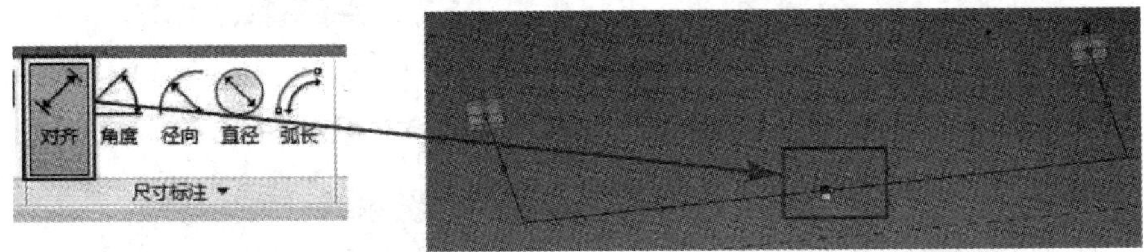

图 9.40　标注自适应点

点击标注中的“修改—标签”下拉列表的“添加参数”命令,弹出“参数属性”对话框,设置“参数数据—名称”为 L,类型为“实例”并勾选“报告参数”,点击“确定”按钮,完成参数设置,如图 9.41 所示。

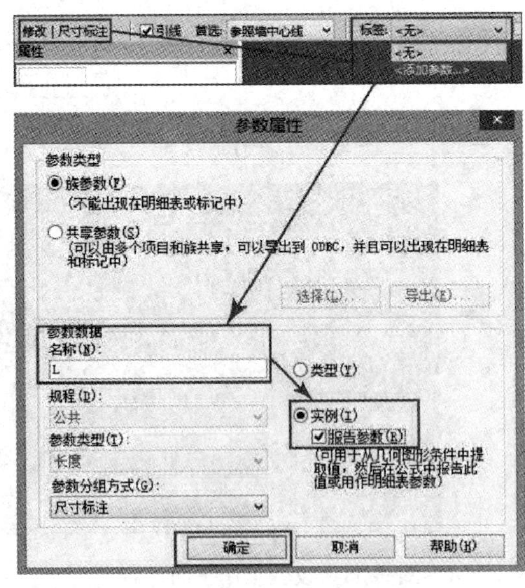

图 9.41　标注参数属性设置

3. 参考点与参考平面设置

点击“创建—工作平面—设置”命令,配合 Tab 键将自适应点 2 的水平参考平面设置为参考平面。点击“创建—绘制—模型:点”,在绘图区域中自适应点 2 上放置参考点,框选自适应点 2 和参考点,然后点击“修改/选择多个—选择—过滤器”命令,如图 9.42 所示。在“过滤器”对话框中点击“放弃全部”按钮,勾选“参考点”,点击“确定”按钮。

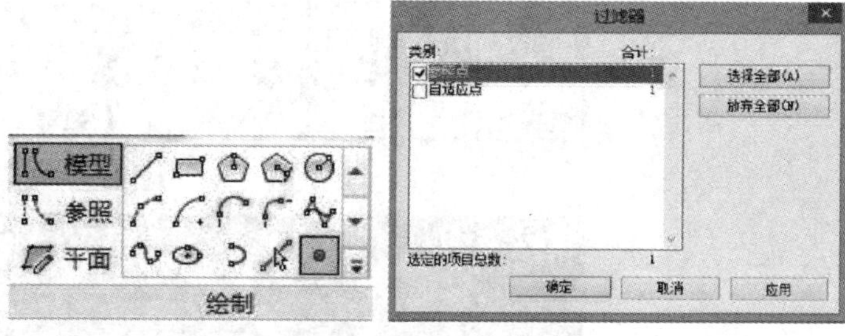

图 9.42　设置过滤器

选中图 9.43 所示的箭头节点,向上拖动参考点到任意高度,如图 9.44 所示。

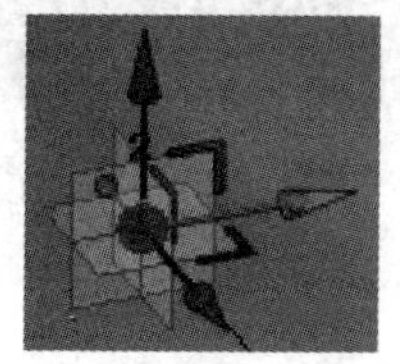

图 9.43　选中箭头

选中参考点,点击“实例属性—图形—显示参考平面”的下拉列表,选择“始终”,如图 9.45 所示。

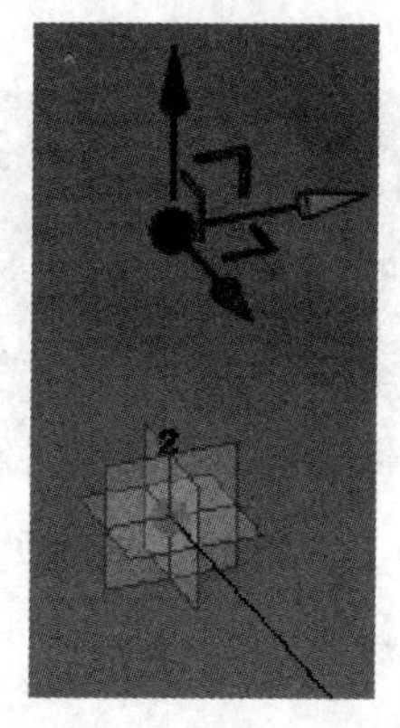

图 9.44　拖动参考点

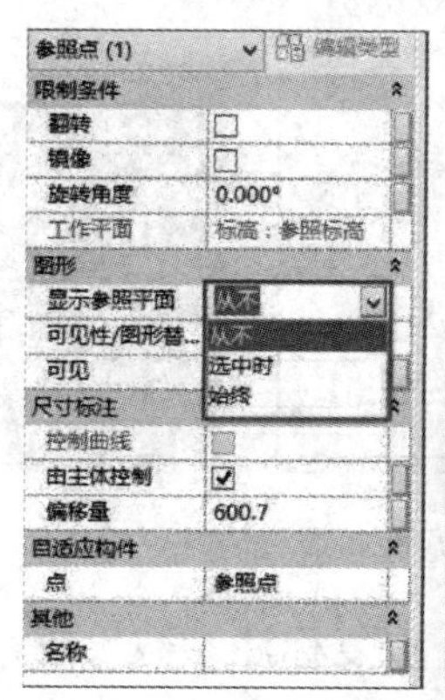

图 9.45　设置参考平面显示

点击“创建—工作平面—设置”命令，鼠标移至参考点处，配合“Tab”键，选中参考点的水平参考平面，并设置为参考平面，如图 9. 46 所示。

点击“创建—绘制—模型：椭圆”，在前面操作中设置的参考平面上绘制任意大小的椭圆，如图 9. 47 所示。

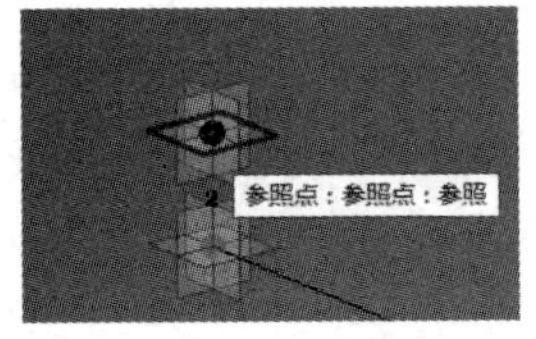

图 9. 46　选定参考平面

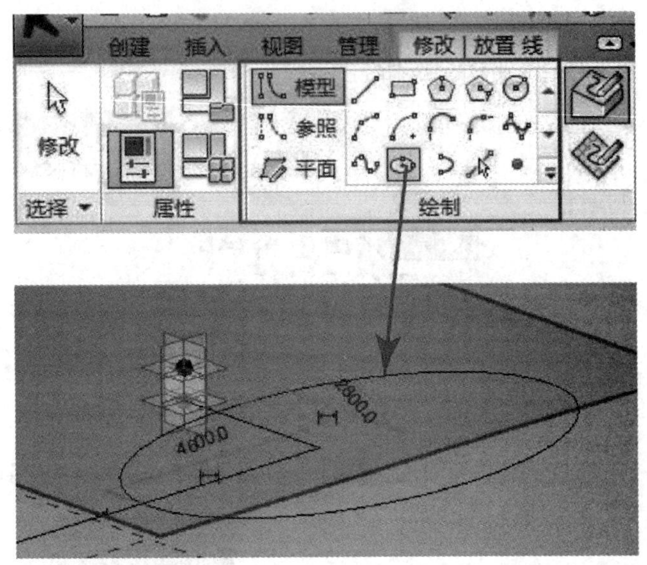

图 9. 47　在参考平面绘制任意形状椭圆

4. 椭圆长短轴标注

选中绘制的椭圆，点击“实例属性—图形”勾选“中心标记可见”，如图 9. 48 所示。点击“创建—尺寸标注—对齐”命令，配合“Tab”键，标注椭圆长短轴，如图 9. 49 所示。

线 (常规模型) (1)	编辑类型
限制条件	
工作平面	参照点
图形	
可见	☑
可见性/图形替...	编辑...
中心标记可见	☑
焦点标记可见	☐

图 9. 48　设置图形可见性

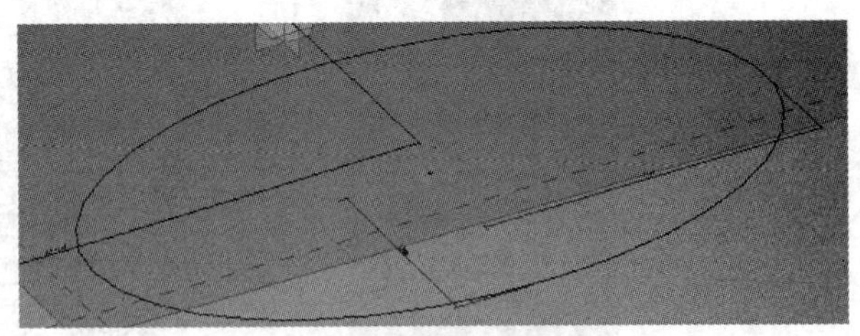

图 9. 49　勾选中心标记可见

选择长短轴的标注，重复标注参数设置，并将参数分别设置为“a”和“b”，参数设置为“实例参数”，如图 9. 50 所示。

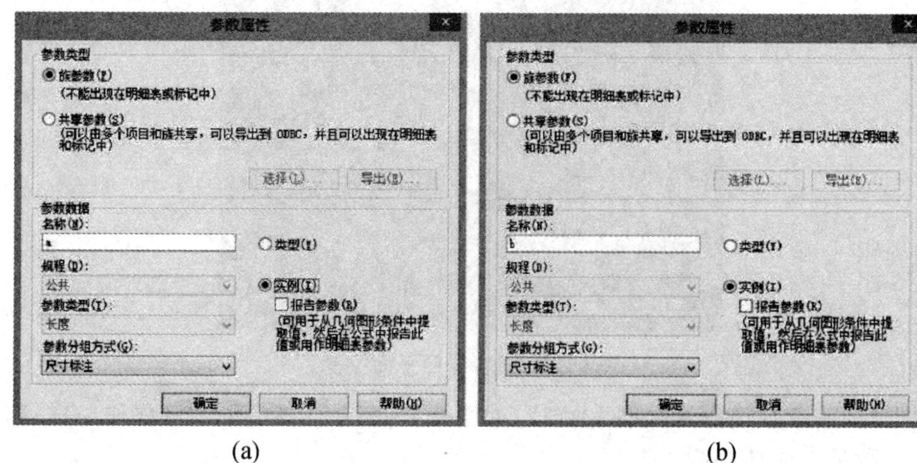

图 9. 50　设置标注参数属性

5. 关联族参数设置

测试所设置的参数，点击“创建—属性—类型属性”命令，分别调整“a”和“b”的值，然后点击“应用”按钮，观察绘图区域中相应的值是否发生变化，如图 9. 51 所示。

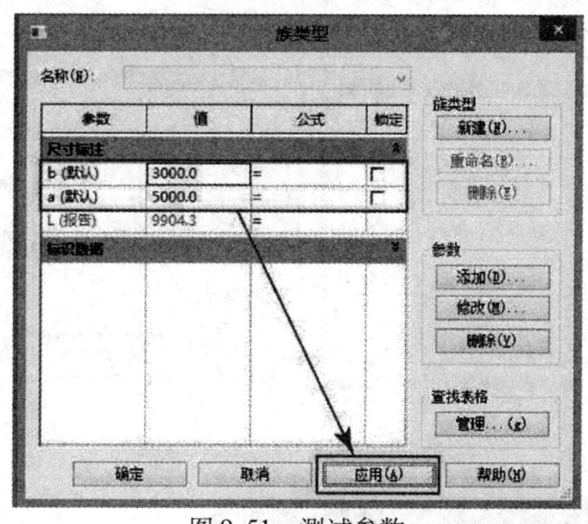

图 9. 51　测试参数

点击“修改—修改—对齐”命令，配合 Tab 键，依次选择参考点的两个竖向参照平面和椭圆的长短轴，如图 9. 52 所示，并点击“ ”。测试椭圆与参考点是否关联，可以拖动参考点，观察椭圆是否也会随着参考点而移动。

点击选中参考点，点击“实例属性—限制条件—旋转角度”后面的“ ”按钮，弹出“关联族参数”对话框，点击“添加参数”按钮，弹出“参数属性”对话框，设置参

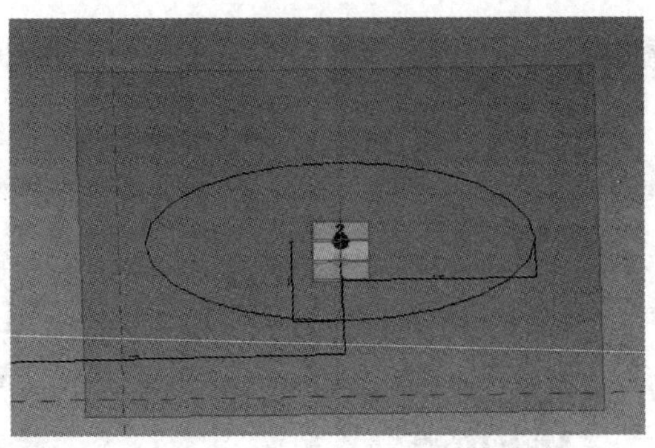

图 9. 52　选择参照平面位置

数数据，调整参数类型为“实例参数”，如图 9. 53 所示。然后同上面操作一样，测试角度参数是否成功关联。

6. 参数 h 设置

同上面的操作方法，将参考点的竖向参照平面设置为参考平面，然后标注参考点到自适应点 2 的距离，并为此距离添加参数 h，如图 9. 54 所示。然后同上述方法一样，测试并调整 h 的值。

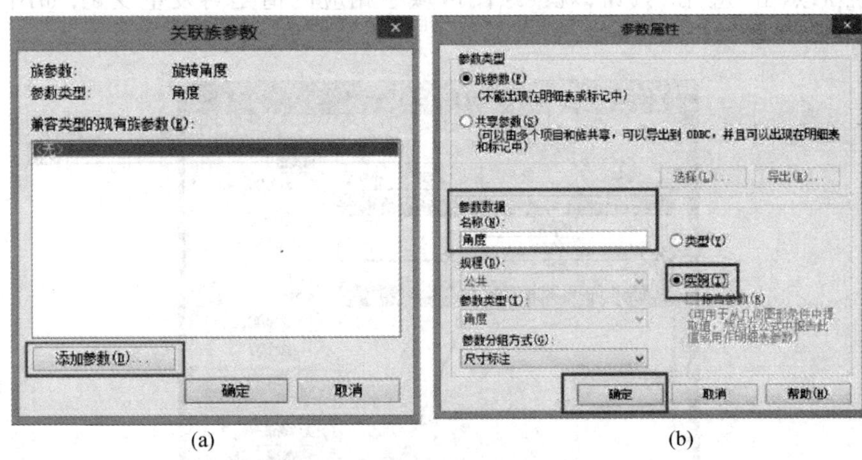

(a)　　　　(b)

图 9. 53　设置关联族参数数据

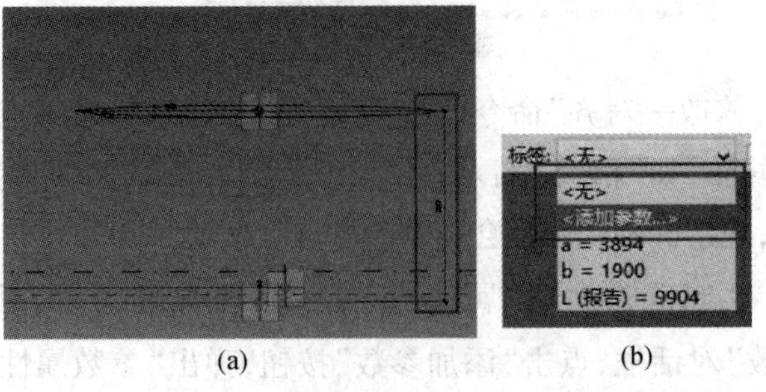

(a)　　　　(b)

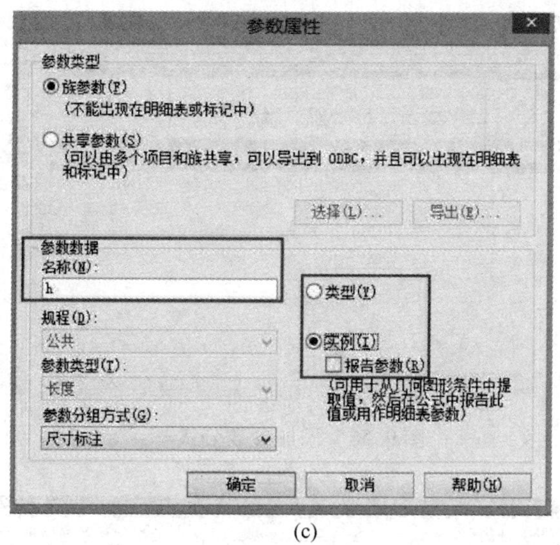

(c)

图 9. 54　添加参数 h

点击“创建—属性—类型属性”命令，弹出“类型属性”对话框，点击“参数—添加”命令，弹出“参数属性”对话框，设置参数如图 9. 55 所示，点击“确定”以完成参数设置。

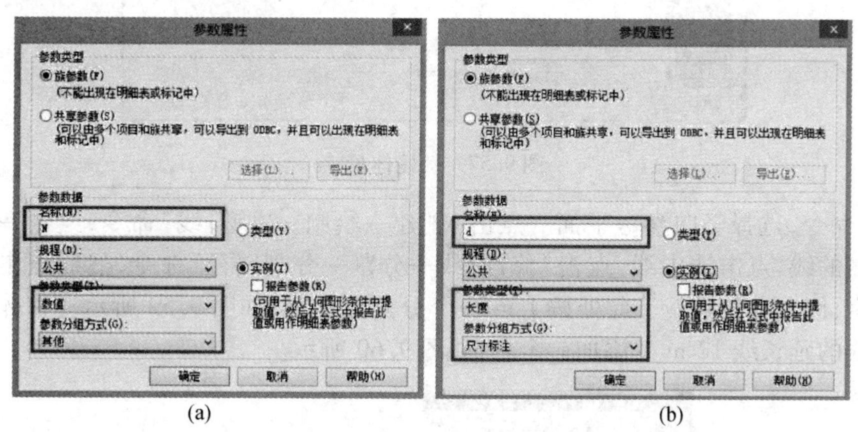

(a)　(b)

图 9. 55　完成参数设置

7. 添加参数公式

点击“创建—属性—类型属性”命令，为参数添加公式，如图 9. 56 所示。

8. 生成体量族

点击 Revit 左上角的“应用程序按钮—新建—概念体量”，选择“公制体量”，点击“确定”，如图 9. 57 所示。

输入快捷命令“un”，设置单位为 m，如图 9. 58 所示。点击“创建—工作平面—

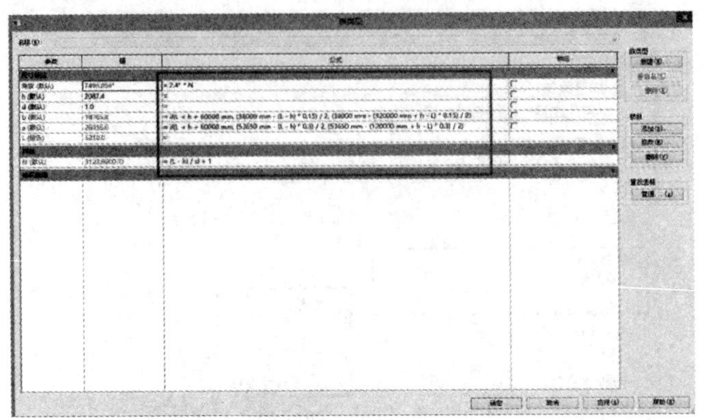

图 9.56　添加参数公式

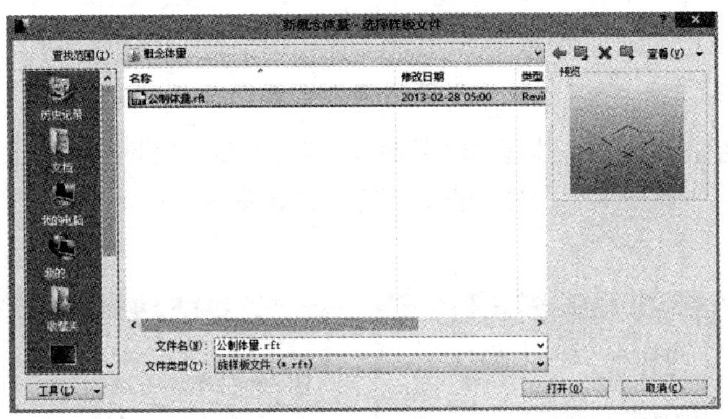

图 9.57　新建体量族

设置"命令,选择竖向参考平面。点击"创建—绘制—模型:线"命令,绘制一条任意长度的线,点击选中线,点击"修改/线—分割—分割路径"命令,然后点击线上的数字,修改分割数量。此处按 1 m 一个分割点分割,如图 9.59 所示。在体量族绘制线的延长线 12 m 处添加一个点,如图 9.60 所示。

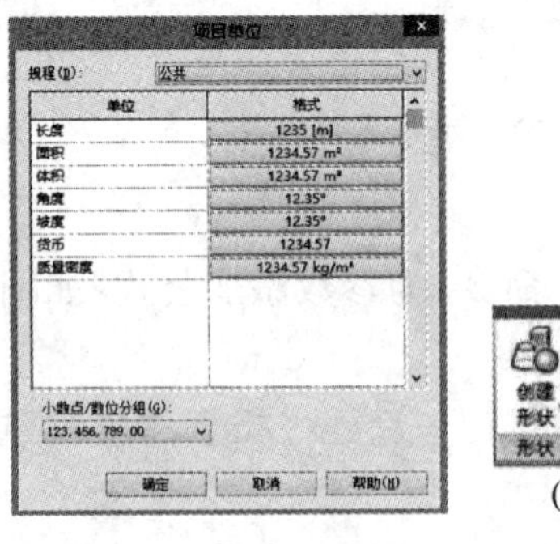

图 9.58　设置项目单位

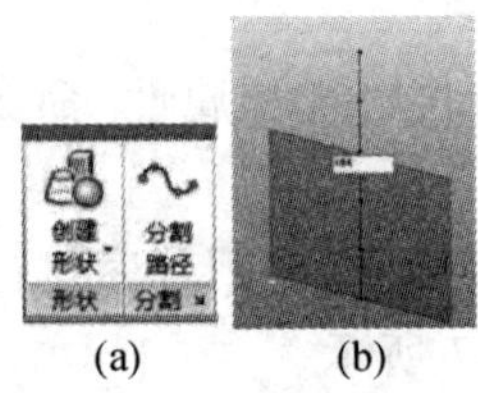

图 9.59　设置分割点

最后,将自适应族载入体量族中,并生成体量。使用“Ctrl + Tab”键切换到自适应族的编辑界面,点击“修改—族编辑器—载入项目中”命令,载入体量族中。然后在体量族中放置自适应族:先放置一个自适应族,然后点击“修改—修改—重复”命令,完成自适应族的放置。选择所有的自适应族,点击创建形状生成体量模型,如图 9. 61 所示。

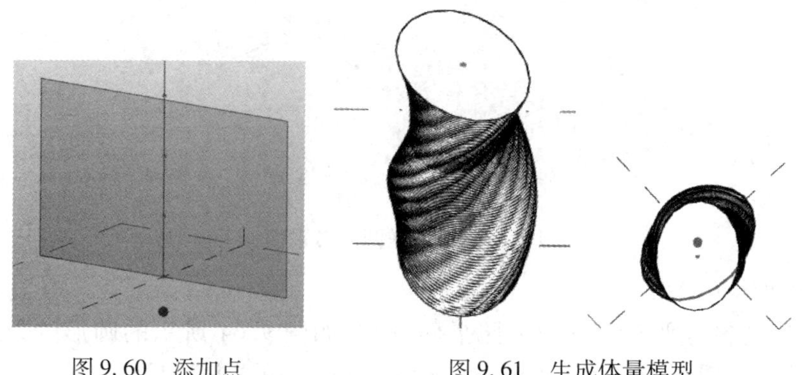

图 9. 60　添加点　　　　图 9. 61　生成体量模型

有关与旋转角度和变化高度的控制,可根据公式做出适当的调整,然后再次载入体量族中,“覆盖现有版本及参数”生成不同形状的体量。后续相关操作,读者可自行探究。

9. 3. 4　构建概念体量族文件

在概念体量族环境下创建体量族,读者通过跟随案例演示操作,掌握基本体量族的创建方法。

1. 新建概念体量族文件

在 Revit 最近使用的文件中点击“族—新建概念体量”,选择“公制体量”,点击“确定”。点击选中“水平参考平面”,使用“复制”命令,将参考平面向上复制,并输入距离为 25 000,如图 9. 62 所示。

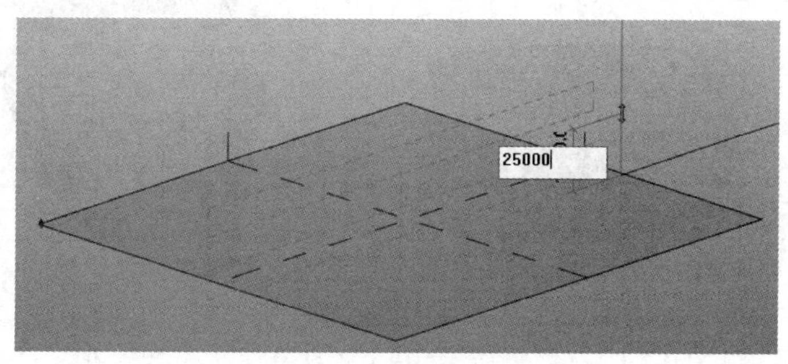

图 9. 62　复制参考平面

2. 参考平面设置

将下面的参考平面设置为参考平面,具体设置方法已多次讲解,此处不再赘述。绘制如图 9. 63 所示的椭圆形。

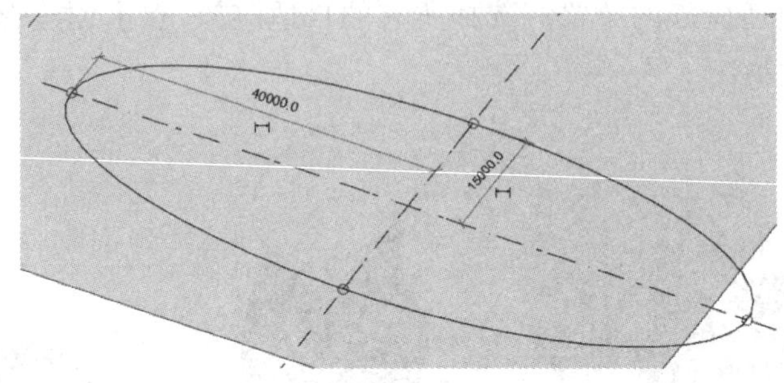

图 9. 63　绘制椭圆参考平面

3. 构建体量模型

将复制的参考平面设置为参照平面,绘制如图 9. 64 所示的圆形。为绘图方便,可将绘图的视图调整为俯视图,点击 Viewcube 中的"上"即可。

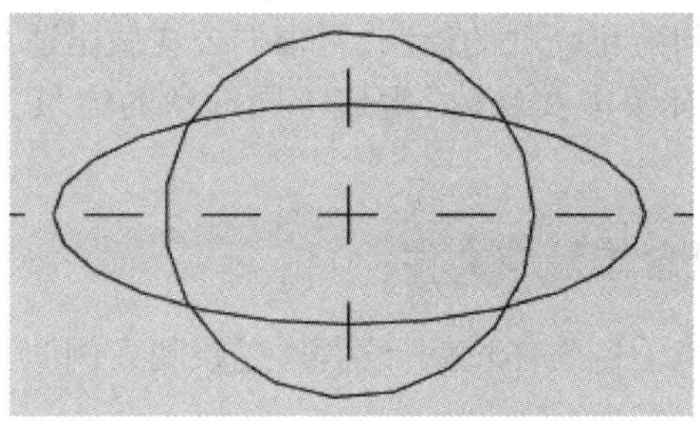

图 9. 64　绘制圆形平面

使用"Crtl"键,分别选择所绘制的图形,点击"修改/线—形状—创建形状"下拉列表中的"实心形状",效果如图 9. 65 所示。

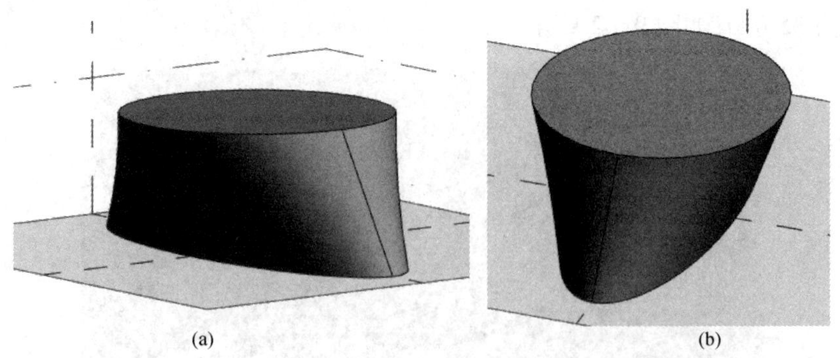

(a)　(b)

图 9. 65　生成效果

4. 体量模型转化为设计模型族文件

(1)打开已经创建的体量模型,然后载入项目文件中。将项目中的视图切换到三维视图,此时视图中的模型不可见。点击“体量与场地—概念体量”显示形状与楼层,则体量模型即可在三维视图中显示。

(2)使用“体量与场地—面模型”中的命令,如屋顶,在“属性”选项栏中选择目标屋顶,然后设计各类参数。

(3)在绘图区域中点击体量模型中与屋顶相对应的面,然后点击“修改/放置面屋顶—多重选择—创建屋顶”命令,即可为体量模型创建屋顶。

(4)同上述步骤,我们可以依次完成对体量模型的墙体、幕墙及楼板的转化。

(5)当完成了所有转化之后,可删除或隐藏体量模型。

通过上述方法,将构建的各种建筑空间构件的体量模型转换为BIM族文件,作为后面的模块式建模与设计工作族库文件资源。

§9.4　标准构件族文件构建案例:牛腿柱族文件

本节通过使用体量工具创建建筑构件模型,使读者能初步了解并掌握在Revit项目文件中创建体量模型用于后续建筑标准构件族库建设,我们以某牛腿柱三维模型的创建为案例进行相关讲解。

1. 新建体量

点击“建筑—构件”下拉列表的“内建模型”,弹出“族类别和族参数”对话框,选择“常规模型”,点击“确定”,弹出“名称”对话框,此例中命名为“牛腿柱”,如图9.66所示。

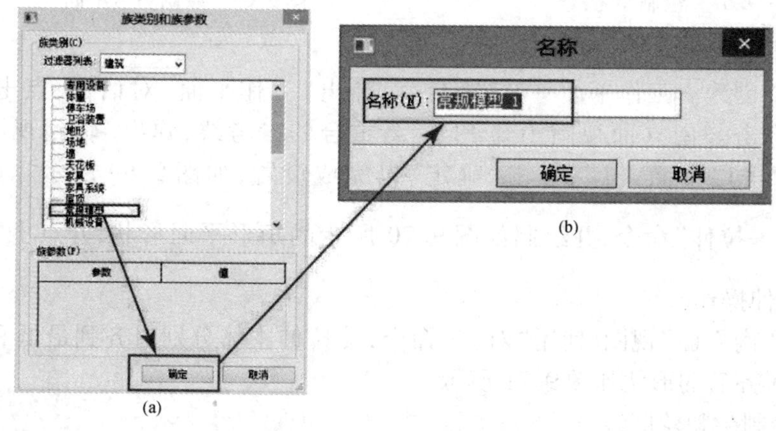

图9.66　命名新建体量

2. 绘制参考线

点击项目浏览器中的“楼层平面”下拉列表中的“F1”视图，进入 F1 楼层平面。点击“创建—基准—参考平面”命令，在“F1”视图中绘制如图 9.67 所示的参考线。点击项目浏览器中的“立面:南立面”视图，绘制如图 9.68 所示的参考平面。

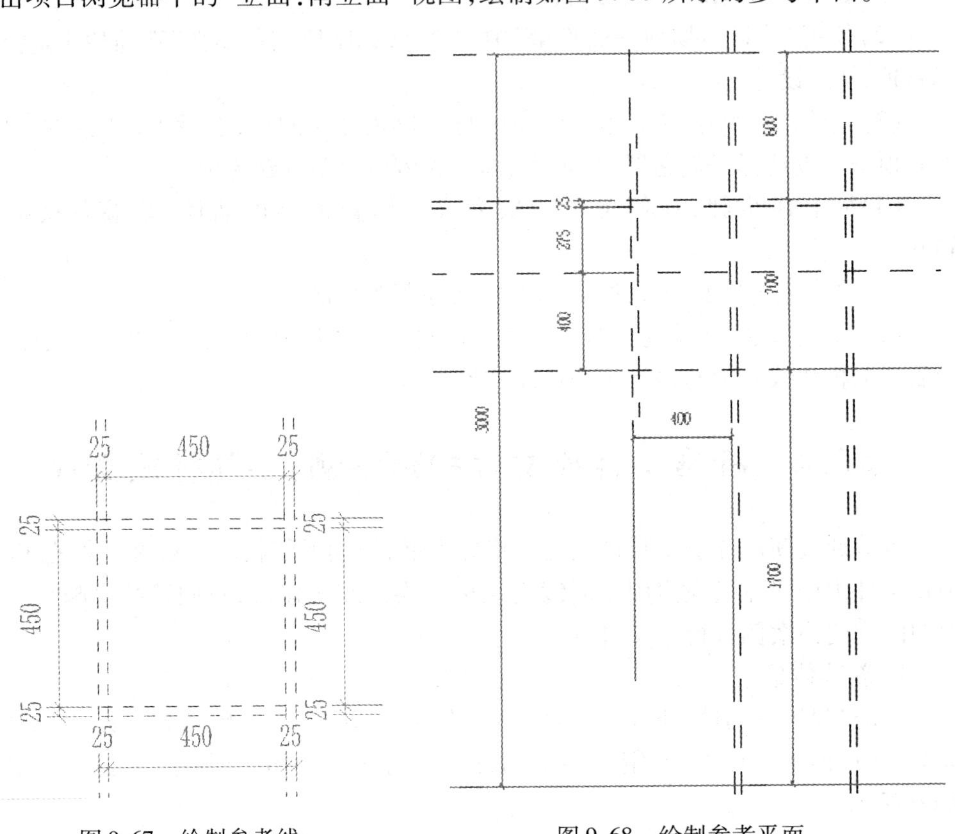

图 9.67 绘制参考线　　　　图 9.68 绘制参考平面

3. 创建牛腿柱主体模型

点击“创建—工作平面—设置”命令，弹出“工作平面”对话框，点击拾取一个平面，点击与南立面视图中与 F1 标高重合的参考线，弹出“转到视图”对话框，选择“楼层平面:F1”，点击“确定”以完成设置，如图 9.69 所示。点击“创建—形状—拉伸”命令，并绘制如图 9.70 所示的矩形平面形状，并点击“ ”以完成拉伸操作。

点击“南立面”视图，使用“对齐”命令，使拉伸主体分别对齐到最低和最高的参考线，对齐后的形状如图 9.71 所示。

4. 绘制牛腿轮廓线

点击“楼层平面:F1”转到 F1 楼层平面视图，同上所述设置工作平面转到“南

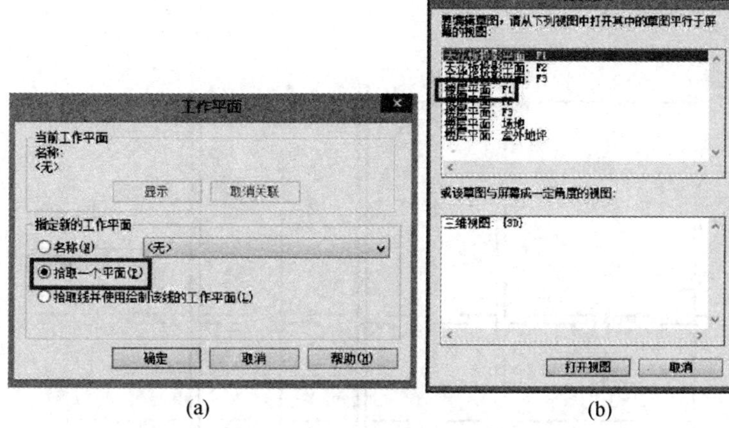

(a)　　　　　　　　　　　　　　(b)

图 9. 69　选择建模工作平面

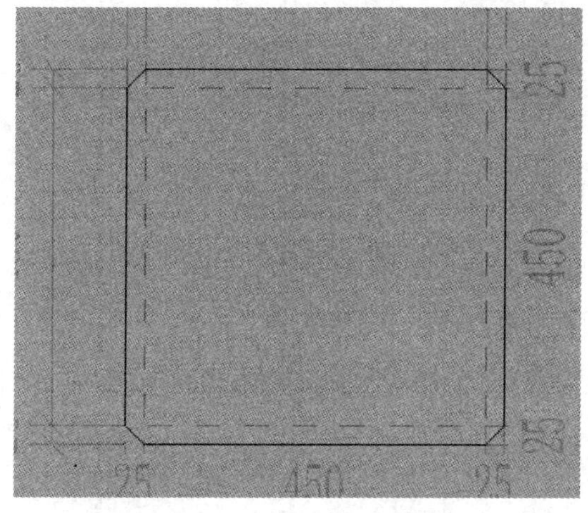

图 9. 70　绘制牛腿底面

立面”视图,然后点击“创建—形状—拉伸”命令,并绘制如图 9. 72 所示的轮廓线,并点击“ ✔ ”以完成拉伸操作。

转到“楼层平面:F2”视图,使用“对齐”命令,使刚创建的构件的上下面分别与上下的第二根参考线对齐,对齐后的效果如图 9. 73 所示。

5. 完成模型创建

完成模型创建,并转到三维视图,查看牛腿柱的三维模型效果,如图 9. 74 所示,最后将该模型转换为标准构件族文件保存备用。

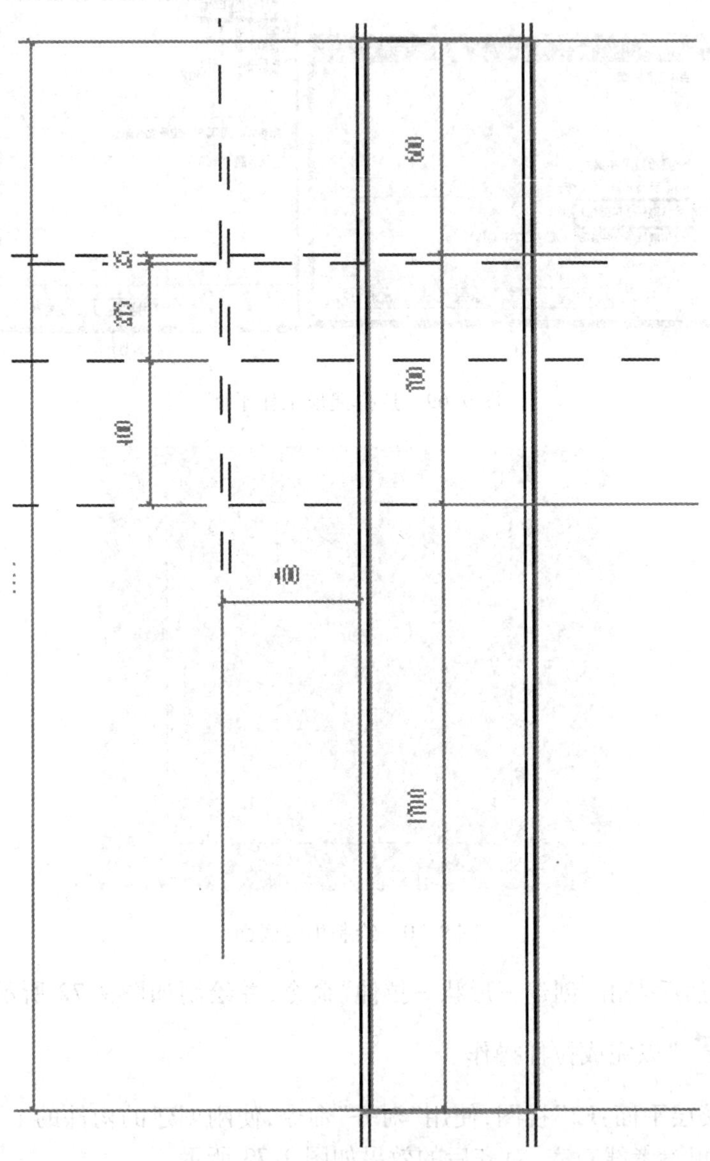

图 9.71　柱子立面绘制

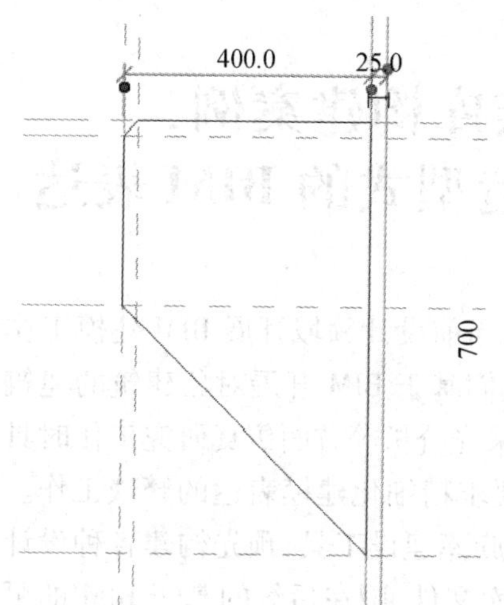

图 9.72　绘制轮廓线

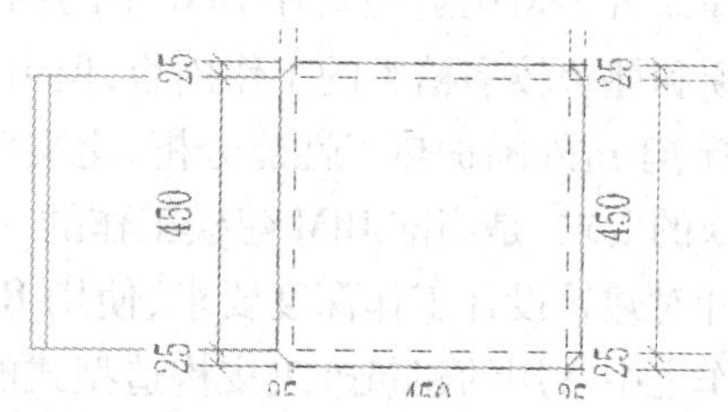

图 9.73　构件对齐后效果

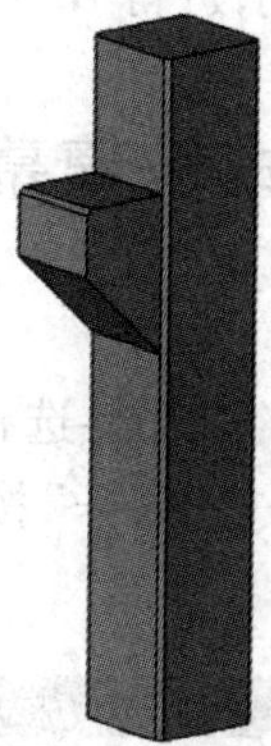

图 9.74　牛腿柱三维模型

第 10 章　BIM 族库构建案例：建筑外表皮与屋顶构造型式的 BIM 表达

建筑外表皮构造型式在 BIM 中的构建是当前设计领域开展 BIM 建模工作中非常麻烦和耗费较多精力的工作内容，但由于我们基于 BIM 开展对象建筑的建筑热环境分析、建筑外围护热工性能分析、建筑日照采光分析等方面仿真研究工作时具有不可或缺的要求，是当前 BIM 建模工作的一项要求精细化建模表达的繁琐工作。如果能够针对建筑设计工作深度要求，使用 Revit 族库建设工具，预先构建各种设计和建造工作之中常用的建筑外表皮构造型式的族库文件，则在后续的基于 BIM 的可持续建筑设计、绿色建筑设计和建筑施工建造工作中取得事半功倍的效果。本章我们选取几种常见建筑外表皮构造型式案例，进行 BIM 族库文件构建方法探索。

§10.1　框格式玻璃幕墙构件族文件

1. 族文件样式设置

点击“新建—族”命令，在弹出的“新族-选择样板文件”对话框中选择“基于公制幕墙嵌板填充图案”的族样板，点击“打开”按钮，即可进入族的常见样板文件选项，如图 10.1 所示。

图 10.1　选择族样板文件

2. 幕墙嵌板填充图案选取

在绘图区域中点击矩形网格,在属性下拉列表框中的修改网格,可以选择不同样式的幕墙嵌板填充图案,如图 10. 2 所示,本例不更改默认设置。

3. 框格式玻璃幕墙的体量建模

基于公制标准的框格式玻璃幕墙的构造表达模型构建,与体量族的建模方式基本相同,如图 10. 3 所示。

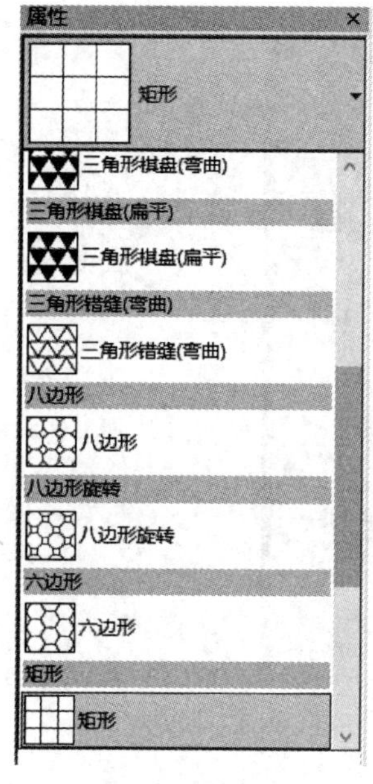

图 10. 2　创建幕墙嵌板填充图案

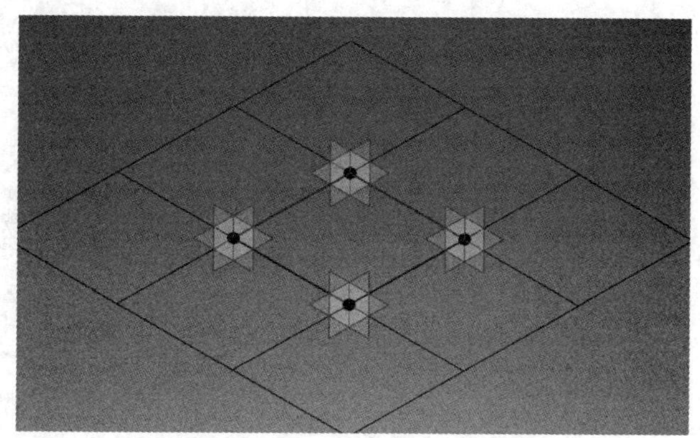

图 10. 3　填充图案族空间

打开默认的三维视图,选择“工作平面—设置”命令,在绘图区域中点击任意参照点,配合使用“Tab”键,将该点的垂直面设置为工作平面。选择“绘制—圆形”命令,绘制如图 10. 4 所示的圆形。

图 10. 4　绘制圆形

设置圆形轮廓的半径，并为其添加参数。点击选中圆形，然后点击“ ”，使尺寸标注变为永久尺寸标注，然后选中标注，点击“标签”下拉列表的“添加参数”，弹出的“添加参数”对话框，设置参数名称和类型，如图 10.5 所示，点击“确定”以完成参数的添加。

点击“创建—属性—族类型”命令，弹出“族类型”对话框，调节尺寸标注下的圆形轮廓的半径参数 r，点击“确定”以完成调节，如图 10.6 所示。

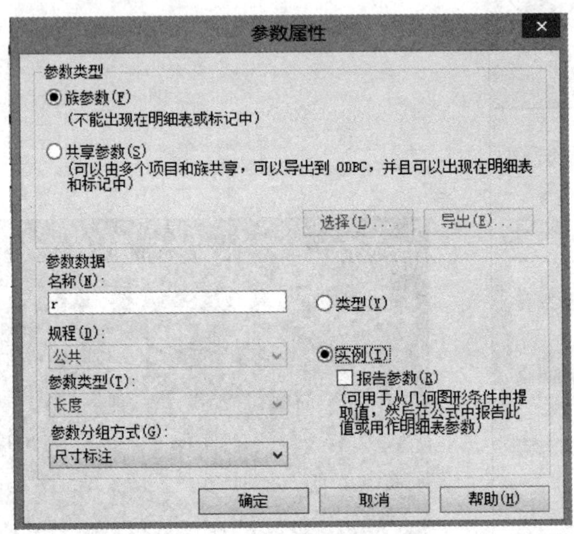

图 10.5　设置参数名称和类型

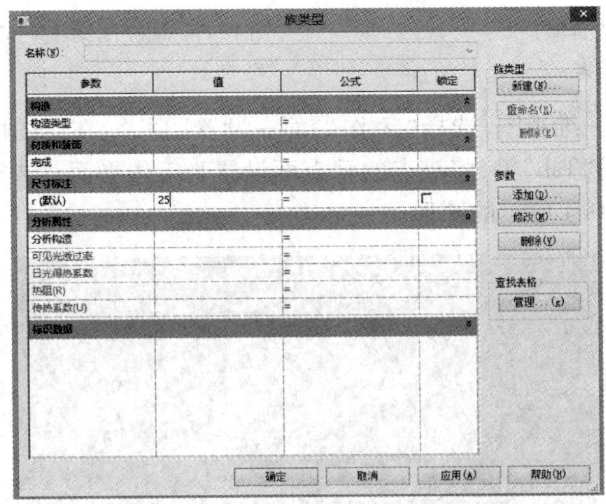

图 10.6　族类型选项

点击选中四条参考线，然后配合“Ctrl”键选中圆形轮廓，点击“修改/选择多个—形状—创建形状”下拉列表的“实心形状”，生成如图 10.7 所示的实心形体。

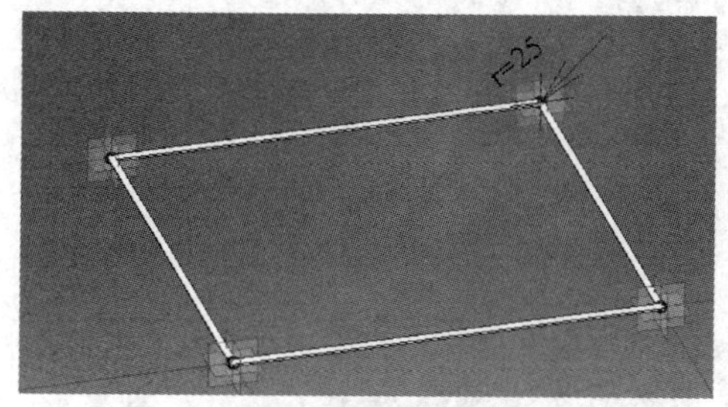

图 10.7　构建实心形体

同上所述方法，点击打开“族类型”对话框，再次调节圆形轮廓半径，观察生成的实心形体的粗细是否随之发生变化。

4. 框格式玻璃幕墙与建筑墙体的联接表达

选择“另存为—族”命令并命名，如“圆形幕墙嵌板构件族”等。然后载入体量族中，在体量族中新建一个矩形体块，如图 10.8 所示。

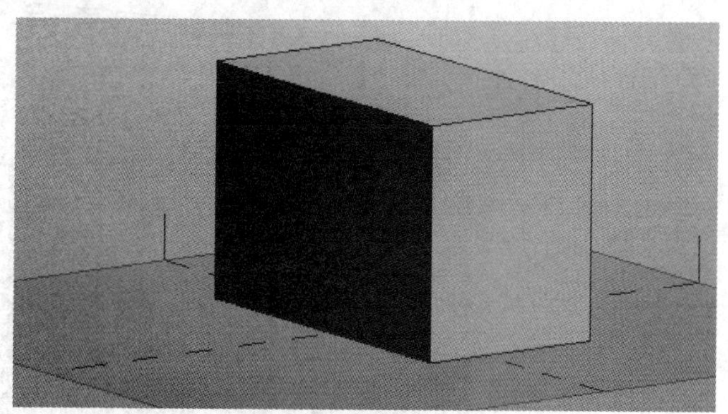

图 10.8　新建矩形体块

点击矩形体块中的任意一个面，然后点击“修改/形式—分割—分割表面”命令，并设置 UV 分割线，如图 10.9 所示。

点击选中体量中的 UV 分割线，展开“属性”面板中的下拉列表，并找到载入的嵌板族文件，如图 10.10 所示；点击“选择替换”，幕墙效果如图 10.11 所示，最后将该模型转换为标准构件族文件保存备用。

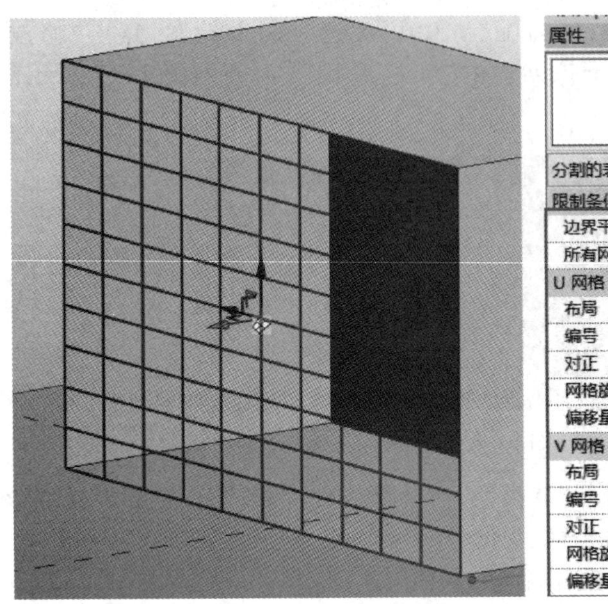

图 10.9　设置 UV 分割线

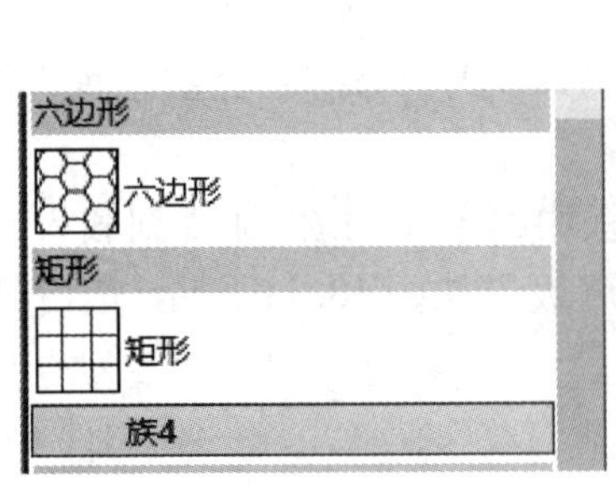

图 10.10　选择族文件

图 10.11　框格式玻璃幕墙体量建模效果

§10.2　点支式玻璃幕墙构件族文件

1. 族文件样式设置

打开 Revit 软件,在"族"中点击"新建"文件,然后选择"公制常规模型"选项,点击"打开"进入项目文件样式选择族文件建模的类型文件,如图 10.12 所示。

点击"视图"进入视图菜单,打开"用户界面",勾选"项目浏览器"和"属性"。点击"立面视图"后双击"参照标高",打开平面进行绘图。

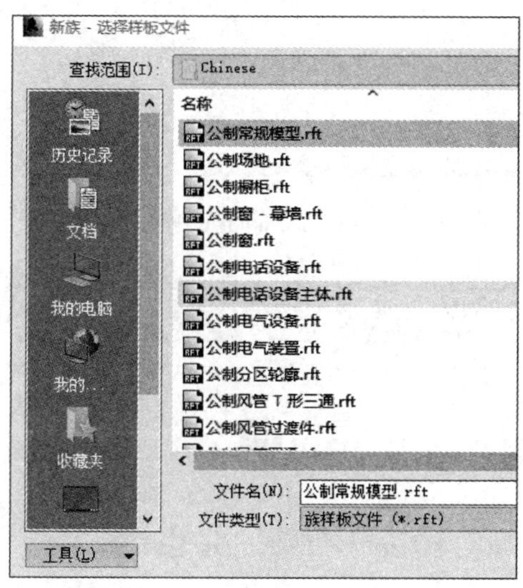

图 10.12　选择族文件类型

2. 点支式幕墙抓件建模

首先进行点支式幕墙的重要构件"接驳抓"建模。因为空间形体关系较为复杂,如果有点支式幕墙抓件的定型 CAD 图块文件,可以先导入接驳抓的 CAD 图块文件到 Revit,再使用体量工具进行建模,如图 10.13 所示。

点击菜单栏"创建",再点击"拉伸"命令进行抓件模型形体构建。建好之后,再双击"项目浏览器"中"三维视图"中的"视图 1",点击选择图元,出现箭头,按"Shift"和"滚轮"调整视角,对图元进行三维拉伸,如图 10.14 所示。

可以通过物体上的操纵柄调节物体形状,也可以通过调节"属性"里的限制条件改变物体的相对位置。确定了物体的位置、形状后,还可以通过"属性"栏里的"材质"设置物体材质,如图 10.15 所示。

3. 玻璃和联接柱子模型构建

再依次使用体量工具构建幕墙接驳抓的其他构件部分,以及联接的玻璃、柱子模型。通过调整接驳抓、玻璃、柱子的相对位置关系,将各构件组合在一起获得点支式玻璃幕墙构件 BIM，如图 10.16 所示，最后将该模型转换为标准构件族文件保存备用。

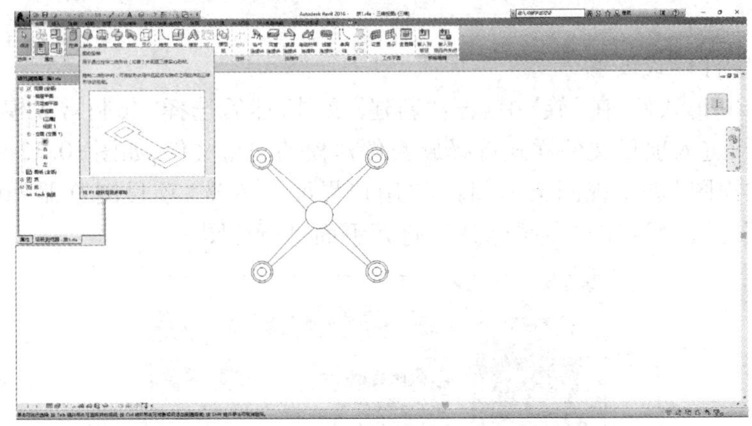

图 10.13　点支式幕墙的“接驳抓”建模

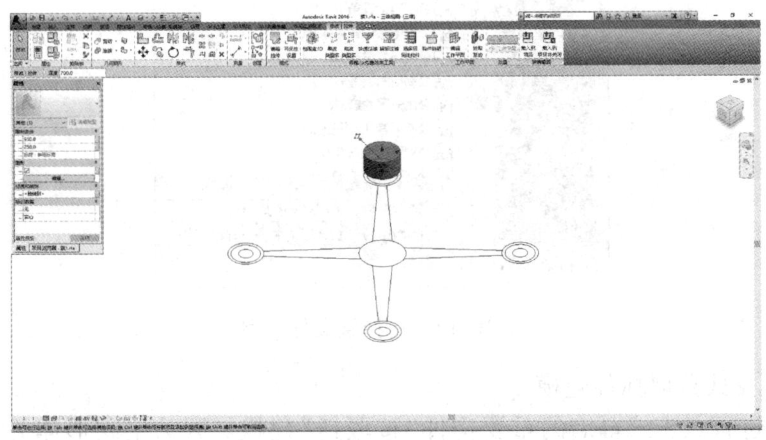

图 10.14　抓件模型视角调整

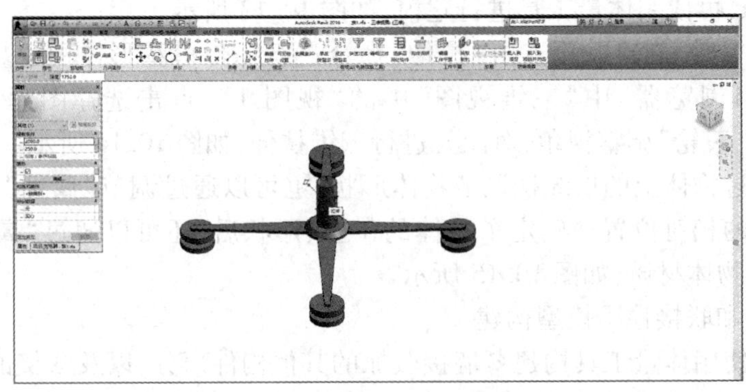

图 10.15　抓件模型材质设置

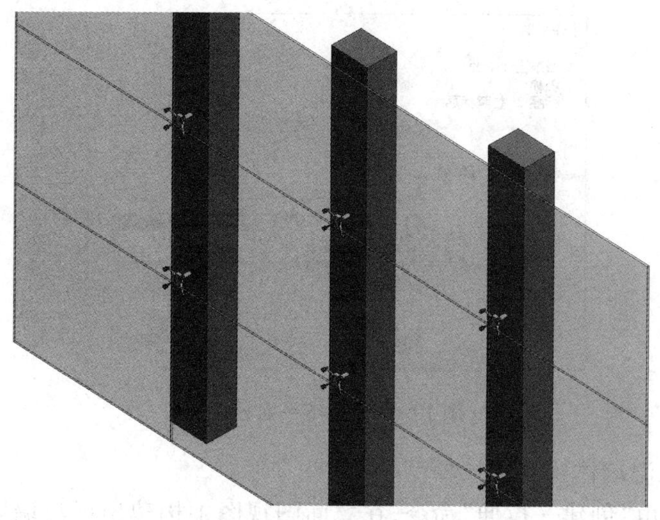

图 10.16　点支式玻璃幕墙模型

§10.3　砌块内保温外墙与勒脚构件族文件

1. 族文件样式设置

在"族"中点击"新建"文件命令,在弹出的"新族选择样板文件"对话框中选择"公制常规模板"的族样板,如图 10.17 所示。而后点击"创建—工作平面—设置"命令,在弹出的"工作平面"对话框中将工作平面改为"参照平面:中心(前/后)",如图 10.18 所示。

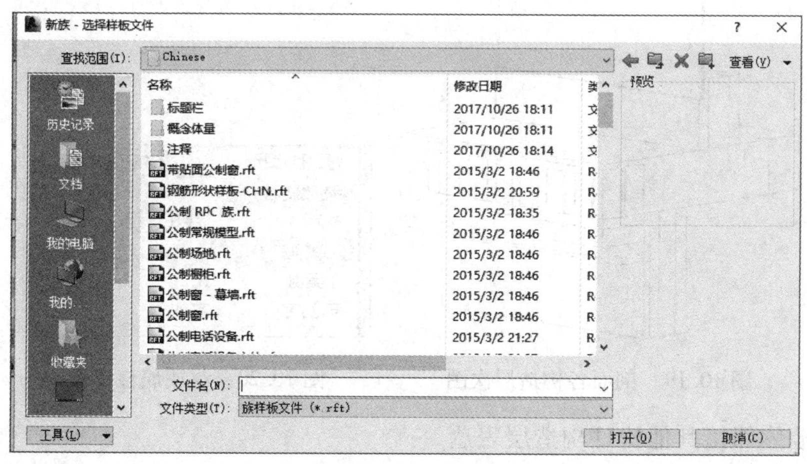

图 10.17　选择族文件类型

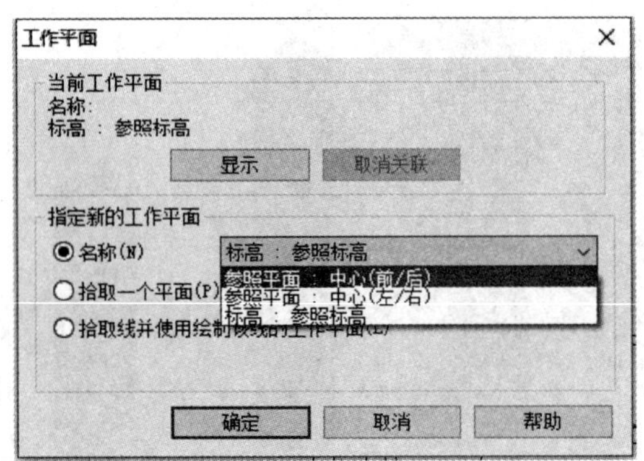

图 10.18　工作平面设置

2. 构建保温墙体构各造层模型

点击右上角“创建—拉伸”命令，在立面图视图中构建出保温墙体的剖面各构造层次图，如图 10.19 所示，点击“拉伸”后，可以选择绘制工具中的各种线性工具。若线有重叠部分则应一块一块地分开绘制，并且每部分的线条必须闭合。

3. 赋予各构造层材质

根据剖面图中所示为模型各部分赋予相应材质。选中模型中需要赋予材质的部分，点击右键选择属性，如图 10.20 所示。点击“按类别”后面的按钮即可进入材质填充图案选项，选择该构造的材质进入材质编辑，如图 10.21 所示。在填充图案中选择合适的图案或者对已有的图案进行编辑，或者新建均可。选好后点击“确定”，在颜色工具中选择该材料的颜色点击“确定”即可。

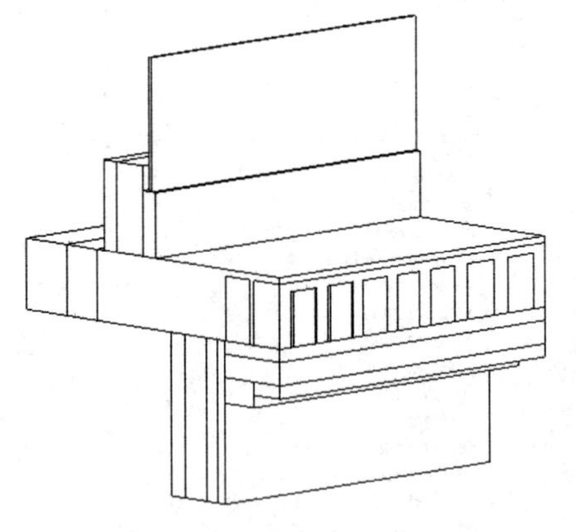

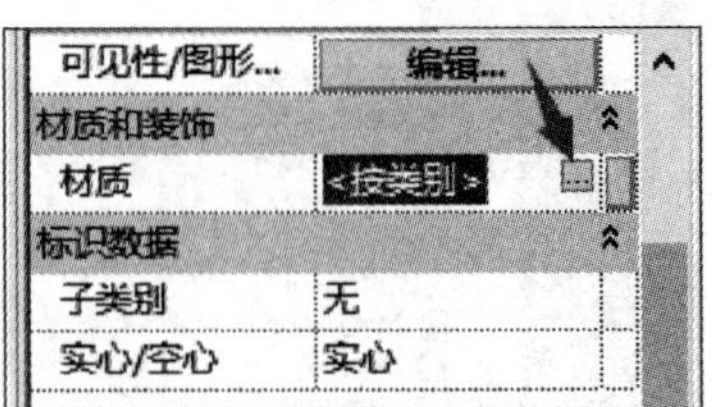

图 10.19　剖面各构造层次图

图 10.20　材质属性设置

4. 墙体邻接其他构件构造层表达

做完墙体构造层次表达后，可以直接在三维视图中做出其他相邻结构构件构造的模型，其他构件结构及材质均可按照上述方法完成。另外如果遇到相同的材质但是具有不同的颜色表面可以按照以下方式来解决,例如同样是土层,有不同的颜色,鼠标右键点击“土层”,选择“复制”,然后在“土层(1)”中编辑材质即可,如图 10.22 所示。

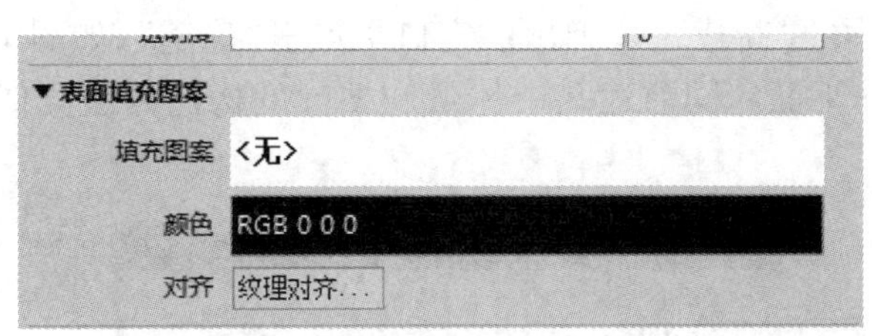

图 10.21　材质填充图案选项

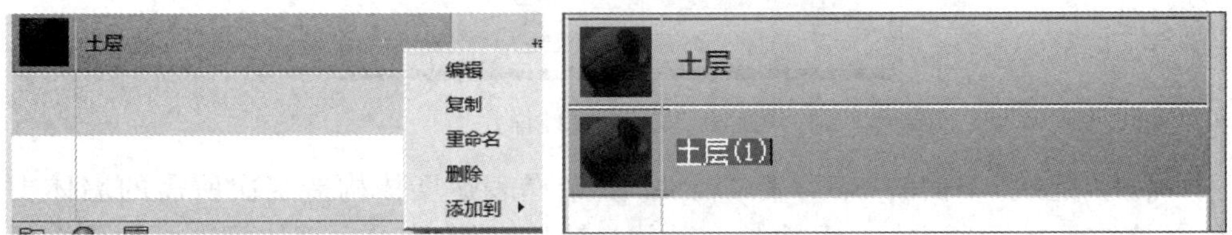

图 10.22　土层构造表达

5. 砌块内保温外墙与勒脚的模型表达

根据上面的步骤,可以构建出完整砌块内保温外墙与勒脚构造的模型文件,并将其转换为系统族文件保存,最终模型效果如图 10.23 所示,最后将该模型转换为标准构件族文件保存备用。

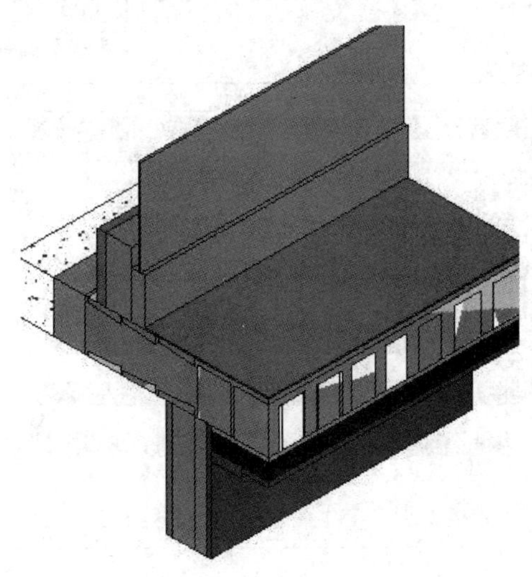

图 10.23　砌块内保温外墙与勒脚构造效果

§10.4 无保温层砌块外墙构件族

点击“项目”中的“新建”,在弹出的窗口中点击“确定”,如图 10.24 所示,即可出现建模所需工作平面。同前述几个体量族文件的构建方法类似,先选择族文件样式。

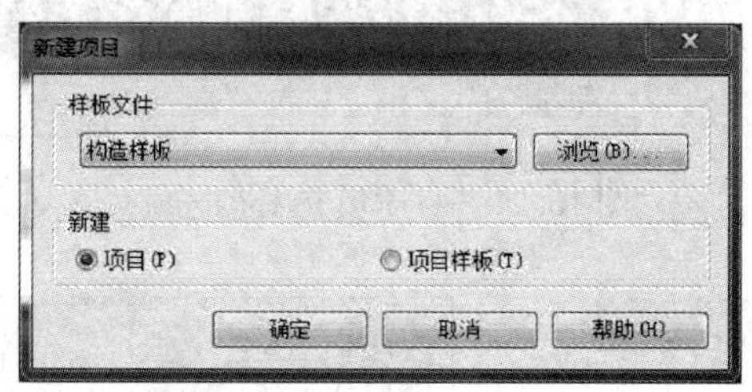

图 10.24 族文件样式

点击“建筑”下面的“墙”,在“属性”里选择表达墙体构造层次所需的墙体类型,或者参照前面所讲解的几个族文件体量建模案例,直接采用体量工具构件空间体块层次后,再设置各构造层的材质表达。在基本墙“属性”里的“编辑类型”对材质进行选择及表面填充图案,如图 10.25 所示。如果想以此墙体为基准进行不同材质的墙体构造,可点击图 10.25 中的“复制”,再点击“编辑”进行设置。

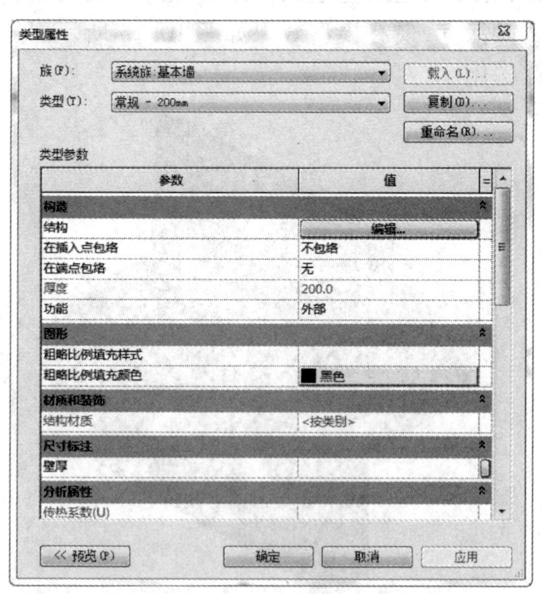

图 10.25 基本墙类型属性设置

点击“编辑部件”选项,进入材质设置选项,如图 10. 26 所示。在“材质浏览器”对话框右侧会有一个带点状的小方块,点击该处即可对材质进行选择,如图 10. 27 所示。

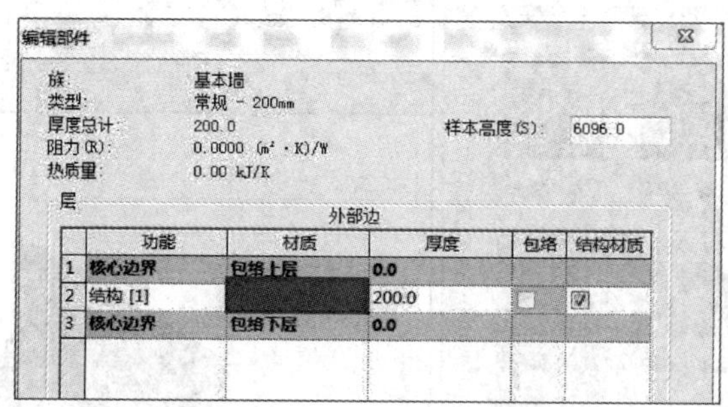

图 10. 26　基本墙编辑部件选项

图 10. 27　材质浏览器

在三维视图状态下构建墙体和与之相邻接的楼板模型。对于楼层平面的绘制,点击“建筑”下的“楼板”,可沿墙体绘制,如图 10. 28 所示。

如果想对构造层次的材质进行改变,可在楼板的“属性”中点击“修改”“着色”选项,即可修改。构建好的无保温层一般砌块外墙模型构造效果如图 10. 29 所示,最后将该模型转换为标准构件族文件保存备用。

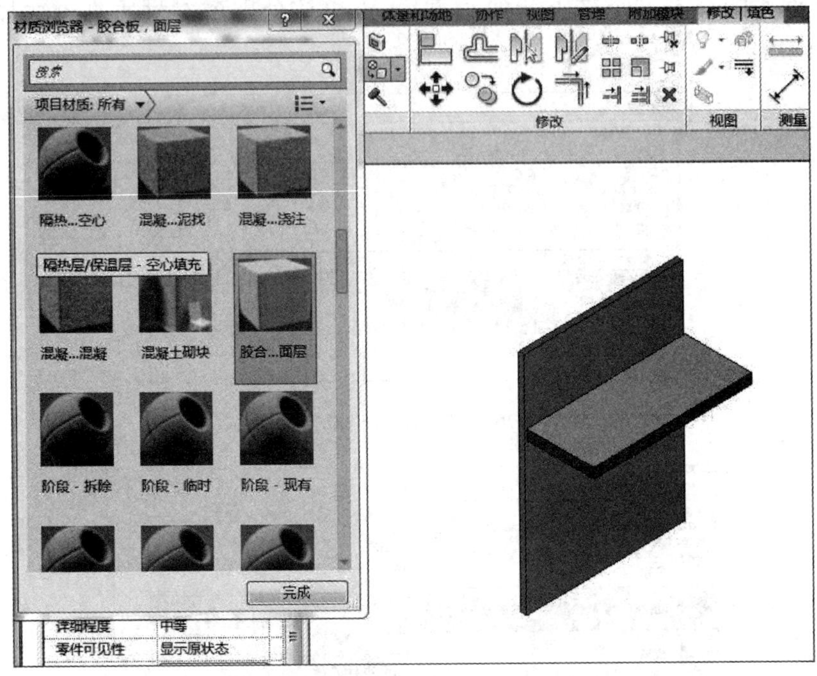

图 10.28　三维视图状体下墙体建模

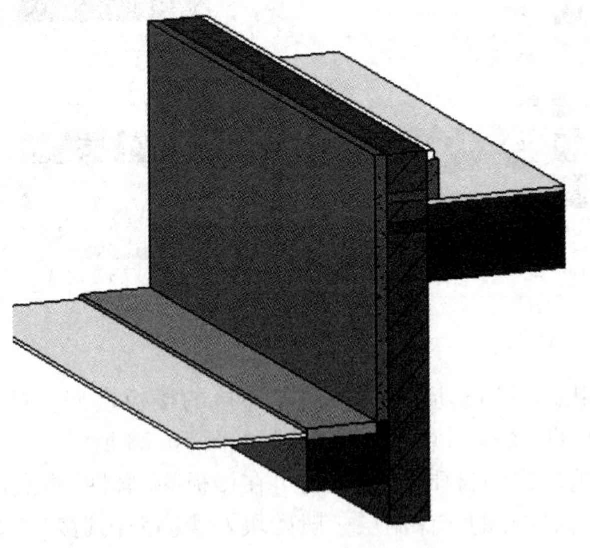

图 10.29　无保温层一般砌块外墙构造效果

§10.5　带檐沟坡屋顶瓦屋面族文件

1. 族文件样式设置

点击“新建—族”命令,在弹出的“新族-选择样板文件”对话框中选择“公制常规模型”选项,点击“打开”进入项目编辑状态,如图 10.30 所示。

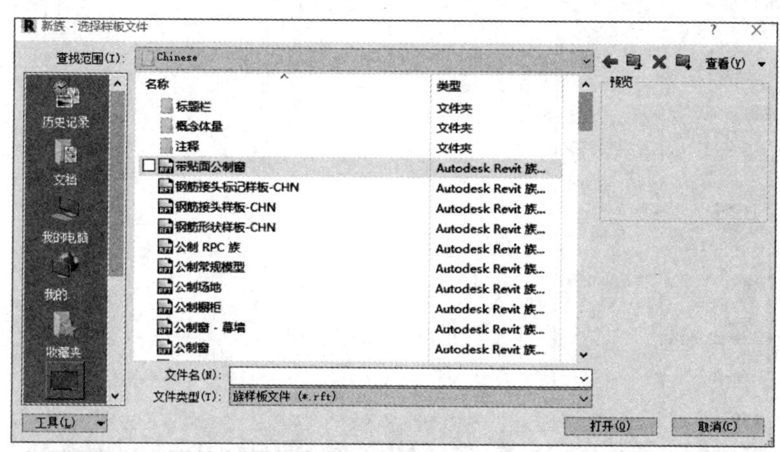

图 10.30　选择族样板文件

2. 构件坡屋顶构造模型

在“视图”命令的”用户界面”勾选“项目浏览器”和“属性”,在“项目浏览器”中的“立面图”中双击“前”打开前立面图,进入建模状态如图 10.31 所示。

创建建模参考线。打开菜单栏中的“创建”选择基准中的“参照线”命令创建基准线,先画一根斜线,再利用菜单栏中的“镜像”工具进行镜像对称,如图 10.32所示,先选择图元再点击需对称的轴线。再点击“创建”中“拉伸”工具,选择“绘制”中绘制线型进行绘制,绘制完成后点击“确定”。再利用镜像进行对称,反复利用拉伸工具将图形绘制详细的屋顶构造层次轮廓如图 10.33 所示。

在三维视图状态下对各层构造体块进行拉伸,如图 10.34 所示。

画屋顶的檩条构件时需要利用“阵列”命令,进入前立面视图进行绘制。先绘制檩条截面矩形,再使用”阵列”命令布置檩条,如图 10.35 所示,而后切换到三维视图进行拉伸檩条构件体块,获得三维模型效果如图 10.36 所示。

3. 屋顶瓦片模型构建

打开前立面图,参照前面案例建模相似方法,使用”阵列”命令布置檩条,如图 10.37所示。而后切换到三维视图,使用“拉伸”和“镜像”工具一步一步地构建瓦片模型,完成后瓦屋顶三维模型的构建,如图 10.38 所示。

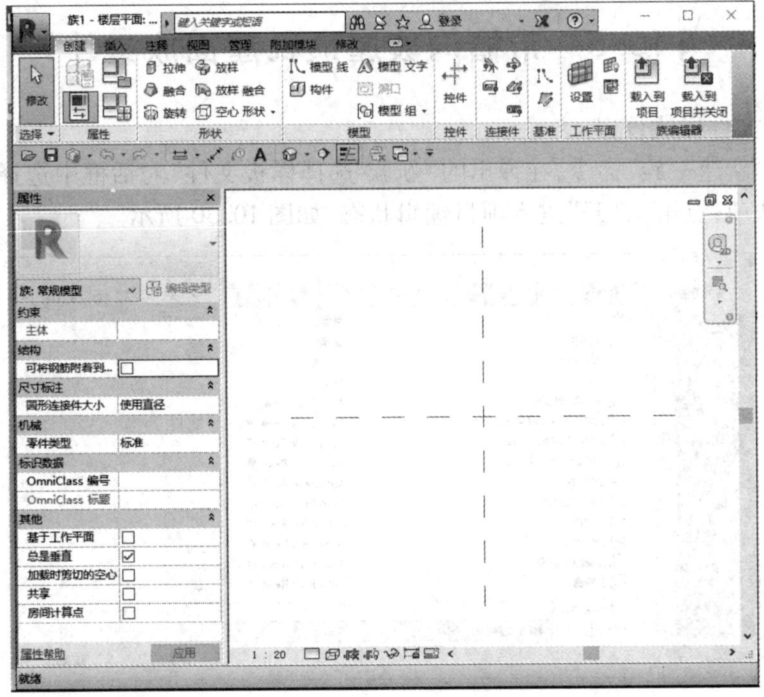

图 10. 31　建模立面视图选择

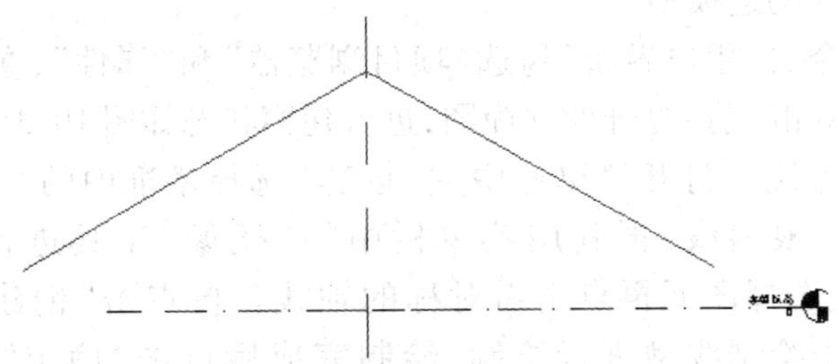
图 10. 32　创建坡屋顶建模参考线

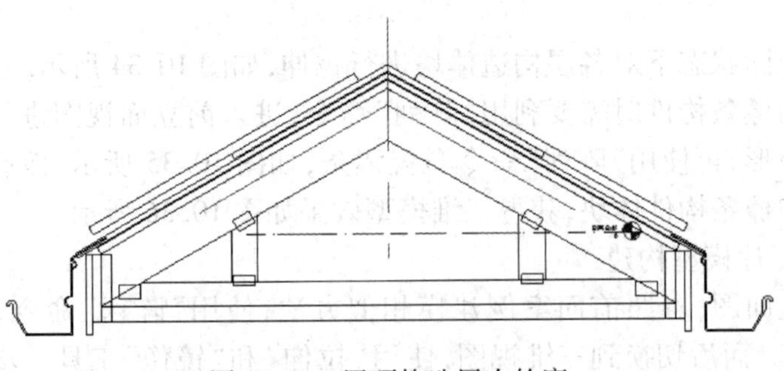
图 10. 33　屋顶构造层次轮廓

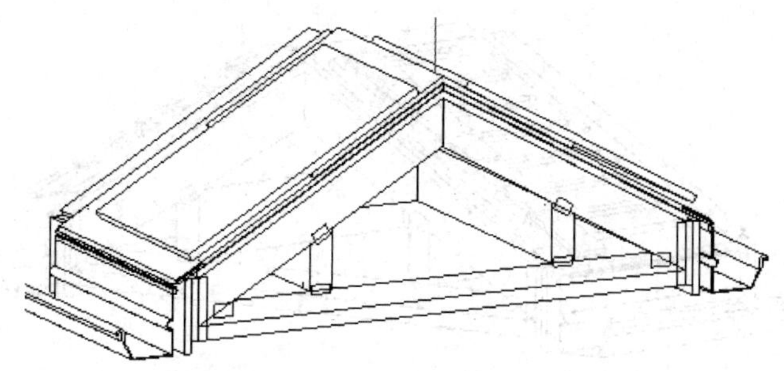

图 10.34　拉伸屋顶构造层次体块

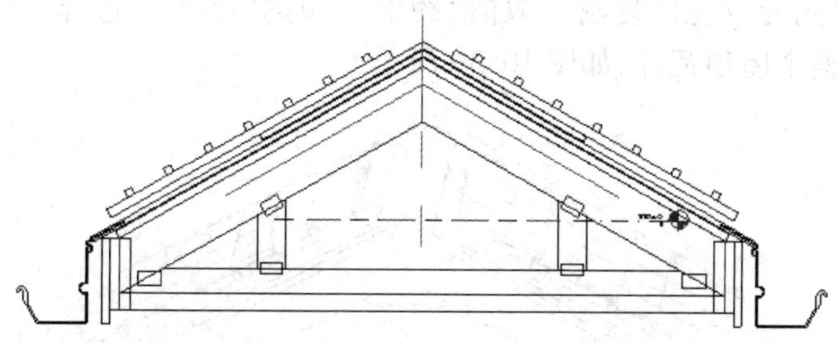

图 10.35　布置檩条

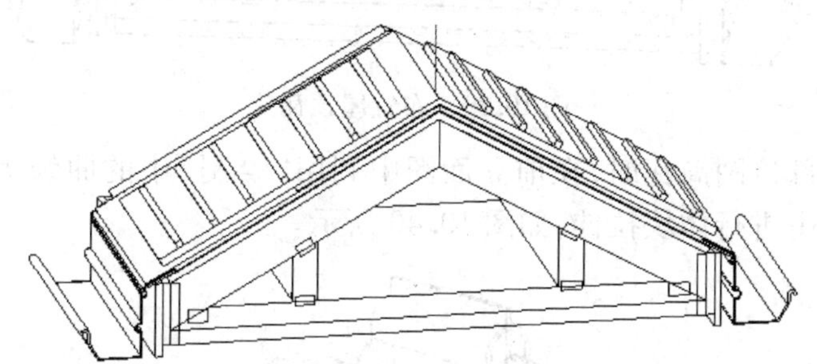

图 10.36　空间檩条构件体块

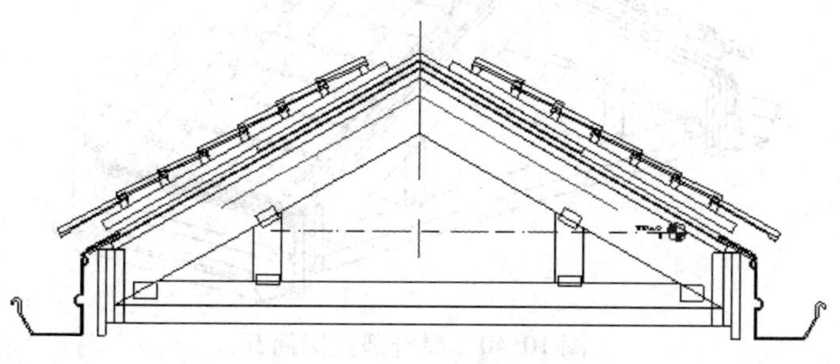

图 10.37　布置瓦片

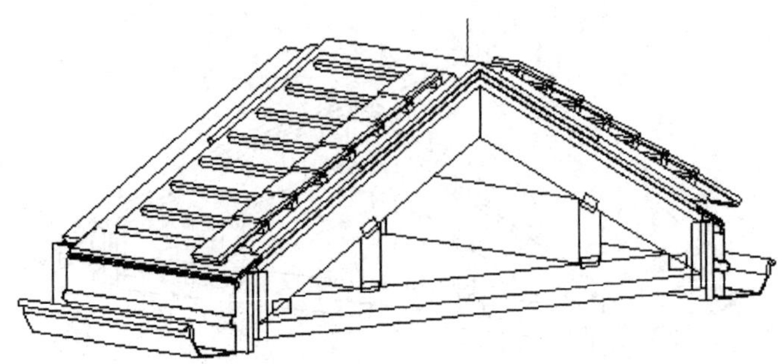

图 10.38　空间瓦片构件体块

然后选择图元,点击"复制",取消"约束",勾选"多个",选择一个移动基点进行移动,布置整个屋顶瓦片,如图 10.39 所示。

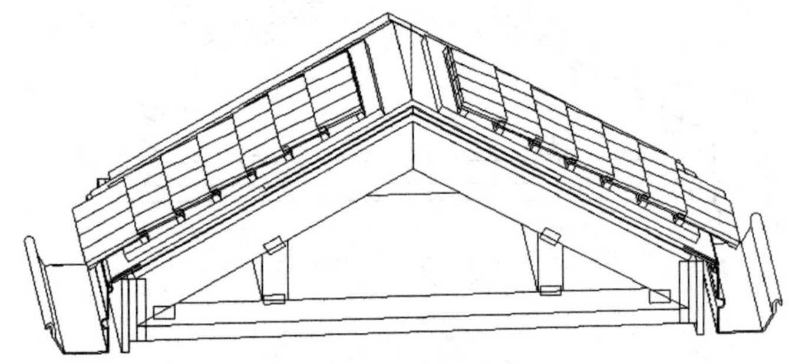

图 10.39　布置屋顶瓦片

构建屋脊部位圆筒瓦时,在前立面图中利用"绘制"中的曲线类型绘制圆弧,再在三维视图中进行体块拉伸,如图 10.40 所示。

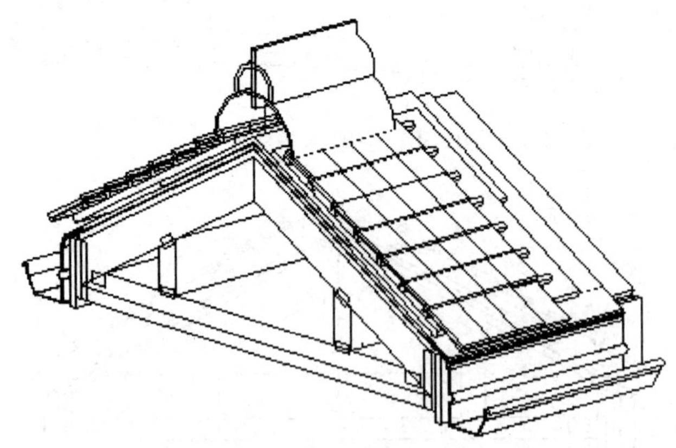

图 10.40　屋脊部位圆筒瓦

4. 屋顶构造材质表达

点击选择图元,在属性栏进行材质编辑,点击材质选项后的"[…]",打开"材质浏览器”对话框,对材质进行编辑,如图 10.41 所示。

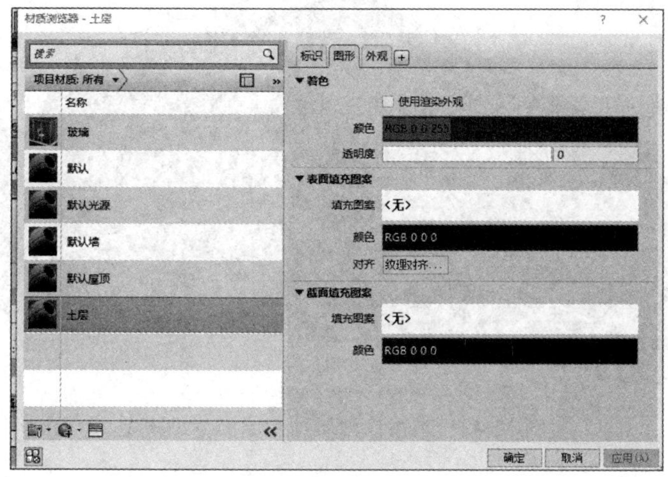

图 10.41　材质设置

点击“填充图案”后横框,进行图案编辑或新建,点击“编辑”命令可以修改图案比例等信息或自定义图案,如图 10.42 所示。同样点击颜色后横框,也可选择或编辑添加自定义颜色。

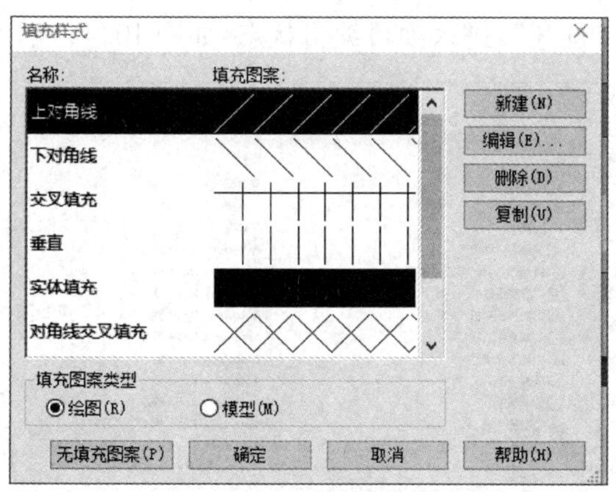

图 10.42　填充图案设置

构建完所有屋顶和瓦屋面构造层次形体后,编辑各构造层次对应的材质和颜色后,点击“着色”工具,即可得到带檐沟坡屋顶瓦屋面三维模型效果,如图 10.43 所示,最后将该模型转换为标准构件族文件保存备用。

图 10.43　带檐沟坡屋顶瓦屋面三维模型

§10.6　绿化种植隔热屋面族文件

1. 族文件样式设置

点击“新建—族”命令，在弹出的“新族-选择样板文件”对话框中选择“公制常规模型”选项，点击“打开”，进入项目编辑状态，如图 10.44 所示。

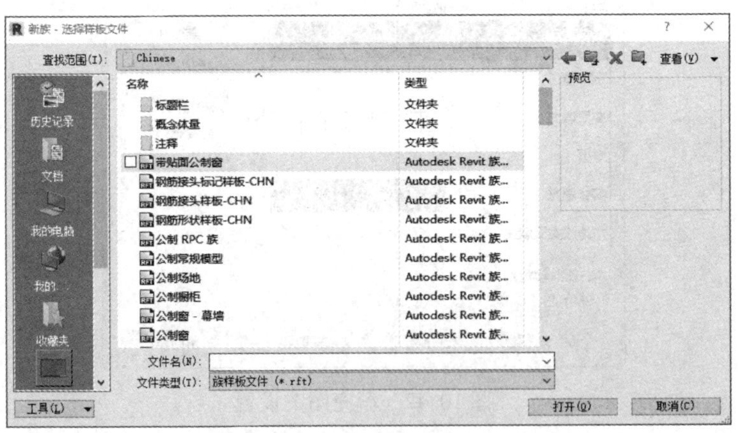

图 10.44　选择族样板文件

2. 屋顶剖面构造层次表达

点击“视图”进入视图菜单，打开“用户界面”，勾选“项目浏览器”和“属性”。点击“立面视图”后选择前视图进行绘图，如图 10.45 所示。

点击菜单栏“创建”工具，使用“拉伸”命令进行屋顶构造层次绘制。在“绘制”面板中有各种线形可以选择，点击所需线形，即可在所选立面进行屋顶构造层次轮廓线绘制,绘制过程中可以点击数字框对线段长度进行更改,如图 10. 46 所示。

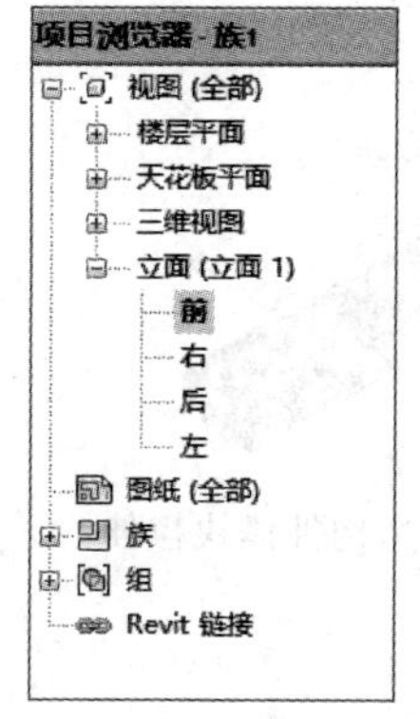

图 10. 45　立面视图选取

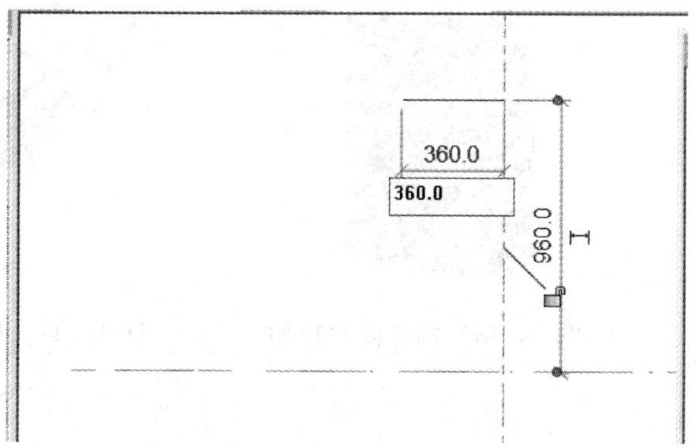

图 10. 46　轮廓线长度设定

参照前面案例所述方法,在前视图中绘制绿化种植屋面的剖面轮廓线如图 10. 47 所示。在绘制剖面图时,每个步骤所需的尺寸可以进行编辑,每画完一个封闭的构造层次图形,需要在"模式"里面点击勾选确认。

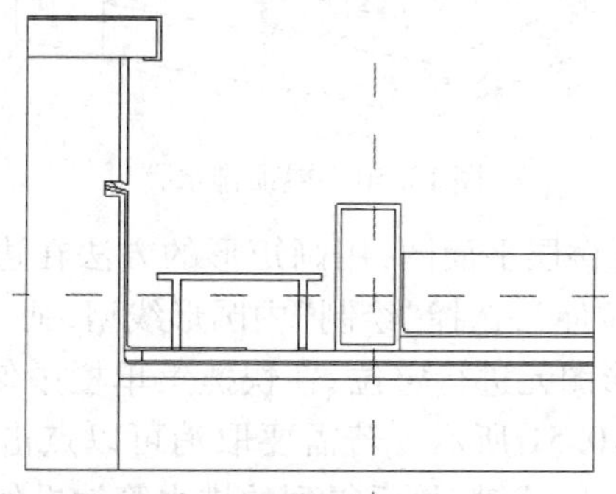

图 10. 47　绿化种植屋面剖面轮廓

3. 屋顶剖面构造体块构建

双击"项目浏览器"中"三维视图"中的"视图 1",再点击选择图元目标,出现箭头使用"Shift"和鼠标中键"滚轮",调整视角对构件对应图元进行三维拉伸空间体块,如图 10. 48 所示。重复上述操作对图元进行编辑和三维拉伸,构件完整种植屋顶构造三维模型,如图 10. 49 所示。

4. 屋顶排水孔和排水管的构建

选择准备置入排水孔的构件相应位置进入建模状态,在"创建"中选择"空心形状"下的"空心拉伸"。而后在绘制中选择直线线型,画出一个矩形,打开三维视图,调整视角进行拉伸,排水孔效果如图 10. 50 所示。

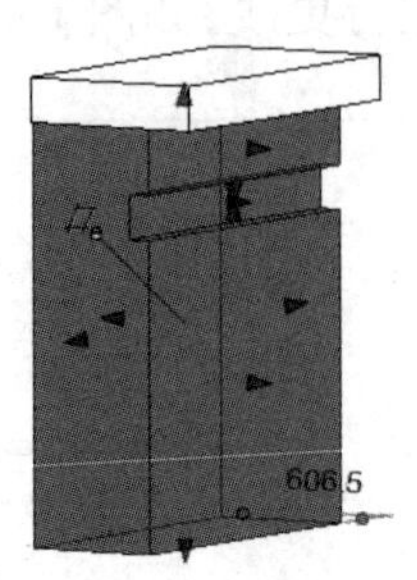

图 10.48　构件体块拉伸

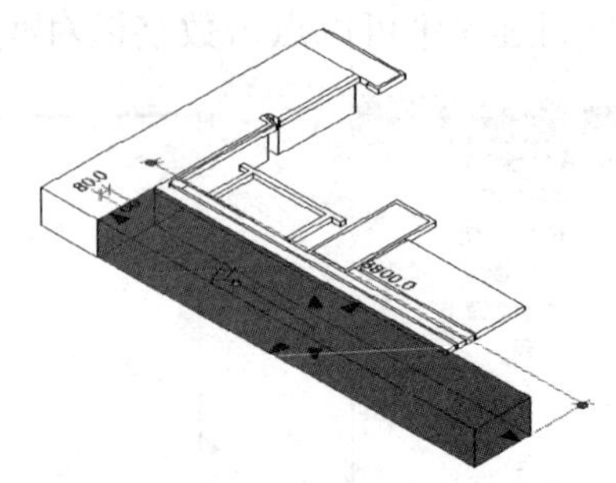

图 10.49　屋顶构造构件体块拉伸

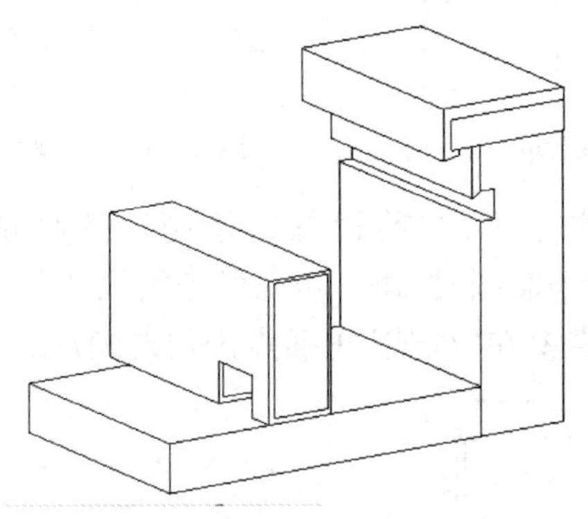

图 10.50　屋顶排水孔

构建排水管时，打开楼层平面图，用画矩形的方法在边上画一个矩形，再选择“空心形状”中的“空心拉伸”，选择“绘制”中圆形线型，画一个圆，在下拉箭头中选择“阵列”命令，点击圆形图元进行定位，在快捷菜单栏中勾选“约束”“最后一个”并编辑“项目数”，如图 10.51 所示。若需要取消可以点击鼠标右键，选择“取消”或者点击“修改”或双击“Esc”键，最后得到的排水管效果如图 10.52 所示。

☑成组并关联　项目数: 2　移动到: ○第二个 ◉最后一个　☑约束

图 10.51　快捷菜单栏选项

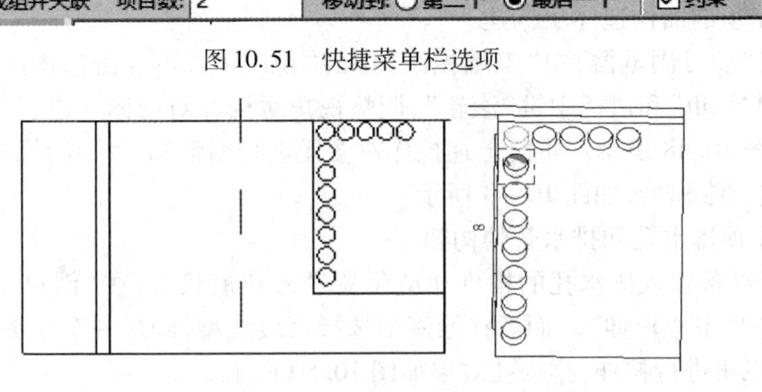

图 10.52　屋顶排水管

5. 屋顶构造层材质和颜色表达

点击选择对象图元,在属性栏进行材质编辑,点击材质选项后的“…”,打开“材质浏览器”,根据构造表达要求对材质进行编辑,如图 10.53 所示。

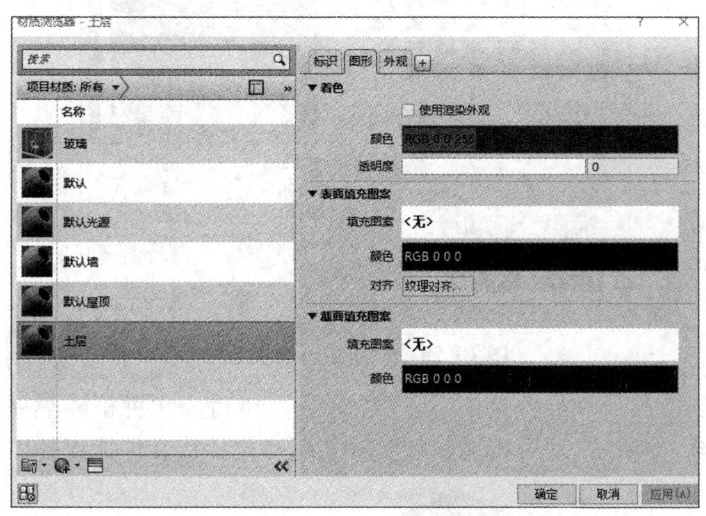

图 10.53　材质选项

点击“填充图案”后横框,进行图案编辑或新建,点击“编辑”命令可以修改图案比例等信息或自定义图案,如图 10.54 所示。同样点击颜色后横框也可选择或编辑添加自定义颜色,如图 10.55 所示。

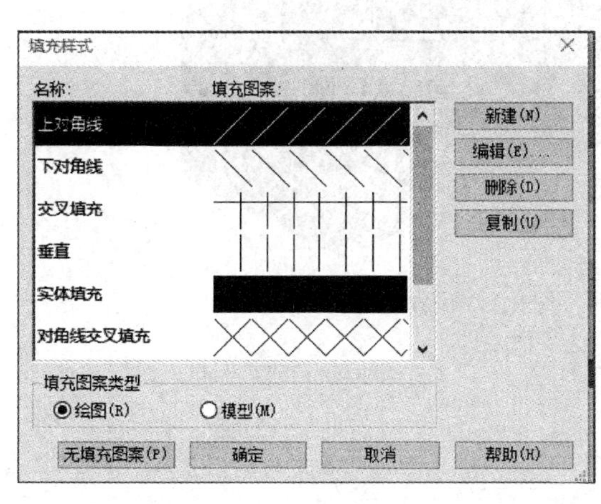

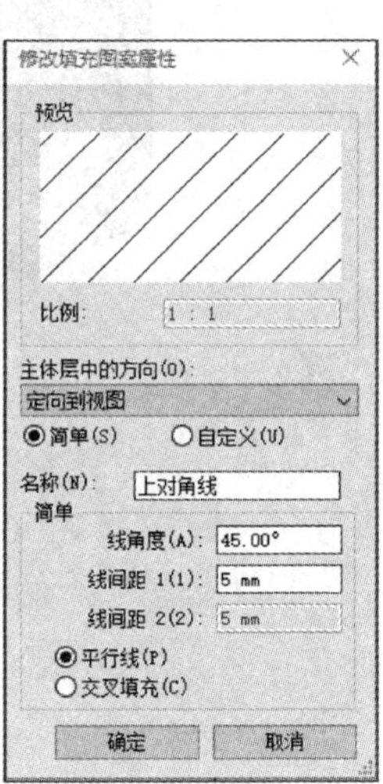

图 10.54　填充图案选项

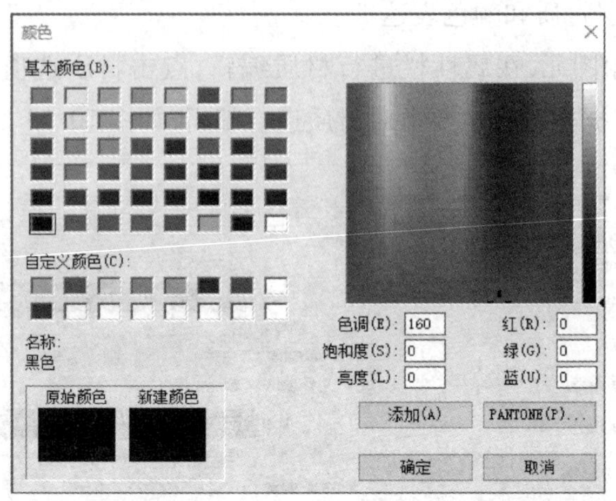

图 10.55　材质颜色设置选项

设置完所有材质和颜色选项后点击“着色”,可得绿化种植隔热屋面三维模型效果,如图 10.56 所示,最后将该模型转换为标准构件族文件保存备用。

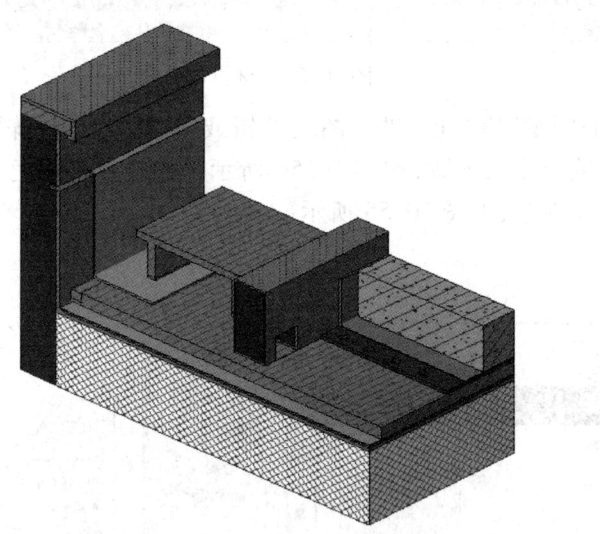

图 10.56　绿化种植隔热屋面三维模型

第11章 基于BIM技术的公共建筑三维节能研究案例

本章以我国南方某小型高铁车站为例，应用 Revit 工具建立项目建筑三维 BIM。基于 BIM 大数据集成的优势，将模型输出并导入 Ecotect 等绿色建筑分析工具中进行建筑节能三维仿真研究。通过考虑太阳辐射和最佳朝向、风环境模拟、光环境模拟等对该建筑物的能耗进行节能仿真分析，探索了基于 BIM 技术的公共建筑三维节能研究方法。

§11.1 基于 BIM 技术的建筑节能研究现状与工作流程

11.1.1 基于 BIM 技术的建筑节能研究现状

当前，国内诸多建筑设计单位的建筑节能研究和节能设计还是围绕着围护结构的保温设计来开展，建筑节能研究和节能设计通常安排在设计的最终阶段。建筑节能设计变成了以提高暖通空调系统能源效率为主的设计，建筑设备和系统设计逐渐变成了建筑节能设计的主要内容。这导致当前新建公共建筑的使用能耗增长过快，建筑节能设计亟需优化。

随着 BIM 技术在建筑领域的迅速发展，基于 BIM 技术的建筑设计、建筑能耗模拟分析、舒适度模拟分析、节能设计应用研究成为建筑节能领域的研究热点。Salman Azhar 研究了 BIM 技术在可持续设计和美国 LEED 评估中的应用。Eng. Parisa Esmaeili Moakher 研究了 BIM 技术能耗分析中的应用。国内学者曾旭东等研究了将 BIM 应用于建筑节能设计的方法，并创造性的提出了将建筑设计与建筑环境分析相结合的设计方法；邱相武等人则研究了基于 BIM 技术的建筑节能设计软件开发，在建筑设计前期阶段就利用 BIM 技术对建筑的热环境性能和建筑的体型与空间进行分析，提高建筑节能设计和节能分析的质量。

11.1.2 基于 BIM 技术的建筑节能研究工作流程

建筑节能研究旨在通过优化节能设计和管理，降低建筑使用生命周期的能源消耗。可以通过三维 BIM 获取建筑空间布置、建筑朝向、建筑构件、建筑材料等信息，进行建筑三维仿真模拟和节能设计，使建筑能耗满足节能优化指标。若不满足要求，可根据节能分析计算结果优化建筑设计方案。如此反复，直至获得最优的建筑节能设计。整个节能分析过程可以由建筑师独立完成,也可由建筑师和暖通工程师合作完成。由此解决建筑设计和节能设计被割裂、数据丢失等问题,提高工作效率。基于三维 BIM 的节能研究基本工作流程如图 11.1 所示。

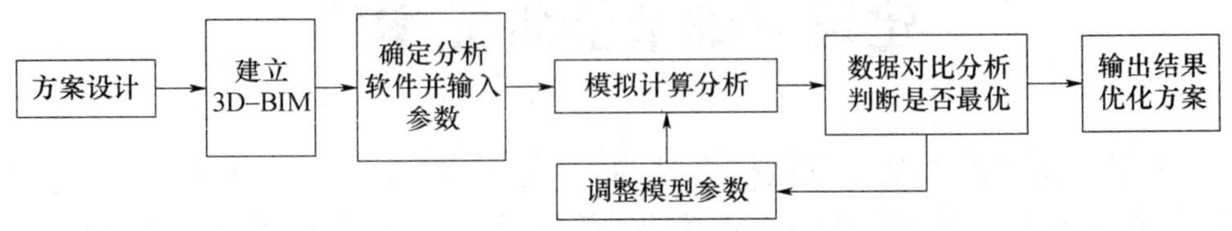

图 11.1　基于三维 BIM 的节能研究基本工作流程

§11.2　案例 BIM 的建立与数据导入

11.2.1　案例建筑概况

某南方小型高铁车站,位于我国典型冬冷夏热地区,建筑节能设计对于站房长期使用的节能效益影响显著。站房形式为线侧平式,站房建筑共 2 层,建筑面积为 9 993.1 m^2,建筑高度为 21.35 m(建筑室外设计地面至其檐口与屋脊的平均高度),建筑体积为 62 573.89 m^3,建筑外表面积为 17 653.71 m^2。站房主体结构为钢筋混凝土框架结构体系,站房主体屋面为网架结构。站房主体结构为钢筋混凝土框架结构体系,站房主体屋面为网架结构,办公部分屋面为钢筋混凝土结构。

建筑结构设计使用年限为 50 年,建筑结构安全等级为二级,抗震设防烈度为 6 度,建筑耐火等级不低于二级,屋面防水等级为 Ⅰ 级,主体屋面采用压型铝合金板复合保温屋面。围护墙体采用 240 厚 M10 水泥混合砂浆砌 MU10 烧结多孔页岩砖。建筑外门窗气密性能分级不低于 4 级,水密性能分级为 3 级,传热系数 K 不大于 2.6,自遮阳系数 S_c 不大于 0.24;门窗框料选用断热型铝合金型材。

11.2.2　构建项目建筑三维 BIM

根据站房建筑方案设计图纸信息建立 BIM。为了满足相关节能设计的分析,信息模型应包括建筑构件和管线综合系统等基本元素的几何数据、物理特性、施工要求等相关信息。根据建筑设计数据和建筑构造特征使用 Revit 工具建立该高铁站房的三维 BIM,如图 11.2 所示。

11.2.3　BIM 数据导入

将站房三维 BIM 导入 Ecotect 中创立节能分析模型,导入后的三维模型和分析模型分别如图 11.3 和图 11.4 所示。在此之前需要对模型进行简单的处理:关闭

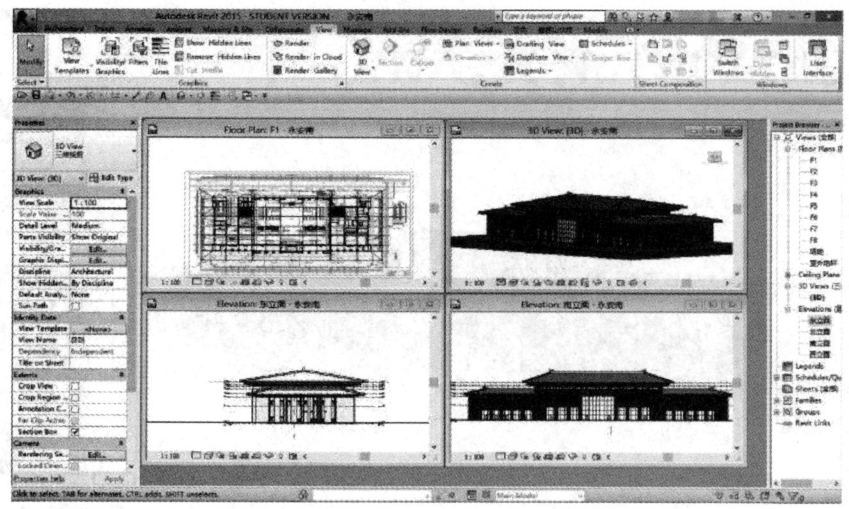

图 11.2　高铁站房的三维 BIM 信息模型

与将要分析房间无关的房间、地形、空间体积及面积等数据,相关房间分析需要时,再重新开启。这样简化的目的是减少冗余数据,增加节能计算的准确度。而对 BIM 使用 Flow Design 工具进行风环境的模拟分析时,则可直接在 Revit 中运行,不需要另外导出并转换格式。

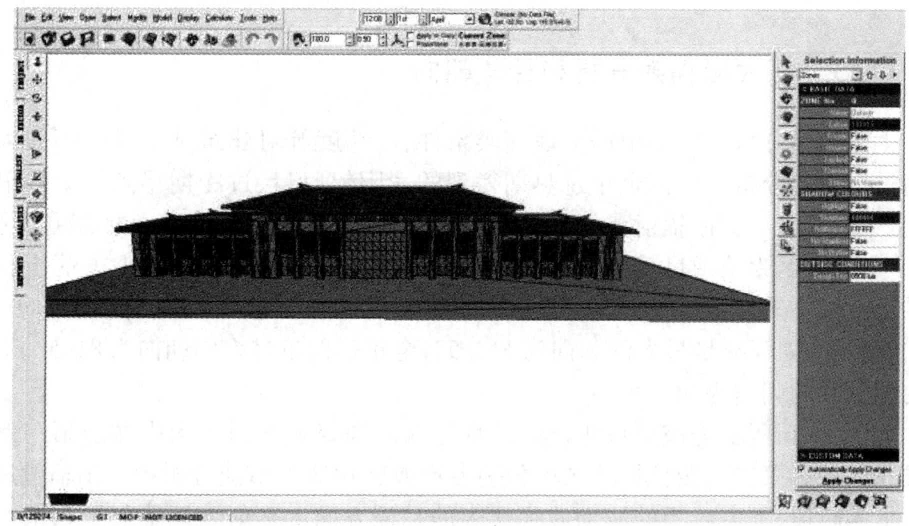

图 11.3　导入节能分析系统后的 BIM

将 BIM 导入 Ecotect 中可以有两种格式:GBXML 和 DXF。GBXML 格式适用于对光、声等物理环境的分析,而 DXF 格式则适用于热环境分析和可视化分析等。

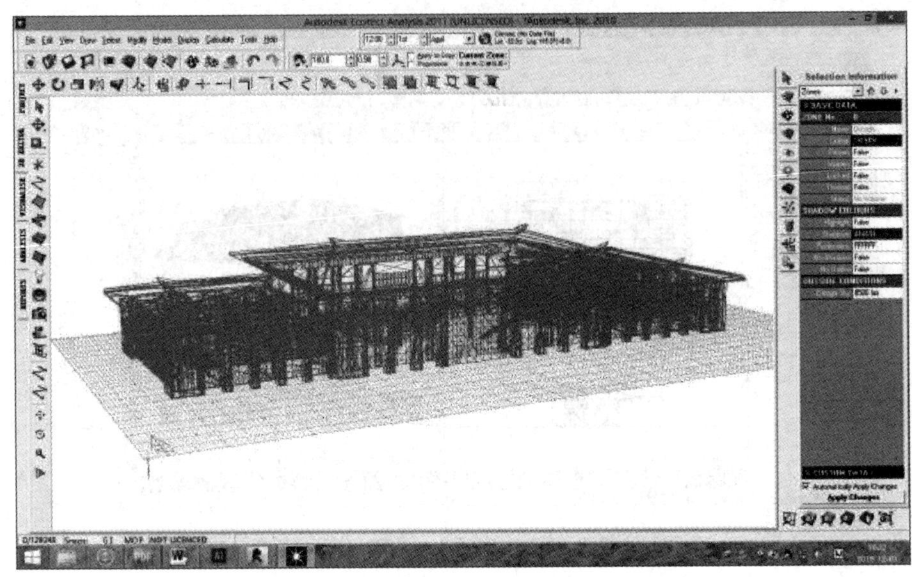

图 11.4　项目建筑节能分析三维模型

§11.3　基于 BIM 技术的节能研究关键技术及实现

11.3.1　太阳辐射分析和最佳朝向

太阳辐射分析主要是根据基地气候条件、经纬度等对建筑某一段时间的太阳辐射进行对比分析。根据全年过热期得到的太阳辐射量、过冷期得到的太阳辐射量、全年加权平均太阳辐射量等仿真结果来综合分析研究，确定建筑的最佳朝向。如图 11.5 所示为该项目建筑最佳朝向仿真分析结果。图中水平轴上方箭头和水平轴下方箭头表示建筑信息模型中的最差朝向和最佳朝向，角度分别为 80°和 170°，全年平均辐射量最多的朝向为 112.5°，全年辐射量过多的朝向为 81.5°，全年辐射量过少的朝向为 162.5°。

如图 11.6 所示为该项目建筑逐月直射太阳辐射量分析。图中左边第一条浅色柱状区域和第二条浅色柱状区域分别表示项目 BIM 的节能分析中太阳辐射过强和过低的时段，下方较粗的波动曲线代表的是该方向上直射太阳辐射平均值。本基地纬度较低且建筑南立面使用了较多的玻璃幕墙，BIM 经 Ecotect 的初步仿真分析显示候车厅有太阳辐射量过大的问题，因此在南立面建筑方案设计中适当修改，增加百叶和廊道设计，缓解南向太阳辐射过大的问题，同时兼顾立面外观改善效果。

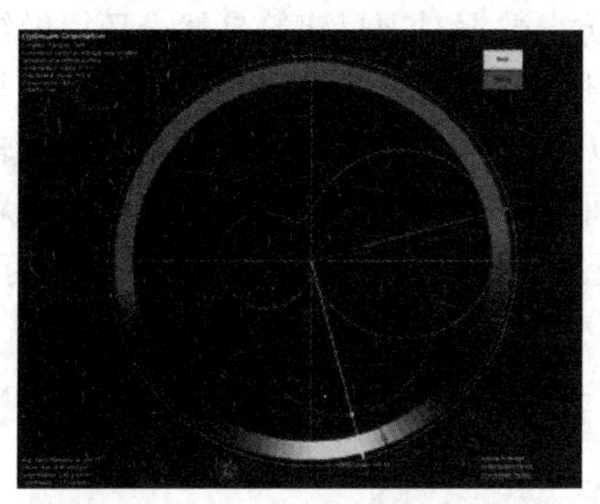

图 11.5　项目建筑最佳朝向仿真分析

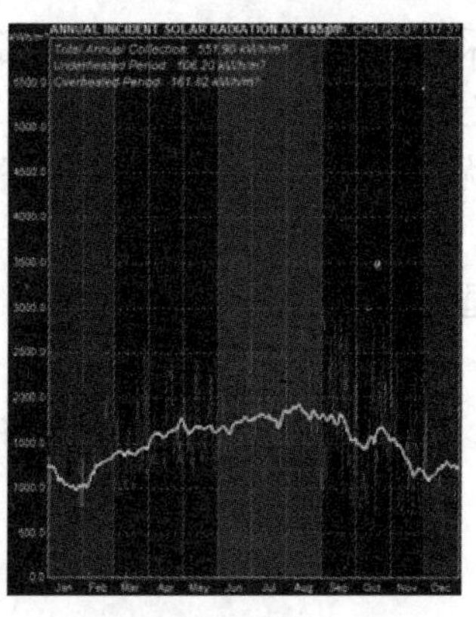

图 11.6　项目建筑逐月直射太阳辐射量分析

11.3.2　风环境模拟分析

将项目 BIM 导入 Flow Design 工具中分别设置模拟分辨率(simulation resolution)、风速(wind speed)和显示模式(display mode)等分析条件。如图 11.7 所示为项目建筑夏季主导风向条件下建筑整体风环境仿真模拟。图中建筑底部和屋脊正面为风速最大和较大区域,建筑侧面和尾脊背面为风速较小甚至为零区域。综合上面的最佳朝向和太阳辐射分析结果,可以为建筑师选择建筑最佳建筑能耗朝向和立面方案提供技术依据。

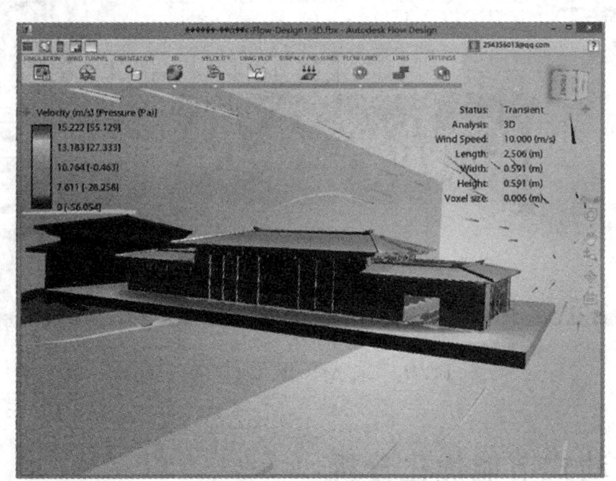

图 11.7　夏季主导风向条件下建筑整体风环境仿真模拟

11.3.3　建筑光环境分析

光是建筑环境的重要组成部分,良好的采光设计可以有效提高建筑的光环境舒适度,同时有利于减少照明能耗。使用 Ecotect 针对项目 BIM 的自然光环境进行研究,给出采光系数、照度和亮度等一系列控制参数,仿真模拟上午 9 时到下午 17 时之间的建筑光环境,以 30 min 为间隔,应用 BIM 仿真数据对项目建筑自然光环境做综合分析,优化设计建筑空间节能方案。日照与阴影仿真分析如图 11.8 所示,采光与照明仿真分析如图 11.9 所示。从仿真结果可以看出,候车厅的自然采光条件相对较差,可以适当加大南北向采光面积。对建筑空间设计进行修改后,BIM 相应自动更新空间数据,重新利用 BIM 导入 Ecotect 仿真分析可以快速重新计算建筑光环境指标,如此反复,直到获得理想节能效果的建筑空间设计方案。

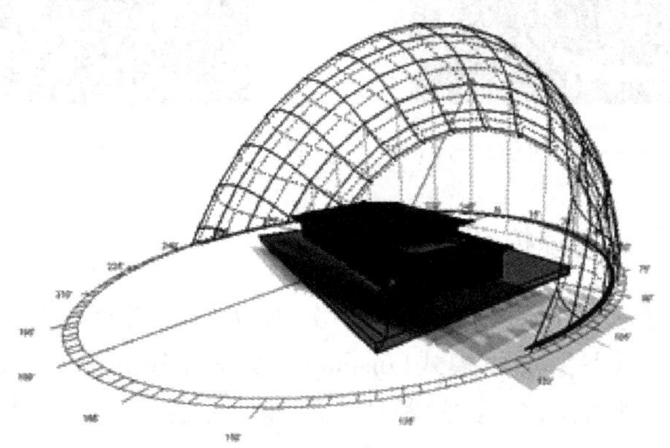

图 11.8　日照与阴影仿真分析

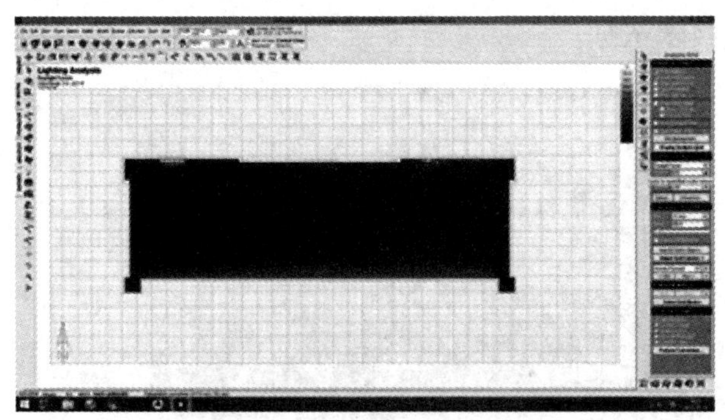

图 11.9　采光与照明仿真分析

11.3.4　被动式节能优化分析

通过 CSWD 提供的当地气象数据进行焓湿图分析,对项目建筑被动式节能设计进行优化分析。被动式太阳能采暖关键取决于室外的温度和太阳辐射量。温度过低或辐射量太小,被动式太阳能采暖都不足以实现。项目建筑首先仿真分析单一被动式太阳能采暖节能方案,通过设置人的活动量、太阳能采暖效率、建筑方案窗墙比,根据当地气象数据对 BIM 进行仿真分析。项目建筑设计有两种方案,窗墙比设置分别为 40%和 58%，导入焓湿图分析，分析结果如图 11.10 和图 11.11 所示。对比可知，窗墙比设置 58%的建筑设计方案，1 月至 3 月室内热舒适度有明显提高。

图 11.10　窗墙比方案一焓湿图分析

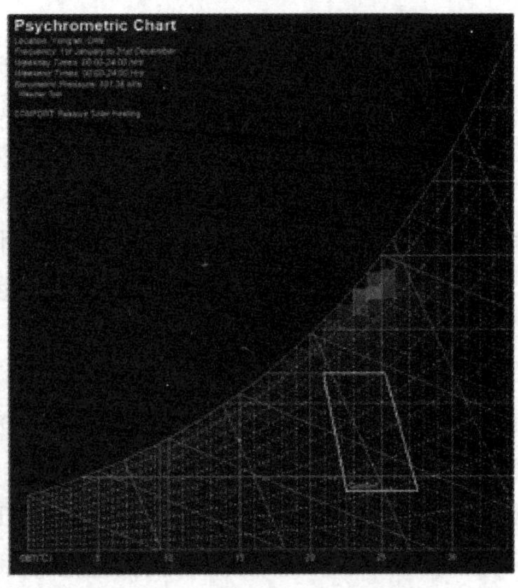

图 11.11　窗墙比方案二焓湿图分析

除了对建筑设计中某种被动式节能策略进行分析之外，还可进一步进行复合被动式节能策略的组合对比分析，以期得到最佳的能耗和热舒适度的组合策略。如图 11.12 所示为采用被动式太阳能采暖、自然通风及直接蒸发降温三种复合策略后的项目建筑热舒适仿真分析图。图中浅色和深色分别代表采用单一被动式节能策略和复合被动式节能设计策略前后的热舒适度仿真数据。根据图 11.12 所示分析结果，采用复合被动式节能策略后，项目建筑室内热舒适度有了很大提高。

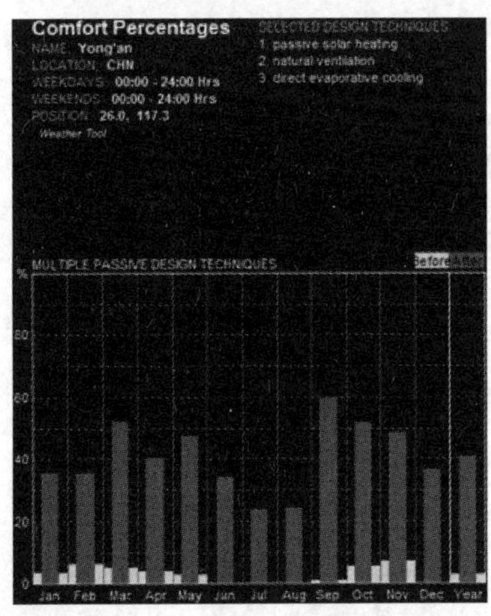

图 11.12　采用复合被动式节能设计策略的热舒适仿真分析

§11.4　案例总结与展望

本章通过对南方某小型高铁站房进行基于 BIM 技术的三维节能分析与优化，探索了基于 BIM 技术的建筑节能分析与优化的经验和方法。在三维 BIM 的基础上进行建筑能耗仿真分析与数据验证，提高了分析的准确性和节能优化效率。由于三维 BIM 的可视性强、数据提取迅速及模拟效果好，无论是用于节能仿真研究还是节能优化设计，较传统节能设计模式都具有革命性进步。在 BIM 技术日益发展的今天，建筑节能分析与节能设计要从建筑方案设计阶段就开始考虑，在整个建筑设计过程中要进行精细化的节能设计。

目前，针对 BIM 技术进行建筑节能分析和节能设计，实现建筑三维低碳设计与建造的技术方法和理论还处于起步和加速发展阶段。BIM 技术使得建筑能耗数据测量、建筑节能方案动态仿真模拟、节能减排数据与三维建筑空间信息的整合成为可能。虽然目前国内建筑节能研究与 BIM 技术的结合方面仍处于起步和探索阶段，随着 BIM 技术和建筑节能设计的不断发展，二者的一体化设计必将为我国建筑节能设计的主要发展趋势。

参考资料

郭进保,2016. 中文版 Revit 2016 建筑模型设计[M]. 北京:清华大学出版社.
何关培,2010. BIM 和 BIM 相关软件[J]. 土木建筑工程信息技术(4):110-116.
李建成,王朔,杜嵘,2006. Revit Building 建筑设计教程[M]. 北京:中国建筑工业出版社.
刘学贤,郝占鹏,王乐生,2016. Revit 2016 建筑信息模型基础教程[M]. 北京:机械工业出版社.
刘照球,李云贵,2009. 建筑信息模型的发展及其在设计中的应用[J]. 建筑科学(1):96-99.
邱相武,赵志安,邱勇云,2012. 基于 BIM 技术的建筑节能设计软件开发研究[J]. 建筑科学(6):24-27.
卫涛,李容,刘依莲,2017. 基于 BIM 的 Revit 建筑与结构设计案例实战[M]. 北京:清华大学出版社.
杨仕超,2015. 建筑节能必须回归节能的本质[J]. 工程建设标准化(9):13-14.
曾旭东,赵昂,2006. 基于 BIM 技术的建筑节能设计应用研究[J]. 重庆大学学报(2):33-35.
朱溢镕,焦明明,2017. BIM 建模基础与应用[M]. 北京:化学工业出版社.